淡江大學中文系主編

戰爭與中國社會之變動

王久烈署

臺灣學生書局印行

序

王文進

如何讓中文學界與歷史學界的研究方法相互激盪、整合，進而促使中國文學研究在質與量兩方面都能有所突破，一直是淡江大學中文系學術發展的重點工作之一。

長期以來，中文學界運用歷史學來研究中國文學，大都還停留在「中國通史」的認識層面，未能眞正吸取歷史學界的研究成果。所以解釋起漢賦的興盛，則言帝王之愛好，看到唐詩的蓬勃仍然溯因於帝王之提倡；到了宋詞的發展還是與帝王有關。說起小說、話本、戲劇則更一味歸諸經濟、社會之發展。至於秦漢、唐宋、元明社會經濟之根本結構上有所差異，則鮮能道及。這種粗糙的觀察已經很難提供文學研究些許有創意的觀點。眞正捲土重來的歷史論文學批評必須廣泛地得到歷史學研究成果的全面奧援，才能有效地對作家作品提出銳利的歷史背景的剖析。

基於此，淡江大學中文系一連串地舉辦四屆「中國社會與文化」學術研討會。期望藉此讓中文歷史學界的學者能相互砌磋相互影響。前三屆主題分別爲「晚淸文學與文化變遷」、「晚明思潮與社會變動」、「晚唐的社會與文化」，本文集則爲第四屆主題「戰爭與中國社會之變動」的學術會議論文，論文的前後次序則按會議日期場次排定。

本次會議承蒙教育部及文建會之贊助，方得以順利舉辦，謹在此致謝。

作者名錄

（按議程排列）

劉振志	曾任中國早報副社長
王明蓀	中興歷史系副教授
簡恩定	空大人文學系副教授
林保淳	淡江中文系副教授
蔣英豪	香港中文大學中文系講師
黃靜華	亞東工專講師
周益忠	體育學院副教授
黎活仁	香港大學中文系講師
高柏園	淡江中文系副教授
鹿憶鹿	東吳中文系講師
楊振良	逢甲中研所副教授
洪　讚	政大中文系教授
李偉泰	台大中文系教授
傅錫壬	淡江中文系教授兼文學院院長

第四屆中國社會與文化學術研討會議程表

本屆議題： 戰爭與中國社會之變動

舉辦地點： 淡江大學校本部驚聲大樓國際會議廳

日　　期： 八十年六月二十二日（星期六）、六月二十三日（星期日）

主席	主講	講評	論文題目
李鎏	劉振志	雷家驥	從襄樊之戰看南宋國家戰略
	王明蓀	盧建榮	宋初的反戰思想
劉兆祐	簡恩定	黃寬重	淮西兵變與宋高宗的抑武政策
	林保淳	龔鵬程	中國古典小說中「陣前招親」模式之分析
葉慶炳	蔣英豪	周志文	《庚子國變彈詞》析論
	黃靜華	鄭志明	白蓮教及白蓮教亂對中國社會之影響——以清中葉川、楚白蓮教亂為例
王久烈	周益忠	江建俊	檄文的源流及其在軍事上的意義——由陳琳的〈為袁紹檄豫州〉談起
	黎活仁	施淑女	胡風的文藝思想

鄭邦鎮	高柏園	王邦雄	墨子與孟子對戰爭之態度
	鹿憶鹿	金榮華	征戰與女人——試論傣族英雄史詩
簡宗梧	楊振良	李殿魁	清初反映民族血淚的戲曲——千忠戮傳奇
	洪讚	王文進	「漁陽鼙鼓動地來，驚破霓裳羽衣曲」——談安史之亂的影響
羅宗濤	李偉泰	廖伯源	均輸平準疑義試解
	傅錫壬	宋光宇	戰神——從炎黃之爭談起

戰爭與中國社會之變動

目次

從襄樊之戰看南宋國家戰略

劉振志

一、前言

研究南宋後期的歷史，不論是否純就軍事史或戰史着眼，都必觸及襄樊之戰，因爲在地理位置上，襄陽是南宋國防重鎭❶，樊城則是襄陽的外圍防線，與襄陽隔江相望、唇齒相依，形成犄角之勢，在軍事部署上，多少具有戰略縱深的性質，所以歷來討論這一場戰役時，都必襄樊並稱，事實上，宋度宗咸淳九年（元世祖至元十年，一二七三），樊城陷落，襄陽也就喪失了戰鬪能力而投降，可見襄陽和樊城的整體性。

對於襄樊之戰的研究，史學界已經累積了相當的成果。就個人的管窺所得，襄樊之戰所以受到史家的重視，當非由於它的地理地位，其歷史地位毋寧更爲重要，因爲「宋之亡，蓋自襄樊始」❷，歷來史家輒認爲「襄樊之戰實爲決定宋元興亡的重要關鍵」❸。遣詞容有不同，結論則屬一致。這種衆議僉同的結論，證明了襄樊之戰的確是一場決定性會戰。而襄樊易手兩年半，南宋首都臨安陷落，又三年，陸秀夫在厓山負帝昺蹈海殉國，時在元世祖至元十六年（一二七九），宋亡。襄樊之戰以後，南宋迅速崩潰，也就難怪乃有「襄樊失，宋遂不支」的論點❹。

但是，既有的研究成果及其結論，也留下了可供廣泛思考與探索的空間，例如，襄樊之戰的勝敗，究竟取決於那些因素？又，如果襄樊不失，南宋是否就可以免於滅亡？當然這類問題的研究空間也並非一片空白，但似乎仍有可以抉微探隱之處。

由於史學界對襄樊之戰的研究已有若干成果珠玉在前，本文試圖在既有的基礎上，循科際整合的途徑，綜合史學和戰略學的研究方法，另闢視野。但雖徯徑別開，卻不敢偏離正軌，仍將遵循史學原則，作「近乎情理的測度」❺，以勉符「互通聲氣，百川滙宗」之旨❻。

基於這一構想，所以本文的重點不在這場戰爭的本身，而是以這場戰爭爲座標，試行分析南宋後期的國家戰略，並透過戰略分析，來探討前面所列舉的問題。但爲了行文的需要，仍須對戰爭的過程、戰前與戰爭期間的重要事項，作簡略概述並臚列要點，俾作爲戰略分析的依據。

二、宋蒙衝突及襄樊之戰概述

觀察一場戰爭，首先須釐定這場戰爭的性質究竟是全面戰爭？抑有限戰爭？一場戰爭總會有三個階段，卽：戰前醞釀期、戰爭進行期、戰後影響期。而醞釀時期的長短、戰爭進行的久暫、戰爭規模的大小以及戰爭影響的深淺，都胥視戰爭的性質而定。

從已知的歷史看，宋蒙之間的戰爭無疑是全面戰爭，襄樊之戰不過是這場全面戰爭之中的一次重要戰役而已，所以，縱屬概述，仍不能偏限於襄樊之戰的一事、一時、一地，而須作較周延的觀照，因此，這一概述將包括下列幾個段落：

（一）宋蒙之間的武裝衝突

宋蒙之間的武裝衝突，最早的記載見於蒙古太祖十九年，時在宋寧宗嘉定十七年（一二二四），大名總管彭義斌，在恩州和蒙軍作戰失利，復於翌年在贊皇戰死[7]，第二次是在宋理宗寶慶三年（蒙古太祖廿二年，一二二七），蒙古軍在伐金途中兼陷南宋邊城西和州，知州陳寅全家殉難[8]；第三次是在宋理宗紹定四年（蒙古太宗三年，一二三一），蒙古軍伐金統帥拖雷，遣搠不罕使宋，求假道，被宋沔州統制張宣所殺，拖雷怒，逐揮軍入大散關，連陷沔州、鳳州、洋州、興元等地[9]。

但這三次衝突，都只能算是偶發事件，而且也都是有限戰爭。宋、蒙之間正式構兵，應以宋理宗端平元年（蒙古太宗六年，一二三四）爲始，此年金亡，宋廷經過激烈的辯論之後，以右丞相兼樞使鄭清之爲首的主戰派，獲得理宗的支持，決定動員軍事力量，收復三京（東京開封、西京洛陽、南京應天），史稱「端平入洛」[10]，宋師旋卽遭遇挫敗，從此戰爭連綿不斷，戰爭型態已由個別的有限戰爭，演變成持續的全面戰爭，直到宋理宗開慶元年（蒙古憲宗九年，一二五九），蒙古憲宗崩於合州軍次[11]，蒙古發生了爭奪皇位的內鬨，宋、蒙之間延續了廿六年的戰爭，才告一段落，宋度宗咸淳四年（蒙古至元五年，一二六八），蒙古軍直搗襄樊，戰幕重啓。

(二)一二二四年至一二六四年大事記

從一二二四年到一二六四年，是宋理宗在位的年代，觀察南宋後期的歷史，理宗一朝是個關鍵性的環節，國際間和國內的重大事故，幾乎都發生在這個時期，爲提供一個明晰的印象，茲將理宗在位期間歷年重要事項條舉如下（僅繫公元，宋、蒙年號從略，如列月份，則以《宋史》或《元史》為準）：

一二二四：閏八月，宋寧宗崩，右丞相兼樞密使史彌遠，廢皇儲竑，改立理宗。史彌遠以擁立之功，此後得以獨相九年，一時君子，頗遭貶竄斥逐⑫。

一二二七：十年前在山東起兵投宋的忠義軍領袖李全，被蒙古軍圍攻經年，宋廷不救，李全舉青州降蒙古⑬。同年，西夏亡。

一二二九：蒙古太宗窩闊台立（一二四一崩）。

一二三一：蒙古以耶律楚材爲中書令，（一二四三卒）。此年發生張宣殺使事件。

一二三二：蒙古遣王檝使宋，約攻金。

一二三四：正月，金亡；六月，宋廷議復三京，攻汴；七月攻洛；八月，蒙古反攻，宋師敗績；十二月，蒙古遣使王檝，責宋背盟。

一二三五：高麗降。

一二三六：宋將王旻、李伯淵等叛，舉襄陽降蒙古。

一二三九：孟珙復襄陽。

一二四六：宋名將孟珙卒。蒙古定宗貴由立（一二四八崩）。

一二五一：蒙古憲宗立。忽必烈開府漠南，統治漢地。聽姚樞計，惟持兵權，供億之需，取之有司，以謀勢順理安。置屯田經略司於汴⑭。

一二五三：蒙古開始經營西南，是年，忽必烈滅大理⑮；翌年，兀良合台悉平土蕃。

一二五七：蒙古征安南，明年春，安南降。至此，宋西南可資緩衝或屏障的鄰邦盡去，蒙古對宋大迂迴作戰態勢於焉完成⑯。

一二五八：蒙古大舉攻宋，憲宗蒙哥由隴州入川；忽必烈自開平經河南攻鄂州；兀良合台自安南引兵會鄂。宋·丁大全相。

一二五九：七月，蒙古憲宗卒於軍；九月，忽必烈圍鄂州；十月；宋·賈似道相；十一月，雖有邊報謂蒙哥已死，但賈似道仍擅自遣使向忽必烈求和，並許納幣，忽必烈初拒，嗣以阿里不哥爭帝位事急，始許和，明年初，引軍北還。

一二六〇：正月，賈似道邀殺蒙古軍斷後兵卒，誑稱諸道大捷，理宗獎賈似道功；三月，忽必烈至開平，卽帝位；四月，遣郝經爲國信使，赴宋告卽位並議和，賈似道恐事涉，囚之於眞州忠勇營；卽於此月，理宗進賈似道少師，封衞國公，仍以右丞相兼樞密使。

一二六一：賈似道忌功，大肆整肅，一時良將，或抑、或擯、或死。宋驍將潼川十五軍州安撫使兼知瀘州軍事劉整，被迫以瀘州十五郡卅萬戶降於蒙古。蒙古設勸農司⑰。

一二六二：二月，李璮（李全之子）以漣海三城叛蒙歸宋，與蒙古戰，宋援軍逗撓不前，未至卽退，八月，被蒙古敉平，李璮死。

一二六三：蒙古遣王德素、劉公諒使宋，詰問稽留郝經之故。

一二六四：蒙古阿里不哥之亂平。十月，宋理宗崩，遺詔皇太子禥卽皇帝位；十二月，詔改明年爲咸淳元年。

（三）蹉跎了寶貴的八年八個月

從宋理宗景定元年（忽必烈中統元年，一二六〇）到度宗咸淳四年（忽必烈至元五年，一二六八）的八月底，宋廷整整有八年又八個月的喘息時間，這一段時間，對宋而言，可謂彌足珍貴，所謂珍貴，並非就後人讀史已知此後的發展而言，乃是在當時的形勢之下，就謀國者所應有的作爲而言。迄一二五七年止，大理亡，土蕃、安南相繼降於蒙古之後，南宋疆宇四周，除了大海之外，都已納入蒙古勢力範圍，而蒙軍北撤，也明明是由於蒙哥猝死及帝位之爭，這都是當時的事實，廟堂之上，理應有所警惕。

實際上，南宋朝野也並非沒有高瞻遠矚之士，例如早在端平元年，金國甫亡之際，南宋君臣沉醉於大仇已報的欣悅氣氛之中時，當時的監察御史洪咨夔就曾率直奏言：「今殘金雖滅，鄰國方強，益嚴守備，尤恐不逮，豈可動色相賀，渙然解體，以重方來之憂？」⑱這番剴切陳辭，曾獲理宗的嘉納。後來在戰爭期間，關於國防的言論更多，顯著的例子如淳祐四年（一二四四），右丞相兼樞密使史嵩之的侄子史璟卿，曾因爲軍事措施不當導致失利，寫信給史嵩之，提出這樣的建議和批評：「近聞蜀川不守，議者多歸退師於鄂之失。何者？分戍列屯，備邊禦戎，首尾相援，如常山之蛇，維揚則有趙葵、盧江則有杜伯虎、金陵則有別之傑，爲督府者，宜據鄂渚形勢之地，西可以援蜀，東可以援淮，北可以鎭荊湖，不此之圖，盡損藩籬，深入堂奧，伯父謀身自固之計則安，其如天下蒼生何？」⑲寶祐二年（一二五四），董槐在參知政事任內，答復理宗關於國防問題時，也曾提出過「外有敵國，其計當自強，自強者，人畏我，我不畏人」的主張[20]，第二年，他就獲任命爲右丞相兼樞密使。

可見在端平元年以後迄開慶元年底那段漫長的戰爭期間，南宋舉國朝野，不僅具有共同的危機意識，也頗有些人具備相當不錯的戰略觀念，而且理宗也能嘉納善言。準是以觀，一旦獲得休生養息的機會，理應傾力作「富國、強兵、安民」之謀[21]，但宋廷在這個極爲重要的期間，國防措施上卻只做了下列數事：

1. 景定元年（一二六〇）：十月，申嚴邊防。
2. 咸淳元年（一二六五）：八月，命陳奕沿江按閱軍防。
3. 二年（一二六六）：五月，詔諸節制將帥，討軍實，節浮費，毋占役兵士致妨訓練。
4. 同年十一月，兩淮制置使李庭芝立城，屯駐武銳一軍。
5. 三年（一二六七）：二月，克復廣安軍，詔改爲寧西軍。
6. 同月，知夔州，夔路安撫徐宗武，剏立臥龍山堡囿。
7. 同年八月，遣步帥陳奕，率馬軍舟師，巡邏江防。

同月，邊報警急，詔諭呂文德等申嚴江防[22]。

值得注意的是，自蒙軍北還之後，理宗在世的五年期間，除了第一年申嚴過邊防之外，在他的有生之年，宋廷再無任何積極的國防措施。而到度宗咸淳三年八月，遣陳奕巡邏江防，以及邊報警急而再度申嚴江防，當是蒙古軍對襄陽地區作了試探性的攻擊之故[23]。

總之，這寶貴的八年又八個月，是在蹉跎中糟蹋了，至於何以致此？將留待後文戰略分析部份一併探討。

（四）襄樊之戰

襄樊之戰正式展開的日期，是宋度宗咸淳四年（忽必烈至元五年，一二六八）的九月，劉整和阿朮同以都元帥的身分，受命兵逼襄陽，翌年三月，對襄樊完成合圍㉔。軍事行動雖於一二六八年才開始，卻早在一年多以前就已著手動員，從至元四年（一二六七）正月起，動員工作就賡續進行，而且範圍廣泛，包括兵力徵集、後勤支援、軍事建制等等，都作了周詳的部署，甚至對宋發動心理作戰，這些工作一直持續到合圍以後，次第如下：

1.至元四年（一二六七）

正月：簽蒙古軍戶二丁三丁者出一人爲軍；四丁五丁者二人；六丁七丁者三人。

二月：詔陝西行省招諭宋人，又詔嘉定、瀘州、重慶、夔府、涪、達、忠、萬及釣魚、禮義、大良等處官吏軍民，有能率衆來降者，優加賞擢。

十一月：劉整赴闕奏攻宋方略，宜先從事襄陽。

同月：給遼東新簽軍布六萬匹（疋）。

2.至元五年（一二六八）

正月：敕陝西五路四川行省，造戰艦五百艘付劉整。

三月：敕阿里等詣軍前，閱視軍籍，罷諸路女直、契丹、漢人爲達魯花赤者；回回、畏兀、乃蠻、唐兀人仍舊。

七月：立東、西二川統軍司，以劉整爲都元帥，與都元帥阿朮同議軍事。整至軍中，議築白河口、鹿門山，遣使以聞，從之。

十一月：簽河南、山東邊城諸色戶充軍。

3. 至元六年（一二六九）

正月：敕史天澤與樞密副使駙馬忽刺出，董帥襄陽。

三月：簽民兵二萬赴襄陽。

六月：詔董文炳等，率兵二萬二千人南征。

七月：又詔諭宋國官吏軍民，示以不欲用兵之意[25]。

除了這些由忽必烈政府所主持的動員工作之外，劉整、阿朮、史天澤等在前線也有兩項重要措施，其一是訓練了七萬名精銳的水軍，造了五千艘戰艦[26]；其二是在鹿門堡及白河城之外，繼續構築了南新、萬山等城，並把各城連結起來，從萬山五丈、楚山以迄鹿門形成一道圍城的長壘[27]。換言之，蒙古軍不僅以兵圍城，也以城圍城。前線這兩項重要舉措，到咸淳六年（忽必烈至元七年，一二七〇）多，全部完成。此外，蒙古軍不僅遮斷了宋的援軍，也扼阻了襄樊守軍的樵蘇之路，企圖迫使守軍斷炊[28]。

當阿朮於一二六九年三月率兵圍樊城之時，宋荊湖都統制張世傑，曾率軍在襄陽東南的赤灘浦，拒戰蒙古軍而敗績，如果連這一次也算在內，宋廷曾先後出動七次援軍，另外的六次是在下列四個年份內：

1. 咸淳五年（一二六九）

三月：宋沿江制置副使夏貴，率師再援襄陽，以輕舟載糧至襄陽城下，懼蒙古軍掩襲，僅能與守將呂文煥交語而還。

七月：夏貴趨新城，爲蒙古軍舟師所敗，士卒陣歿及被俘五千餘人，損失戰艦百餘艘；殿前副都指揮使范文虎，以舟師援夏貴，復爲阿朮所敗。

2. 咸淳六年（一二七〇）

正月：調兩淮制置使李庭芝爲京湖制置使兼夔路策應使，督師援襄樊。但范文虎恐李庭芝立功，乃倚賈似道爲奥援，只受朝廷指揮，不聽李庭芝節制，李庭芝數度約出師，范文虎輒以「聖旨未至」爲辭，日與妓妾飮宴作樂而擁兵不動，援軍終於不得發。

3. 咸淳七年（一二七一）

四月：范文虎率兩淮諸軍赴援，軍敗，統制宋勝等百餘人，爲蒙古軍所擒。

六月：范文虎再率殿前司衞卒及兩淮舟師十萬，戰於鹿門、舟灘，大敗，蒙古俘其軍，獲戰艦及甲仗無算。（蒙古於此年十一月，改國號曰「元」，本文此下敘事，凡屬此年以後者亦改稱），

4. 咸淳八年（一二七二）

五月：李庭芝出重賞募死士三千人，任命素以智勇知名的民兵部轄張順、張貴爲都統，逕犯重圍，轉戰一百廿里，於八月間抵襄陽。這是屢次援軍唯一能進抵襄陽城內的一次。但張順於入城前戰死，張貴於同年九月欲出城連絡援軍，被元軍截擊，轉戰五十餘里，力盡被俘，拒降而死。襄樊守軍，從此援絕[29]。

至此，襄樊被圍已整整四年，在這四年之內，襄陽守軍除了待援之外，也曾有過三次攻勢防禦的出擊行動：第一次是一二六八年十一月，此當蒙古軍佈圍的早期，宋軍曾攻擊沿山諸寨，爲阿朮所敗；第二次是一二七〇年二月，以步騎萬餘人，兵船百艘，攻萬山堡，爲張

宏範所敗；第三次是一二七一年七月，攻百丈山營，又爲阿朮敗於湍灘㉚，此後就只有困守。

襄樊之戰的基本型態是圍城戰，不是攻城戰，忽必烈在至元五年（一二六八）調兵遣將之初，曾明白規定：「毋攻城，但圍之，以俟其自降。」㉛但到了至元九年（一二七二）二月，元軍攻擊了樊城而破其外郛，宋軍仍閉內城堅守，而元軍不敢違旨大舉攻城，當時以參知政事身分在前線作戰的阿里海牙，認爲襄陽之有樊城，猶齒之有脣，只要先攻下樊城，則襄陽可不攻而下。他把這個意見奏報元廷得到許可，才改變了襄樊之戰的型態㉜。這年的十一月，元廷向波斯灣徵調的砲匠亦思馬因、阿老瓦丁二人，在元都試射所造巨石砲，威力強大，遂命亦思馬因携砲，到襄樊參戰㉝。

由於攻城禁令解除及攻城火力增強，再加上雙方士氣的消長，將相的良窳等諸般因素，第二年（咸淳九年，至元十年，一二七三）正月癸亥，經過激烈的巷戰之後，樊城陷落；二月丁未，呂文煥以襄陽降，歷時四年又五個月的襄樊之戰，終於落幕。

從襄樊之戰爆發，到祥興二年（至元十六年，一二七九）正月甲戌帝昺蹈海，這十年又四個月的時間可分爲三期，襄樊之戰全程是抗拒期；從襄樊陷落到宋恭帝德祐二年（至元十三年，一二七六）正月甲申遣吉甫等賫傳國璽及降表達於伯顏軍前止，是崩潰期；此後迄厓山之難，則是苟延期。

宋蒙之間的戰爭，雖自「端平入洛」事件之後由個別的有限戰爭演變成持續的全面戰爭，但忽必烈迄襄樊之戰後期，仍無立即滅宋的企圖，此一期間，征服對象的先後次序仍未確定，例如，就在襄樊之戰的動員期間，蒙古還要求高麗準備兵員和船艦，以供攻日本之用，至元五年（一二六八）七月，高麗國王遣其臣崔東秀向忽必烈報告，已備妥兵員一萬，造船千隻。忽必烈曾派都統領脫朶兒到高麗視察，就便相視黑山日本道路，並命䖍羅另外再造船百艘，以伺調動㉞。後來，征日軍事雖然延緩，但在襄樊之戰期間，這些船艦卻也沒有移供對宋作戰的紀錄，可見征日之舉隨時蓄勢待發，而且在至元十一年（一二七四）以前，征日的優先次序是列於滅宋之上的，所以，迨及至元十一年春，經廷臣力促而決定滅宋之後，接著就發動了征日戰爭㉟。

一二七三年二月襄樊之戰結束後，是否繼續對宋用兵，曾歷經一年的時間廣徵意見與愼重討論，當年四月，因將相大臣皆以聲罪南伐爲請，乃驛召姚樞、許衡徒、單公履等問計，單公履說：「乘破竹之勢，席卷三吳，此其時矣。」㊱元世祖雖同意他的看法，卻仍然沒有下決心，直到第二年（至元十一年，一二七四）正月，阿里海牙分析了戰略形勢，並提出「順流長驅，宋必可平」的主張，以及阿朮作了「略地江淮，備見宋兵弱於往昔，今不取之，時不能再」的陳述，再召丞相史天澤同議，且經史天澤推薦了統帥人才，這才作成了滅宋的決策㊲，而於六月庚申，發布了伐宋的詔書，七月間發動了全面攻勢㊳。

從一二七四年七月元兵大舉伐宋，到一二七六年正月宋恭帝奉表稱降，歷時不過兩年又半。南宋的崩潰如此其迅速，是大出乎元世祖意料之外的，所以在臨安既降之後的一個月，乃有對南宋降將們「爾等何降之易耶」的問話㊴。

三、檢視南宋的國家戰略

所謂「國家戰略」(national strategy)，簡言之，也就是一個國家的生存之道。這個名詞固然是近代才爲人所熟知，但它的內涵卻是自從人類形成國家以來就與以俱存的，古今中外，任何時代或任何國家，縱無國家戰略之名，也須有國家戰略之實，否則無以自存。

國家戰略是依照國家目標來訂定的，國家目標的基本分類不外兩種，一是擴張的，一是自保的，依這個分類來看南宋和蒙古，恰是兩個極端的典型，蒙古是擴張的，南宋是自保的。而任何一種國家目標，都須以其國力(national power)爲後盾，所以，國家戰略也就是對國力「作有目標和有系統的分配、發展與運用」[40]。

(一) 南宋國力略析

評估國力的分類項目，學界繁簡有別，諾爾(Klaus Knorr)概分爲三大類：軍力、經濟力、政治穿透力(Political penetrative power)[41]；繆爾(Richard Muir)則擴分爲地理形態(morphological power)、人口、經濟、組織、軍事、外交等六種[42]。兩者在項目上雖各有繁簡，但在內涵上卻是大同小異，各有所長，前者的「政治穿透力」一項中，涵蓋甚廣，不僅包括了後者所列的項目如外交力等，甚至有後者所缺乏的項目如「精神壓迫力」(psychic coercion)等，而後者以地緣政治爲主要內容，所以把地理形態列爲國力評估項目，也有可取之處。本文擬綜合兩者，以地理形態、軍事、經濟三個項目，作爲分析南宋國力的判準。

1. 地理形態

南宋奠都臨安，面對北方強敵，基本上是以長江天塹作爲國防線，若無這種天然屏障，則無戰略縱深（strategic depth）可言。

劉子健先生慧心別出，把南宋地圖向右作九十度扭轉㊸，委實是獨到的眼光。如此一來，不僅戰略縱深倍增，也有強固的右翼，而左翼既無強敵，兼有疊嶂爲衞，復背海爲壁，倚浩瀚爲後盾間道，在東方海上強權尚未出現的時代，就一個沒有擴張野心而僅求自保的國家而言，在地略（geopolitic）上，的確不失爲四平八穩的基礎。

但，這樣的國防構想，乃是建立在一個假設的預期上，即外敵永遠不會以如此扭轉以後的右翼作爲攻擊的正面，一旦外敵又把地圖扭轉了回來，當面之敵仍從地圖上的北方來襲，則依舊是個扁平的戰略縱深，長江沿線任何一個地方有了防禦上的缺口，國家安全都將立即遭受威脅。

因應這樣的地理形勢，仍須資長江以爲長城，建構國家的形態力量，強化江防就成了當務之急，因此，南渡之初，當時名相李綱就建議：「水戰之利，南方所宜，沿河淮海江帥府要郡，宜效古制造戰船，以運轉輕捷安穩爲良，又習火攻，以焚敵舟。」㊹號稱「凌波樓船軍」㊺。於是高宗甫於建炎元年（一一二七）五月即位，六月間就在建軍的措施中「別立水軍」㊻，歷一百四十餘年，迄南宋末季，仍然保持數量上強大的水軍，而每有邊警，輒申嚴江防，也就可以看出南宋對長江這條國防線的倚賴，此所以金毓黻先生把「練水師」列爲南宋支撐甚久而後亡的三個因素之一㊼。

地理形態是一種既定的狀況，但它的功能卻隨著其他的條件而變化，作爲國力因素來考量，其可達性（accessibility）端視彼已雙方其他力量的消長而升降，面對女真之時，長江和水軍確有相當的防衞與嚇阻效果，但遭遇新興的蒙古，又加上劉整和阿朮訓練了精銳的水軍之後，情況就完全改觀了。

事實上，自一二五三到一二五七年，大理、土蕃、安南相繼落入蒙古之手以後，地略結構就已經發生了劇烈的變化，忽必烈攻鄂，兀良合臺卽自安南揮軍北上，與忽必烈成夾擊之勢，倂憲宗蒙哥入蜀之師，南宋三面受敵，劉子健先生扭轉的地圖，這時最能彰顯其意義，卻也正暴露了南宋國防上的弱點，縱然砦堡星佈，如果缺乏強大的機動打擊力量，而長江沿線又不能如常山之蛇首尾相救，這形勢就很阽危了。職是之故，地理形態之外，須看軍事力量。

2. 軍事力量

評估軍事力量，須觀察兵制、兵額、戰力、戰具、將材等各方面綜合論列。後人論宋之積弱，每歸咎於杯酒釋兵權與重文輕武，這幾乎已是國史的常識，人皆能道。

實則，宋太祖懲唐末五代之失，革軍閥跋扈之弊，就制度而言，也不能算錯，范祖禹說：「祖宗制兵之法，天下之兵，本於樞密，有發兵之權，而無握兵之重；京師之兵，總於三帥，有握兵之重，而無發兵之權，上下相維，不得專制，此所以百三十餘年無兵變也。」[48]甚至南宋得以維持至百五十年而後亡，史臣仍認爲得力於「制兵之有道，綜理之周密」[49]。

至於所謂重文輕武，也非關制度，乃是風氣使然，而風氣則把持在士大夫集團手中。有宋一代，武臣貴顯的例子不少，甚至理宗曾任命武臣趙葵爲當時權力最重的右丞相兼樞密使，但終因士大夫集團的反對而旋任旋罷[50]。士大夫們反對趙葵爲相的理由很簡單，只因他沒有科舉出身，但是賈似道同樣沒有出身，卻得久於相位。

宋代制兵之道雖有可稱，行之既久就出了問題，制度的破壞，卽從樞密院起。宋初，樞密院與中書號爲二府，對持文武二柄，職權劃分得很清楚，仁宗時，呂夷簡、章得象首開宰相兼樞密使之例，但並未成爲定制，南渡後，李綱爲相期間，曾以尊重制度爲由，堅辭知樞密院事，頗有矯弊之效，但到了寧宗開禧年間，宰相兼樞密使終於成了定制[51]。

制度一旦破壞了，事情的成敗得失只有靠人，如有明君賢相在位，自可福國利民，萬一像理宗時代那樣「君臣之愚不可瘳，通古今天下未有不笑之者」[52]，軍國大事就不堪聞問了。

南宋建炎元年的兵員總額是九十六萬七千五百人[53]，但不包括水軍。這將近百萬的軍隊，在一百多年的時間內，雖曾歷經制度與隸屬的變革裁減以及戰爭耗損等各種因素的影響，但迄襄樊之戰期間，仍維持七十多萬的數量[54]；至於水軍，由於江淮皆爲邊境，創制之初，就已可觀，計沿江淮河帥府置二軍，要郡各置一軍，次要郡置中軍；到孝宗時，已有加於前，迄理宗時，江淮沿流，已是堡隘相望[55]。可知水軍的力量，終南宋之世，日益加強。

但軍事力量的作用及其發揮，不能只靠數量，素質才是最重要的，而素質的提高則端賴訓練，談到訓練，又涉及到軍事建制。

宋代兵制有三，其名稱與任務是：禁兵——天子之衞兵，以守京師，備征戍；廂兵——諸州之鎭兵，以分給役使；鄉兵——選於戶籍或應募，使之團結訓練，以爲在所防守[56]。其中鄉兵名目繁多，猶爲複雜。但若把這三種兵再進一步歸納，則不過是正規軍與地方團隊而已，而其中精兵盡歸京師，納入禁旅。

訓練的制度和方法，也有制訂與各別的差異，前者指政府的統一規定，後者指將帥的寬嚴，爲免枝蔓，本文只談制訂。

宋代自立國以來，官方最重視的，在於禁兵的選拔與訓練，縱然如此，開國之初的訓練制度，同屬禁兵，要求仍然不同，而是視俸祿的多寡爲別，薪給高的，要求嚴，薪給低的，要求鬆[57]。

南渡以後，想必是新遭國破家亡之痛，危機意識強烈，所以在建炎元年就頒布了樞密院教閱法，從單兵戰技訓練到團隊教練，都規定得細密而又嚴格，並且定時檢閱[58]。這樣的訓練要求，一直維持到寧宗初年。

到了理宗即位之初，訓練制度已經迥非昔比，寶慶二年（一二二六）時，竟然呈現下列現象：

- 州郡軍政隳廢，吝於廩給，闕額恒多，郡官、主兵官有窠占，寓公有借事，存留者不什一；
- 當教閱時，鈐總路分雖號主兵，僅守虛籍，莫敢號召，入教之次，坐作進退，殆同兒戲；
- 守官利虛券，不招填，主兵受厚賂，改年甲，且一兵請給，歲不下百緡，以小計之，一郡占三百人，是虛廢三萬緡也；
- 守帥闢園池、建第宅，不給餐錢，寓公去城遼絕，類得借兵，擾害鄉閭，近而輔郡至有寓公占四五百兵者。[59]

這些現象都發生在屯戍各地的禁兵之中，禁兵如此，本來就是「以分給使役」的軍隊就不必談了。這種現象一直持續，終理宗之世以至宋亡，史籍迄無改善振作的記載。而這段期間，卻正是蒙古飈興，鐵騎馳騁歐亞大陸、夏、金、高麗、大理、土蕃、安南諸國紛紛如霜後秋葉，非亡即降的肅殺歲月，孤伶伶偏促一隅且戰火已燃及自身的南宋，卻擁有這樣一支腐朽不堪的國防軍。

元軍在襄樊之戰末期所使用的回回砲，在歷史上出了鋒頭，後人談襄樊之戰，必記它一筆，嗣後在大舉伐宋的過程中，回回砲也是主要的武器[60]。但回回砲並非元軍的專利，襄樊之戰結束後，南宋憑藉其進步的工藝技術，也迅即研製了回回砲，而且製做精良[61]。不僅此也，製做精良回回砲的同時，也發展出有效的防禦裝備「護陴籬索」，以減少回回砲的段傷力與破壞力[62]。

宋代對攻防武器的研發，不直不遺餘力，從太祖時代，就已經到達了「戎具精緻犀利，近代未有」的水準[63]，而且歷三百二十年始終沒有落伍，所以《宋史・兵志・器甲之制》篇末，乃有「是時兵紀不振，獨器甲視舊制益詳」之語。

然而，徒賴戎具精良，無補於戰爭的勝負與國家的興亡，孫臏說：「兵利甲堅者勝乎？則勝易知矣！」[64]希排德爾將軍（Gen. Hans Speidel）說：「從根本上說，打仗的還是人。」[65]所以，南宋縱然在武器的發展上「視舊制益詳」，但卻由於「兵紀不振」而難施其用，亦終無補於大局。

孫子說：「知兵之將，生民之司命，國家安危之主也。」[66]又說：「將者，國之輔也，輔周則國必強，輔隙則國必弱。」[67]依李筌、杜牧、何氏、王晳諸人的詮釋，所謂「周」，乃指才具足；所謂「隙」，乃是有缺陷，可見將材的優劣，對國家的興亡有多麼重要。鑒別將材的優劣，諸葛武侯列有具體的標準，將材有九，將器有六。其最高的標準，以將材言，是「見賢若不及，從諫如順流，寬而能剛，簡而能詳，此之謂大將。」以將器言，是「仁愛洽於下，信義服鄰國，上知天文，下察地理，中悉人事，四海之內，視如室家，此天下之將，不可敵也」[68]。

軍隊的素質不論壞到甚麼地步，即使像前述南宋末年那麼不堪，如有卓越的將材來領導，加以整頓、訓練，仍可產生廉頑立懦的效果，化悍夫惰卒爲節制之師。這也不一定非求之於天下之將或大將不可，就算稍次於最高標準的將材，還是可以做到。

通觀南宋，合於天下之將的人才有二，一位是高宗時代的岳飛，一位是理宗時代的孟珙。岳武穆於紹興十一年（一一四一）冤死獄中後，以《松漠紀聞》見知於後世史家的洪皓，當時正因銜使命而被留置於金國，得悉武穆凶訊，曾自雲中以蠟書通知宋廷：「金人所畏服者惟飛，至以父呼之。」[69]孟忠襄於端平元年滅金之役，與蒙古軍共攻蔡州而先登，耀軍威於強鄰之前。北帥倴盞初見，就欽佩他，乃至「約爲兄弟」[70]，這都是「服鄰國」的例證。他們的戰略觀念也很相近，武穆向張所建議：「國家都汴，恃河北以爲固，苟馮（憑）據要衝，峙列重鎮，一城受圍，則諸城或撓或救，金人不敢窺河南，而京師根本之地固矣。」[71]忠襄經營四川防務，主張：「上流備禦，宜爲藩籬之層，乞敕制副司及移關外都統一軍於夔，任涪南以下江面之責爲第一層；備鼎、澧爲第二層；備辰、沅、靖、桂爲第三層。峽州、松滋須各屯萬人，舟師隸焉；歸州屯三千人；鼎、澧、辰、沅、靖各五千人；郴、桂各千人，如是則江西可保。」[72]他如人品、治軍、事功等方面，也有很多相似之處。

武穆是南宋初年的名將，去理宗之世已遠；忠襄雖名當時，可惜已卒於淳祐六年；另外一些稍次於他們，但仍屬良將的人才，也如前文所述，在景定二年的大整肅中消蝕殆盡；縱然還有才堪謀國之士如汪立信一般的人物，但也不能有所獻替，甚至多言賈禍而遭斥逐，在這種情形之下，絕無可能建立合於國家戰略要求標準的軍事力量。

3. 經濟力量

歷來史家論宋，總不離貧弱二字，關於弱，已於前文述其大要，茲續談其貧。

宋在開國之初，堪稱富國，五代五十四年蹂躪破壞，盡在北方，長江以南休生養息，如吳、蜀、江南、荆湖、南粤，皆號富強。入宋以後，宋室前兩代皇帝，藉其富藏，守以恭儉簡易，所以上下給足，府庫羨溢[73]。

但是好景不長，自眞宗起就已開始走下坡，到仁宗之世便已大困。錢穆先生指出，冗兵與冗吏乃爲宋代財用之蠹[74]，實爲一針見血，也是舉其大端，如果繼續細究，則貪汚、浪費、養宗室等諸般漏隙，也都有雪上加霜的後果，而追本溯源總結一切弊病，一言以蔽之，仍屬制度不良所致。

關於制度上的缺陷，仁宗時代的諫官范鎭曾作如下分析：「中書主民，樞密院主兵，三司主財，各不相知，故財已匱而樞密院益兵不已，民已困而三司取財不已；中書知民之困，而不知使樞密減兵、三司寬財者，制國用之職不在中書也。」[75]嗣後歷代欲有所更張的君相，爲了健全制度，設立了若干新機構，規劃了若干新辦法，但也旋立旋廢，旋施旋罷，所有的舉措，迄靖康之難，始終沒有效果[76]。

一如其他方面的國策，南渡後很想呈現一番新氣象，建炎元年，高宗曾下詔：「永念民惟邦本，思所以閔恤安定之，乃者減乘輿服飾，放宮女，罷苑囿，焚玩好之物，務以率先天下；減冗官，澄濫賞，汰貪吏，爲民除害；方詔減上供收買之額，蠲有司煩苛之令，輕刑薄賦，務安元元；而田里之間，愁痛未蘇，倘不蠲革，何以靖民，今詢酌庶言，疏剔衆弊，舉其綱目，以授四方。詔到，監司郡守，其悉力奉行，應民所疾苦，不在此詔，許推類聞奏。」[77]

從這份詔書看，確有痛改前非、盡除積弊的決心，而且留有觸類旁通的彈性空間，立意不可謂不善，設想不可謂不周，但依舊效果不彰，其故有二：官僚系統積習難改；財務支絀根源仍在。因此，還是不能跳出北宋的覆轍，而讓問題繼續深化與惡化，於是添酒錢、添賣糟錢、增牙稅錢、頭子錢等等名目都出來了，綜其名爲經制錢，後又改爲總制錢。這一切，都是由於財用不足，出以「與其歛於倉促，曷若積於細微」的理由[78]。

南宋幅員縮小，但歲入未減反增，孝宗淳熙十年（一一八三）曾作過一次調查發現：太宗時歲入一千二百餘萬，眞宗時三千六百餘萬，仁宗時三千六百八十餘萬，神宗時五千六十餘萬。孝宗以後，經過光宗短短五年的過渡，進入寧宗時代，他在位的歲入紀錄是六千餘萬[79]，但其貧依舊。

理宗寶祐四年（一二五六）九月，監察御史先熠奏言：「土地蹙而賦歛日繁，官吏增而調度日廣，（眞宗）景德、（仁宗）慶曆時，以三百二十餘郡之財賦，供一萬餘員之奉祿，今日以一百餘郡之事力，贍二萬四千餘員之冗官，邊郡則有科降支移，內地則欠經常納解，欲寬民力，必汰冗員。」[80]可見高宗當年的承諾，經過了一百二十九年，始終沒有兌現。所以，錢穆先生論北宋財政時，就已指爲絕症[81]，及至論南宋財政，則斷言「其國亦烏得而不亡」[82]。

（二）　君相結構與決策品質

本文不採繆爾國力分類的「組織」項目，而另於國力分析之外討論君相結構，是基於南宋後期政府權力結構的特徵，不得不爾。

宋於開國之際，形成中央集權且皇帝專制，因而君權重、相權輕，既然一切出於宸斷，而必造成中書、樞密、三司不相統屬各行其是的現象如范鎮所言。宰相不知軍政軍令與財賦，固然使政府的決策過程有缺陷，但這個問題也並非徒由宰相兼樞密使可以解決。自寧宗時代宰相兼樞密使成爲定制後，已是相權轉重，偏偏此後的皇帝自理宗以下非闇卽弱，卻又遭逢外有強敵的時會，在這種情形之下，丞相、尤其是丞相兼樞密使這個肩負軍國重任的職位是否得人，對國家的盛衰興亡，就具有決定性的影響。本文不於國力分析部份列入組織項目，而另闢篇幅討論君相結構及其決策品質，其故在此。

自理宗寶慶元年（一二二五）至恭帝德祐元年（一二七五），首尾三帝五十一年，其中理宗在位四十年，度宗在位十年，到恭帝卽位，局勢糜爛已不可收拾，第二年，臨安就陷落了。在這五十一年的時間內，以丞相兼樞密使的大臣，先後有史彌遠、鄭淸之、喬行簡、崔與之、李宗勉、史嵩之、范鍾、杜範、游似、趙葵、謝方叔、吳潛、董槐、程元鳳、丁大全、賈似道、葉夢鼎、江萬里、馬廷鸞、王爚、章鑑、陳宜中、留夢炎二十三人[83]。其中以理宗、度宗與賈似道這個君相結構最爲重要，其餘諸人不乏賢才，但可惜都不能久於其位，而丁大全雖與賈似道同樣禍國，任期亦短。

賈似道於理宗開慶元年（一二五九）以右相兼樞密使起，獨柄國政達十七年之久，其中自度宗咸淳三年（一二六七）正月起，更以太師特進平章軍國重事的地位大權獨攬，在這以前，皇帝因被蒙蔽，已是徒有虛名，此後更是實際的傀儡。而這十七年，卻正是關係南宋存亡最緊要的時期。

這種君相結構與時機因素配合起來，在太平盛世會構成潛在危機，爲禍隱，爆發緩；在衰亂之世則必構成立卽危機，爲禍顯，爆發速，理宗、度宗和賈似道的例子，不幸正是後者。

寡頭政治原本就有閉塞的先天缺陷，不能集思廣益而致殞越，英才所不免，何況庸才，其決策品質之窳劣，乃屬必然。

賈似道得以長久掌握權力，奠基於景定元年（一二六〇）忽必烈撤鄂州之圍北歸，賈似道誑稱大捷，使理宗以爲他有再造之功[84]，也就對敵已情勢懵然無知；賈似道進而拘囚北使、箝制輿論、整肅異己、樹立聲威、納賄賣官[85]，一方面使理宗、度宗完全被蒙蔽孤立於他所佈置的假象之中，一方面他又只顧鞏固自己的權力而不恤國事，這乃是迄襄樊之戰爆發以前，八年又八個月的寶貴時間，終被虛擲的根本原因。

迨及咸淳三年（一二六七）賈似道以太師而平章軍國重事之後，初則三日一朝，繼則六日一朝，後來十日一朝，大小朝政一切決於館客堂吏，宰執大臣只是備位充數，在公事上簽名如儀而已[86]，這還有甚麼決策品質可言？此所以骨鯁忠直有爲有守之士如馬廷鸞這樣的大臣，不得不堅辭相位掛冠求去，馬廷鸞於咸淳八年（一二七二）十一月罷相時，拒絕了度宗惻怛久之的挽留之後，曾向度宗頓首涕泣坦率指陳：「天下安危，人主不知；國家利害，羣臣不知；軍前勝負，列閫不知。」[87]

這番話言簡意賅，具體反映出賈似道一手把持了政府，以及這個寡頭政府的決策品質。馬廷鸞說過這話的兩個月以後，也就是第二年正月，樊城陷；二月，襄陽降於元。

透過對南宋後期國力的評估及其君相結構與決策品質的分析，當可客觀地發現其國力之薄弱與決策品質之極度低劣，如依照國家戰略的定義「對國力作有目標和系統的分配、發展與運用」這一標準來檢視，則已幾無力量（power）可言。

艾洪（Raymond Aron）爲「力量」所作的釋義是：「成事與摧破的能力，其發如潮、如風、如震。」[88] 這與《孫子》所謂「其疾如風，其徐如林，侵掠如火，不動如山，難知如陰，動如雷震」[89] 有異曲同工之妙，都對「力量」的發揮，作了動態的描述。

然而本文對南宋後期的國力評估，乃是就當時的現實狀況而言，這種現實狀況乃是人爲的，既是人爲的，也就未嘗不可通過人爲的努力來加以調整和改變。襄樊危如纍卵之際，權兵部尚書汪立信曾向賈似道提出書面建議：「爲今之計者，其策有三：內郡何事乎多兵，宜盡出之江干，以實外禦。算兵帳，見（現）兵可七十餘萬人，老弱柔脆，十分汰二，爲選兵五十餘萬人，而沿江之守則不過七千里，若距百里而屯，屯有守將，十屯爲府，府有總督，其尤要害處，輒參倍其兵，無事則泛舟長淮游徼，有事則東西齊奮，戰守並用，刁斗相聞，餽餉不絕，互相應援，以爲聯絡之固，選宗室親王忠良有幹用大臣，立爲統制，分東西二府，以涖任得其人，率然之勢，此上策也；久拘聘使（案：指郝經）無益於我，徒使敵得以爲辭，請禮而歸之，許輸歲幣以緩師，期不二三年，邊遽稍休，藩垣稍固，生兵日增，可戰可守，此中策也；二策果不得行，則天敗我也，若銜璧輿櫬之禮，則請備以俟。」[90]

汪立信所謂三策，其實只有兩策，其下策則不過是告訴賈似道，如果兩策都不得行，要他準備投降。但賈似道不理會前兩策，僅因怒其下策，而貶逐了汪立信。賈似道專權十七年，毫無國家戰略作為，汪立信的兩策是否能改變南宋的命運，當然還得看其他變數而定，不能臆測，但至少，他的建言確是國家戰略方案，元軍統帥伯顏後來且曾讚歎：「宋有是人、有是言哉！使果用，我安得至此。」[91]而汪立信的方案與王船山所說：「戰猶有以戰，守猶有以守，勝猶非其徼幸，敗猶足以自持。」[92]雖在時域上略有差別，卻也若合符節，何況在相近的時域方面，船山也說過「酌時勢而度之，固有可不亡之道」的話[93]。這樣看來，問題只在於為與不為，而在南宋與蒙古的接觸過程中，自始至終迄無任何像樣的作為，無可避免的在戰略上完全喪失或放棄了「保持行動自由」(preservation of freedom of action)[94]。

以這樣的國力和決策品質，再配合上原無戰略縱深後又三面受敵的地理形態，所面對的卻正是一個意志力量(will power)極強的新興民族，挾其高屋建瓴的地理形態，「侵掠如火」的軍事力量與優秀的將領集團，「勝敵而益強」[95]的經濟力量，在賢能的君臣結構及周詳的決策過程之下，進行「其發如潮、如風、如震」的攻擊，其結果將如《孫子》所言：「主孰有道？將孰有能？天地孰得？法令孰行？兵衆孰強？士卒孰練？賞罰孰明？吾以此知勝負矣。」[96]

四、結論

依照賴特(Qincy Wright)對戰爭型式(type)的四種分類，宋蒙(元)的戰爭，應屬其中的第二類，即「促進歷史發展」(the acceleration of history) 的戰爭[97]，因此，前文所述各種條件和因素錯綜交織的光譜，就提供了歷史發展的判斷資料。

一九五八年，蒙古第一次對宋大舉用兵時，忽必烈自開平南下鄂州途中，曾在河南特地晤見隱居相州的學者杜瑛，問南伐之計。杜瑛說：「漢唐以還，人君所恃以爲國者，法與兵、食三事而已，國無法不立，人無食不生，亂無兵不守，今，宋皆蔑之，殆將亡矣。興之在聖主，若控襄樊之師，委戈下流，以擣其背，大業可定矣。」[98]

這是忽必烈首次聽到以襄樊爲軍事戰略目標的意見，但這次軍事行動，並未兵臨襄樊，而是與在安南的兀良合台南北夾擊鄂州，照樣逼得賈似道納幣乞和，當時設非憲宗蒙哥猝逝，以及由此引發的蒙古帝位之爭，迫使忽必烈撤圍北還，則一二七六年的臨安之難，也許已經提前出現。所以，襄樊失與不失，與南宋的亡，並沒有必然的關連。

杜瑛的話，含有分析與建議兩部份，論宋「殆將亡矣」及其致亡之由，是分析的部份，也是主題，至於「控襄樊之師」，不過是附帶的建議而已，前者是他的國家戰略智慧，後者是他的軍事戰略眼光。誠然，攻略襄樊是個較佳的選擇，但以宋蒙（元）之間各種條件的差別及相關因素而言，軍事攻略目標的選擇，充其量只能決定戰爭的速緩久暫，已不足以影響歷史的發展。

關於南宋致亡之由，杜瑛的分析只是要言不煩，人君恃以爲國的三件大事何以「宋皆蔑之」，他沒有詳言，但循前所臚列的資料追索，證之以「人臣之用舍，關於世道之隆汚」[99]，還是人的問題，再把人的問題探究到最後，則是戰略無知所致。薄富爾（André Beaufre）說：「戰略無知是致命的錯誤。」[100]南宋後期君相結構中居於關鍵的地位人，所犯的正是這種錯誤。

諸葛武侯有謂：「若乃居安而不思危，寇至而不知懼，此謂燕巢於幕，魚游於鼎，亡不待夕矣。」[101]杜瑛終生身在北地未履宋境，他在賈似道甫任相職之年，就作這樣的判斷，旁證了不待賈似道爲禍，南宋的危機卽已彰彰明甚，南宋自不可能舉國懵懵皆如危幕之燕或沸鼎之魚。

實際上，南宋也的確並非無人，明達遠略忠藎憂世之士累世不絕，都知道南宋當務之急在於自強，遠者不論，僅理宗之世，這樣的人和這樣的言論也爲數不少，前文提到的吳璞卿董槐、汪立信等都是，其中董槐且直接提出「外有敵國，其計先自強」的建議；又如徐霆，也說：「不可但誇韃人之強，而不思在我自強之道。」[102]而徐霖則早在理宗端平年間，宋蒙之間持久戰爭乍起，史嵩之居相植黨營私的時候，就曾指陳「人主無自強之志，大臣有患失之心」[103]。但所有的建言，都了無效果，直到襄樊圍急，汪立信仍以多言賈禍，迨及伯顏大兵臨境，社稷將傾之時，賈似道遇汪立信於蕪湖，才拊立信之背而哭道：「不用公言，以至於此！」[104]悟則悟矣，可惜爲時已晚，而這遲來的覺悟，可爲前此之誤洵屬戰略無知的明證。

韓非說：「木雖蠹，無疾風不折；墻雖隙，無大雨不壞。萬乘之主，有能服術行法，爲亡徵之君風雨者，其兼天下不難矣」[105]。其〈亡徵〉一篇，列有四十七個「可亡也」的徵候，有其一卽足以構成國家危機，而經比對，南宋占其十五，包括：

• **凡人主……權輕而臣重，可亡也；**

・……罷露百姓，煎靡財貨者，可亡也；

・聽以爵不待參驗，用一人為門戶者，可亡也；

・……悔所迫之國者，可亡也；

・官職可以重求，爵祿可以貨得者，可亡也；

・緩心而無成，柔茹而寡斷，好惡無決，而無所定立者，可亡也；

・民不信其相[106]，下不能其上，主愛之而弗能廢者，可亡也；

・大心而無悔，國亂而自多，不料境內之資而易其隣敵者，可亡也；

・……力少而不畏强，無禮大隣，貪愎而拙交者，可亡也；

・怯懾而弱守，蚤（早）見而心柔懦，知有謂可，斷而弗敢行者，可亡也；

・……大臣隆盛……內亂百姓……而人主不誅者，可亡也；

・大臣甚貴，偏黨重强，壅塞主斷而重擅國者，可亡也；

・見大利而不趨，聞禍端而不備，淺薄於爭守之事，而務以仁義自飾者，可亡也；

・親臣進而故人退，不肖用事而賢良伏……可亡也；

・……大臣祿秩過功……則臣心無窮，臣心無窮者，可亡也。[107]

南宋承北宋之敝，國家體質原屬貧弱，經理宗、度宗兩朝君相長期稔禍，墻隙已極，忽必烈以新銳的民族，藉旺盛的國力，恰是爲風雨於亡徵之國，完成了這個歷史階段的發展過程。

（一九九一、三、二〇・脫稿）

附註

❶ 劉子健教授基於南宋背海立國，主張把南宋地圖向右扭轉九十度，而把襄樊列爲聯衞地區。見〈背海立國與半壁山河的長期穩定〉，收入氏著《兩宋研究彙編》，臺北，聯經出版公司，七十六年十一月版，頁二一—四〇。

❷ 清，顧祖禹語，見《讀史方輿紀要》卷七十七。

❸ 見黃寬重〈宋元襄樊之戰〉，收入氏著《南宋史研究集》，臺北，新文豐出版公司，七十四年八月，臺一版，頁二。

❹ 魏源《元史新編》卷二十九，〈呂文煥傳〉。

❺ 見註❶引書，〈引言〉，頁四。

❻ 見註❸引書：〈代序—略論南宋的重要〉頁七。

❼ 事見《元史》卷一，〈太祖本紀〉，但彭義斌《宋史》無傳，名見於《宋史》卷四七六〈李全傳〉，可知是忠義軍的人物。關於《宋史》不爲他立傳，趙翼在《廿二史劄記》卷廿六曾有評騭。

❽ 《宋史》卷四四九，〈陳寅傳〉；《多桑蒙古史》第二卷第一章。

❾ 《宋史》卷四十一〈理宗本紀〉一。

❿ 和戰辯論內容見《宋史》卷四一四、四一七、四一八，鄭清之、史嵩之、喬行簡、趙葵、趙范、吳潛各傳。

⓫ 蒙古憲宗蒙哥之死，載記不一，《讀通鑑綱目》卷廿一謂中流矢而死；《多桑蒙古史》二卷七

章，則謂死於痢疫。

⑫ 《宋史》卷二四六，〈宗室〉三，〈鎮王竑傳〉；卷四一四，〈史彌遠傳〉。

⑬ 《宋史》卷四七六，〈李全傳〉，參閱黃寬重〈略論南宋時代的歸正人〉，引書同註❸頁一八五—二三一。

⑭ 《元史》卷一五八〈姚樞傳〉。

⑮ 《多桑蒙古史》二卷七章，繫此事於一二五四年一月，依《元史》卷三〈憲宗本紀〉爲三年十二月。

⑯ 「大迂迴」之語見三軍大學編，《中國歷代戰爭史》第十三册，頁四〇六；亦見於錢穆，《國史大綱》頁四七五。

⑰ 《元史》卷九十三〈食貨〉一，〈農桑〉：「農桑王政之本也，太祖起朔方，其俗不待蠶而衣，不待耕而食，初無所事焉，世祖卽位之初，首詔天下：國以民爲本，民以衣食爲本，衣食以農桑爲本，於是頒農桑輯要之書于民，俾民崇本抑末……中統元年，命各路宣撫司，擇通曉農事者，充隨處勸農官，二年，立勸農司。」這是蒙古帝王以遊牧民族之裔，首次重視農業發展的重大措施。

⑱ 同註❾。

⑲ 《宋史》卷四一四〈史嵩之傳〉。

⑳ 《宋史》卷四一四，〈董槐傳〉。

㉑ 北宋李覯，曾作〈富國〉十策、〈強兵〉十策、〈安民〉十策，見《盱江集》，卷十六至十七。

㉒ 第一條見《宋史》卷四十五，〈理宗本紀〉五；餘見卷四十六，〈度宗本紀〉。

㉓ 《元史》卷六，〈世祖本紀〉三：「（至元）四年，……八月……阿朮略地至襄陽，俘生口五萬，馬牛五千，宋人遣步騎來拒，阿朮率騎兵敗之」；《元史》卷一二八〈阿朮傳〉：「（至

元）四年八月，觀兵襄陽……俘生口五萬。」

㉔ 《元史》卷一六一，〈劉整傳〉：「（至元）五年……九月……偕都元帥阿朮督諸軍圍襄陽，城鹿門堡及白河口，爲攻取計」；《元史》卷六〈世祖本紀〉三：「（至元）五年……九月……丁巳，阿朮統兵圍樊城」；《宋史》卷四十六，〈度宗本紀〉：「（咸淳）四年……九月癸未，大元兵築白河城，始圍襄樊」；「五年……三月丙午，北帥阿朮，自白河以兵圍樊城」。其中阿朮圍樊城之年，世祖與度宗兩紀，看似不符，但前者當在於「統兵」，後者則爲合圍。

㉕ 均同註㉓。

㉖ 《元史》卷一六一〈劉整傳〉。

㉗ 見《元史》卷一六一〈劉整傳〉、卷一二八〈阿朮傳〉，卷一五五〈史天澤傳〉。

㉘ 同註㉓，見「六月」條；另見《元史》卷一二八〈阿里海牙傳〉。

㉙ 所引資料源出《續通鑑》卷一七九、一八〇，節引自《中國歷代戰爭史》第十三冊，頁四一七－二〇，臺北，黎明文化公司，六十七年九月，修訂一版；另參照《宋史》卷四十六，〈度宗本紀〉；《元史》卷六，〈世祖本紀〉三及卷七〈世祖本紀〉四；《宋史》卷四二一〈李庭芝傳〉；《元史》卷一二八〈阿朮傳〉；《新元史》卷一七七〈范文虎傳〉。

㉚ 見《新元史》卷八，〈世祖本紀〉二；另參照《元史》卷三及卷四；《續通鑑》卷一七九；黃寬重《南宋史研究集》頁六。其中「沿山諸寨」，《元史》（開明鑄版）作「沿山」，此從同版《新元史》，另，攻百丈營宋將之名，黃寬重先生則有考訂。

㉛ 《元史》卷一二八〈阿里海牙傳〉。

㉜ 同前。

㉝ 波斯砲匠事，史籍各有參差，互異之處有四：一爲亦思馬因及阿老瓦丁抵元都之時間；二爲軍事砲匠人數；三爲砲匠在元都所獻究爲巨砲抑砲法？四爲石砲抑火砲？經比勘《元史》世祖紀及阿

里海牙、阿老瓦丁、亦思馬因（均見卷二〇三）各傳；《多桑蒙古史》三卷二章及所引《馬可波羅行記》；李則芬《中外戰爭全史》，臺北，黎明，七十四年版，頁六三八－四〇；周緯《中國兵器史稿》頁二五四－六，臺北，明文書局，七十七年，三版，頁二五四－六。本文所採之說爲：㈠亦思馬因與阿老瓦丁均於至元八年抵元都（本傳）；㈡僅亦思馬因至襄陽軍前（世祖紀及本傳）；㈢在元都造砲並試射（阿老瓦丁傳）；㈣襄樊軍前所用之砲爲火發石彈（李則芬）。

㉞ 同註㉓。

㉟ 見《元史》卷八，〈世祖本紀〉五「正月」及「三月」條。

㊱ 同前。

㊲ 同註㉟，及「十年、四月」條。

㊳ 同註㉟。

㊴ 《元史》卷九，〈世祖本紀〉六。

㊵ 鈕先鍾，《國家戰略論叢》，臺北，幼獅文化公司，七十三年四月版，頁一九一。

㊶ Klaus Knorr; "*The Power of Nations*", New York, Basic Books, Inc, 1975. pp.6-14。

㊷ 源出 Richard Muir: "*Modern Political Geography*"，引同註㊶頁一九一－三。

㊸ 見註❶。

㊹ 《宋史》卷一九五，〈兵志〉九。《文獻通考》卷一八五〈兵考〉十。

㊺ 《文獻通考》卷一八五〈兵考〉十。

㊻ 《宋史》卷二四，〈高宗本紀〉一。

㊼ 金毓黻，《宋遼金史》，臺北，臺灣商務印書館，七十一年十二月，臺二版，頁一一一。

㊽ 《范太史集》卷二十六〈論曹誦劄子〉。

㊾《宋史》卷一八七，〈兵志〉一。

㊿《宋史》卷四一七，〈趙葵傳〉。

(51)《宋史》卷一六二，〈職官志〉二。

(52)王夫之，《宋論》卷十四，〈理宗〉三。

(53)同註㊼。

(54)見《宋史》卷四一六，〈汪立信傳〉。

(55)同註㊿。

(56)同前。

(57)《宋史》卷一九五，〈兵志〉九：「禁軍月奉五百以上，皆日習武；三百以下，或給役，或習技。」

(58)同前。

(59)同前。

(60)《元史》卷二〇三，〈阿老瓦丁傳〉。

(61)《宋史》卷一九七，〈兵志〉十一：「咸淳九年，沿邊州郡因降式製回回砲，有觸類巧思，別置砲遠出其上。」

(62)同前。

(63)同前。

(64)《竹簡兵法・孫臏兵法殘簡釋文》下編，〈客主人分〉。臺北，河洛圖書出版社，六十四年十二月，臺初版，頁五九；徐培根、魏汝霖，《孫臏兵法註釋》，臺北，黎明文化公司，六十五年七月，四版，頁一五一。

(65)鈕先鍾譯，《第二次世界大戰決定性會戰》，臺北，黎明文化公司，六十六年三月一日，初版，頁三。

66 《十一家註孫子》卷上，〈謀攻篇〉。

67 同前。

68 清·張鵬翮輯，《忠武誌》，卷二，〈心書〉，臺北，新興書局，四部集要本，四十八年十二月初版，頁三三。

69 見《宋史》卷三六五，〈岳飛傳〉。

70 《宋史》卷四一二，〈孟珙傳〉。

71 同註69。

72 同註70；參閱黃寬重〈孟珙與四川〉，收入氏著《南宋軍政與文獻探索》，臺北，新文豐出版公司，七十九年七月，臺一版，頁一七〇。

73 《宋史》卷一七九，〈食貨〉下，一，「會計」。

74 錢穆，《國史大綱》，臺北，臺灣商務印書館，七十四年十二月，修訂十二版，頁四〇一—九。

75 同註73。

76 關於有宋一代貪污、浪費、制度缺陷及更張舉措之無效，均見於《宋史》卷一七九，〈食貨〉下，一，「會計」一篇中。

77 同前。

78 同前。

79 《文獻通考》，卷二十四，〈國用考〉，二。

80 《宋史》，卷四十四，〈理宗本紀〉，四。

81 同註74，頁四〇九。

82 同前，頁四七〇。

83 見《宋史》，卷二一四，〈宰輔表〉，五。
84 《宋史》，卷四七四，〈賈似道傳〉。
85 同前。
86 同前。
87 《宋史》，卷四一四，〈馬廷鸞傳〉。
88 "Power is the capacity to do, made or destroy. An explosive has a measurable power, as does the tide, the wind, or an earthquake". Raymond Aron: "*Peace and War*", Translated from the French by Richard Howard and Annette Baker Fox, Praeger publishers, New York, Washinton, third printing, 1970, P. 47.
89 同註66，〈軍爭篇〉。
90 同註54。
91 同前。
92 同註52。
93 同前。
94 André Beaufre: "*An Introduction To strategy*", translated by R. H. Barry, English translation, 1963, Faber and Faber Limited, London. P. 35.
95 同註66，〈作戰篇〉。
96 同註66，〈計篇〉。
97 Qincy Wright: "*A Study of War*", The University of Chicago Press. 1964. P. 4.

(98) 《元史》，卷一九九，〈杜瑛傳〉。

(99) 《宋史》，卷二一〇，〈宰輔表〉序。

(100) “Ignorance of strategy has been our fatal error” 同註(95)，頁一三。

(101) 同註(68)，頁三六。

(102) 見《黑韃事略》，臺北，新文豐出版公司，叢書集成新編，七十五年元月臺一版，總頁五〇五。

(103) 《宋史》，卷四二五，〈徐霖傳〉。

(104) 同註五四。

(105) 陳奇猷校註，《韓非子集釋・亡徵》第十五，臺北，河洛圖書出版社夏學叢書，六十三年九月，臺景印再版，頁二七〇。

(106) 原文爲「民信其相」，兪樾曰：民下脫不字；但陳奇猷另有說，此從兪改。見前揭書頁二七五之註(27)。

(107) 引文均同註(105)，頁二六七—七〇。

宋初的反戰論

王明蓀

一、前　言

宋初建國時在國防上已有先天之缺點，此卽五代時石敬瑭所割讓之燕雲十六州之地。當時稱契丹（遼）所得爲盧龍一道、雁門以北，其地有山前七州及山後九州；如此，在內地北方的國防上遂失五關（渝、松亭、古北、居庸、金坡）之險。

契丹控有十六州之地後，遂扼住北方國防之門戶，造成中原朝廷極大的威脅。簡言之，長城一線的維持，攸關華北之安危，故（後）周與宋初皆致力於恢復，其目標卽在於此。雙方和戰之關係，也成爲這時期歷史的一個重點。其實契丹夙有南進之政策，在得十六州之前卽已積極展開，不過是在石敬瑭時贏得其空前之收穫。而後滅晉、入主中原，至旋卽退出北返，其南進政策始漸開始轉變❶。但以中原政權之立場而言，契丹爲強鄰；北方國防的缺失，終究是要設法彌補，於是遂有周、宋對契丹之戰爭。

宋初對契丹之戰爭以太宗時的數次北伐最著，太祖時亦對北方用兵，但非其始終之政策。至眞宗時，契丹南進，其後乃有澶淵之盟的訂定；本文所論之宋初即止於澶淵訂盟之前。由於燕雲十六州之陷，宋與契丹長期爲敵及戰爭，至眞宗的澶淵之役，通常多傾向於宋初皆主戰爭之論，關注所及也多在戰爭之分析與戰史之敍述，對於持反戰之說未特別強調，故本文擬就此略加論述，以明其時對戰爭觀點之意見。其次，澶淵之盟的訂立，也常爲人所詬，指其爲城下之盟，視爲中原之恥，然衡諸當時實情，並無如所指視之嚴重；大體而言，諦約訂盟與宋初反戰論的發展有相當之關係。

本文所指的反戰論並非全在思辨性的理論，也不全在如戰爭理論中的反戰爭理論，而是指透過觀念表達，意見陳述，集合起來的議論。諸如主張維持現狀、反對發動戰爭，以守禦替代攻擊，肯定和平的價值甚於戰爭等等，皆是本文所論之範圍。

二、反戰論的形成

宋史載神宗時問張方平「祖宗禦戎之要」，張方平說：

> 太祖不勤遠略，如靈夏、河西皆因其酋豪，許之世襲。環州董遵誨、西山郭進、關南李漢超，皆優其祿賜，寬其文法，諸將財力豐，而威令行，間諜精審，吏士用命，故能以十五萬人而獲百萬之用。及太宗謀取燕薊，又內徙李彝興、馮暉，於是朝廷始旰食矣！真宗澶淵之克，與契丹盟，至今人不識兵革，三朝之事如此。❷

宋初三朝主守、主攻、和盟大體如上，但太祖主守亦非最初之決策。開寶二年（九六九）太祖出兵伐北漢，北漢係以契丹爲後援，故攻北漢卽需應付與契丹之戰，因之太祖亦佈署對契丹之攻防；但此次太原之戰宋軍失利而還❸。是以張方平所言「太祖不勤遠略」命將分守等等，應是在太原之戰以後才確定的策略。

王偁在東都事略中說：

> 昔王朴陳用兵之略，以淮南可最先取，并，必死之寇最後亡。及宋興，并，最後服，皆如朴言。是不然，昔太祖既平湖湘，嘗謂太宗曰：中國自五代以來，兵連禍結，帑藏空虛；必先取巴蜀，次及廣南、江南，卽國用富饒矣。河東與契丹接境，若取之，則契丹之患，我當之也，姑存之以為我屏翰，俟我富實則取之。故卽位之六年平蜀，又三年征太原，又二年平嶺南，又三年平江表。及太宗再北征乃克之。正廟謨雄斷施設先後之序如此，豈以并必死之寇而置之哉！誠非朴之所及也。❹

王朴所陳用兵之策具見於舊、新五代史，要言之卽「攻取之道，從易者始」❺，先取淮南，後圖并州。此爲王朴對周世宗之獻策，世宗雖喜其言，但顯然沒有採行；未平南方而揮師北伐。王偁說太祖對太宗的講話是在「既平湖湘」時提出，其時在乾德元年（九六三），若其時卽已定好先南後北的策略，何以會在平蜀之後「又三年征太原，又二年平嶺南，……」等，所謂「又三年征太原」卽前述開寶二年的對北漢及契丹之戰，可知太祖對太宗所言當是在征太原之後，重新調整過的策略，「廟謨雄斷、設施先後之序如此」，也是經過教訓後才決定的。而王朴獻策既未被周世宗所納，也未被後繼的宋太祖所用。

大體上是太祖修改策略後，對北方主守勢，一意平服南方，並以之告誡太宗爲策，而後太宗繼續先南後北，將南方平服後，始有對北方經略之戰。太祖因北守的防禦，乃任命十四名大將分別拒備契丹、北漢、西夏等❻。對燕雲之地的收復，太祖頗爲在意，他曾取曹翰所策畫之幽燕地圖以示宰相趙普，趙普知其北伐之意，以爲大將曹翰可攻取之，然則又問道：「翰可取，孰可守？」，就此打消太祖積極主攻之心意❼。趙普反戰，至少考慮到宋初的國力問題，即使一鼓作氣可攻城略地，但面臨強敵全面戰爭時，宋初應付之能力恐須審愼考慮。事實上在太祖初卽位時曾與其弟光義（太宗）詢訪趙普，提出北征太原之舉，趙普以爲「太原當西北二邊，使一舉而下，則邊患我獨當之」，宜暫緩後圖，乃決定先對南方用兵之策❽。太祖平湖湘、蜀之後，仍不免先對北漢用兵，初並未貫徹與趙普所定之策。

同樣地情形也發生在太祖問右僕射魏仁浦時，太祖曾在宴中密諭欲親征太原之意，魏仁浦僅答以「欲速則不達，惟陛下審思之」❾，是以仁浦盼太祖能緩圖太原，但顯然未被接納。及太原之戰失利，契丹援兵復至時，太常博士李光贊上班師之議，他以爲征太原「重勞飛輓，取怨黔黎」，使百姓苦役，而北漢蕞爾之邦，「得之未足爲多，失之未足爲辱」，「國家貴靜，天道惡盈」，是不値勞師動衆取彈丸之地，同時恐暑雨致河津泛濫，道路阻難，輦運將有稽遲之虞。當時太祖得此奏議，詢及趙普，趙普亦以爲然，於是有班師之議❿。

太原之役應給太祖深刻之教訓，又其牽涉遼、夏等國際關係，非可易取，此後不復主動攻北，改爲重兵防禦，委邊將大權並厚待之，轉而繼續經營南方。及太宗嗣位，仍秉先南後北之策。南方平服後，於太平興國四年（九七九）始有北伐之舉。

太宗決意北伐太原，曾詢及樞密使曹彬，問何以周世宗、太祖北伐未成之故，曹彬認爲周世宗因史超敗於石嶺關，致人情震恐而還，太祖因軍士腹疾而中止，並謂今兵甲精銳，必可摧枯拉朽以成。當時提出反戰主張爲宰相薛居正，他認爲北漢以契丹爲援，堅壁不戰，致世宗師老而返；太祖則破敵徙其民，致北漢危困已甚，得之不足以闢土，舍之不足以爲患，至今仍無需征討⓫。但太宗已決意親征，臣下亦不敢再進言。

至此後宋與遼遂展開長期之戰爭或敵對之勢，直至澶淵之盟始告結束；其間的過程非本文所論之主題，暫不贅述⓬。自太平興國四年三月宋軍北伐太原滅北漢，接著進攻幽燕，失利而還，但對遼戰事延續到本年十月。第二年的五月、十二月又發生二次遼軍報復的兩次戰爭，雙方各有一次勝負。在這段期間，宋廷仍有議論北征主戰之聲，但反戰之論也不時出現以相抗。

太宗太原、幽州之戰是其決策，反戰未被採納，亦不敢多言，及幽州大敗之後，反戰論者始能借機大放其詞，甚至太宗在雍熙三年（九八六）再決意北征時，反戰論者仍然上疏抗議。這些都是在議論戰事時可見到的，其無戰事議論時，亦不乏因論邊事、論國政等而提出的反戰之議，直到眞宗時仍如此。是知宋初主戰最盛之時當在太宗時代，而反戰論的形成也正在此時。

三、反戰論的內容

太宗征幽州前反戰的論點多表現在「緩圖」這方面，如王朴在宋前所說「從易者始」，趙普認爲先南後北亦是此意，且北方牽涉到國際關係，非宋初國力所易應付者，魏仁浦說「欲速則不達」則正是緩圖。李光贊與薛居正更進一步，有暫時放棄北征、不值一戰的念頭，至少是緩圖，也可能是根本放棄。

幽州戰後，朝廷反戰聲起，太宗巡北邊，當時有竇偁抗疏「請休士養馬，徐爲後圖」，然太宗仍至大名始還⑬，這又是緩圖的翻版。但不久得知契丹撤退之消息，朝廷復起出兵幽州之議，太宗因決議於翰林學士李昉、扈蒙，其上奏仍是以緩圖爲主，所舉之理由是大規模軍事行動轉餉的困難，而且華北地區「連歲飛輓，近經蹂踐，尤極肅然」，恐怕經不起調發之苦；應該先整軍修武，廣積軍儲，府藏充溢之後用兵不晚⑭。李昉等指出華北社會已因戰事至殘破蕭然，民力已難以負荷，此實際狀況足可爲反戰之理由。雖然太宗接納李昉等奏議，但朝中主戰聲勢仍強。接著左拾遺張齊賢上疏，再三強調發動戰事之非，他以爲對外戰爭未必因敵國而致，邊吏擾動也是主因，故「擇卒不如擇將，任力不如任人」，邊境安寧，則河北之民可獲休息，他又說：

> 家六合者，以天下為心，豈止爭尺寸之事，角强弱之勢而已乎，是故聖人先本而後末，安內以養外；人民本也，疆土末也。五帝三王未有不先根本者也，堯舜之道無他，廣推恩於天下之民爾，推恩者何，在乎安而利之，民既安而利之，則遠人斂衽而至矣！⑮

張齊賢從安民利民爲根本的角度，提出反戰的言論，換言之，卽爲修德安民，則近悅遠來的觀念。

張齊賢奏反戰之論的次年，田錫又復上奏，他同樣以爲邊區糾紛常爲戰爭主因，若將帥能謹固封守，還所俘掠，許通互市，則可保持安寧，河朔之民亦可休息務農；治國之道不宜捨近求遠，勞而無功[16]。田錫因任職河北南路轉運副使，對邊情當有相當了解，其主張亦是爲華北社會休息安定爲目的，不應爲恢復弔伐之名而輕啓戰端。在九年以後，太宗曾下詔求禦邊之策，田錫又提出長論，大體上與他人所論類似，在選將帥、行恩信、卹士卒、省費充餉、重情報及用諜，謹密軍情等等，但他的終結仍歸之於「邊上動，由朝廷動之，邊上靜，由朝廷靜之」[17]，是由內而及外的本意，基本上仍是反對啓開戰爭。

在雍熙三年（九八六），宋遼又度爆發大戰。太宗念念不忘恢復燕雲之志，朝中主戰氣焰未消，邊將亦有意立功疆埸，如賀令圖，握兵在邊十餘年，「恃舊恩，每入奏事，輒言幽薊可取，太宗信之」[18]，而當時所知之遼國情報，正是主少國疑，母后專政，權臣用事之際，國內有不安之現象[19]，太宗則欲乘機北伐；雖然反戰奏疏紛上，但無能改變太宗之決策。

參知政事李至首上反戰之疏，其言上策是勿戰，中策爲臨之兵威，下策卽爲親征北伐[20]。刑部尚書宋淇，少年時長於燕薊，故對敵情頗有認識，提出相當多的分析，價値亦高，但他並不主張以戰爭解決問題，戰爭萬不得已而用；若能精選使臣，通盟結好，弭戰息民，是爲良策[21]。而後當宋軍失利之際，老臣趙普及宰相李昉乘時分別上奏，大體以息兵爲民而停戰說之，同時也指出自古夷狄在外，當置之不理爲是[22]，這樣使太宗因失敗而有台階可下。

自雍熙之戰後，朝廷主戰聲勢開始逐漸減小，迄於眞宗澶淵之盟，其間約十六、七年。各方的議論幾乎都集中在對邊防守禦的討論，像過去積極主戰，動則調兵徵糧的言論已不成氣候。但在雍熙三年戰後的第二年，契丹常有侵邊的行動，這應是對太宗北伐的報復，而太宗有意再發大兵征討，京東轉運使李維清三次上奏諫止；以爲如是則「天下不耕矣」。接著宰相李昉等亦相率上奏，開封尹、陳王趙元僖復上疏，皆以安定息民爲理由，勸阻太宗的徵發㉓。太宗也因之再詢問朝臣的禦戎之策，其中殿中侍御史趙孚的奏議，提出不動干戈、不勞飛輓之法，即謹修戰備，通好和盟，則「各所攸資，兩相無礙」，做出近悅遠來的結論；他以爲興兵大舉之論實如漢代樊噲的空言㉔。

端拱二年（九八九），朝廷又有禦邊之策的討論，戶部郎中張洎的長篇上奏中說，過去北伐失利的原因是分兵力、失地利，將從中御、士不用命四者，然後分析對此四缺失的修正，其最終目的是要練兵聚糧，嚴守邊防，「來則備禦，去則無追」，結盟好以息民安居等㉕。張洎之論蓋與上述趙孚所言類似，即一則修邊備，一則通盟好。右拾遺王禹偁在此次討論中，提出禦戎十策，其基本原則係以妨漢文、景時外能任人、內修其德。其所論任人五事爲重將權，去小臣、行間諜，以夷制夷、感激邊民等，至於修德五事則爲省官吏、重選舉、信大臣，戒輕戰、開財用等㉖。王禹偁此議頗得太宗贊賞，又深得宰相趙普之器重，除去內外並重的守勢其中還蘊含有進取的態式，即以夷制夷之策；但此一策略的開始運用及成熟，要到仁宗時期。如此則王禹偁是較早提出這個觀點的。後來眞宗時張齊賢及柳開論西夏邊事時，也提出以夷制夷之策㉗，這都對宋代中期仁宗時的外交或禦邊之策有啓發作用。王禹偁在淳化五年（九九四），論出兵西夏時，仍提出反戰之議，其中亦不乏以夷制夷的策略，同時還顧及到西邊餽餉的困難，而北邊尚須守禦契丹㉘。他因顧及國際形勢與實際困難而反對出兵，以制夷夷則是其解決的方法。

太宗朝晚期對邊事的議論大體類似上述所說，於此不需多贅。在議論政事時逐漸也可看出較偏重於內政問題，顯然修內待外也漸取得朝臣們的共識，下面一段太宗與宰相呂蒙正的對話，正可以看出此訊息：

> （太宗）曰：……且治國在乎修德爾，四夷當置之度外。朕往歲既克幷汾，觀兵薊北，方年少氣銳，至桑乾河絕流而過，不由橋梁，往則奮銳居先，還乃勒兵殿後，靜而思之，亦可為戒。蒙正曰：兵者傷人匱財，不可屢動，漢武帝及唐太宗俱英主，然用兵皆不免於悔，為後世非笑，陛下及其未有悔也，而早辯之，較二王豈不遠哉！上曰：朕每議與兵皆不得已，所謂王師如時雨，蓋其義也。今亭障無事，但常修德以懷遠，此非清靜致治之道耶？蒙正曰：古者以簡易治國者，享祚長久，陛下崇尚清靜，實宗社無疆之休也。㉙

太宗頗思修正過去動則興兵之念，至於高麗遣使乞師，欲聯宋伐遼，太宗卻不動干戈㉚，可見其弭兵的決心。淳化元年（九九〇）太僕少卿張洎的言論可以爲太宗朝的對外政策做一總括。他以爲歷代禦邊有三策，上策爲據險而守，來則備禦，去則勿追，中策爲和親通好，下策爲大張撻伐。張洎本人主張爲中策，蓋因失長城之險，故上策無法做到㉛。中策的和親通好，在宋代只可能通好，和親之論則屬罕見。通好已見於張洎之前，而後馬亮、王禹偁皆極言之，並以通好可息邊民爲最主要的關鍵[32]。

通好或懷柔、覊縻的主張，以及修內待外的看法，在眞宗朝時已成爲反戰論的兩大主題，而且也成爲朝廷議論的重心。懷柔之策在太宗端拱二年（九八九）爲李至所提出[33]。其實亦卽通好之謂。眞宗時朱台符以修盟好、「利以貨財，許以關市」，則以安邊弭兵，息民以安社稷[34]，這屬覊縻之論，但也是通好之策可以實行的。故基本上通好是有懷柔或覊縻之作用。前述的柳開、王禹偁等都是極言通好反戰者。

修內待外之說沿太宗晚期而盛行，到眞宗朝時則有陳彭年在論國事時提出[35]，復有張知白主之，以其夷夏觀言「先內和人心，而後制四夷」；然其較重兵備[36]。類似的看法如錢若水，他在論備邊五事時提出反戰的看法，認爲修邊備可召致外敵之來和，其言伐謀、用法等，是以敵來侵則禦抗，敵走則勿追爲原則的[37]。

不論通好或修內待外之說，其於邊防之戰守都非常注重，基本上主消極守勢者居多，故而在太宗晚期至眞宗時，對於靈州的棄、守有着爭議，反戰論者仍多數主張放棄以息兵、休民，如張洎、田錫、李至、楊億、李沆等[38]，而靈州終至棄守，可見反戰論的聲勢是有相當之影響力。及眞宗澶淵之役，終以和盟通好結束；於守而言，是反戰聲勢高漲，其目標達成的最佳說明。

澶淵之役時，持反戰論的呂蒙正、田錫等皆反對眞宗親征[39]，但抵禦遼大軍之入侵，亦勢在必行，所爭在皇帝親征與否的問題，故畢士安、王繼英等主發兵以禦卽可，若親征則緩進以圖；而寇準則積極催促親征之不可緩[40]，又有王欽若請眞宗至金陵，陳堯叟請幸成都之議，但亦皆爲寇準所阻[41]。反親征及議移駕者，未必都反對抵禦，事實上是較謹愼的考慮，但親征至前線亦有其抗敵之決心。而後眞宗果親征如寇準所定策㊷。

四、結　語

宋初的反戰論起於太祖時代，其對象係對外而言，並不在對南方分裂的各國。宋前王朴與宋初趙普的看法相當一致，卽先易後難或先南後北之策，當時是基於現實之考慮，猶恐國力不足，難以抗衡強敵之故。太祖初未守此策略，及北征失利後，始修正爲先南後北之策，以重兵禦守北方，這也爲後來反戰論者引爲力據，卽不需對北方敵國用兵，仍可保安定。但以北方國防安全問題，是宋初二朝念玆再玆之事，及太宗統一內地之後，可先南後北而北伐矣。

太宗幽州之敗，反戰論借機而起；雍熙北伐以後，反戰論逐漸盛行。至太宗晚期，反戰已然成爲主流，沿漫至眞宗朝，澶淵之盟係在此種議論氣氛之中達成。

反戰論的內容也是逐漸豐富的，初起時僅以緩圖愼重爲理由，恐怕未能成功；而後因太祖守北方之經驗，使反戰論者無慮於國防之憂。綜結其論點，大體如下：其一是轉餉軍需致民生蕭然，加之戰事破壞，華北社會不堪負荷。其二是修內待外，則近悅遠來之傳統觀念。其三是來禦去勿追的現狀維持，以守備爲主而相安無事。其四是懷柔通好，息民互利的善意關係。第一點所言是現實觀察的結果，就其他資料來看，華北社會的確受害頗重，河南之民逃命以避戰㊸；至北方飢民、自然災害、賑災之記載頗多㊹，民力困頓也在許多議論中經常言及。第二點所說是儒家傳統的觀念，所謂修文德以來之，含有道德化育天下的信念，但事實上，「有道未必服，無道未必不來」㊺，純以修德可解決問題，恐怕是有點不切實際了。不過宋初反戰論者之修內尚包括不少禦邊的方案。第三、四點所言，也是傳統論邊策時常提及的觀點，其始大約在西漢時已成熟。來禦去勿追實際上是本於「分別論」而來㊻，所謂「不與約誓，不就攻伐，……是以外而不內，疏而不戚，政教不及其人，正朔不加其國；來則懲而御之，去則備而守之」㊼。至於懷柔通好，自先秦即有此說，於漢代已蔚爲宏論。

宋初之反戰論並非凡戰爭即爲反對者，其時初爲國力不足而不欲輕啓戰端。攻太原固以北漢爲目標，但北漢以契丹爲後援，則須面對強敵，故而希望待府庫充足時，再容後圖；緩圖是當時穩重的看法。爾後對外的戰爭則是爲燕雲的國防問題，但其時的歷史經驗已顯示太祖未收燕雲之地，然國防無虞，若發動戰爭爲國防，但國防並無問題，則戰爭將無意義；加之戰爭使華北社會殘破，民生困苦的現實，反戰論者必以爲何需發起戰爭？於是和平共存並不是不可以追求的價值。

附註

❶ 關於契丹至五代及宋初之關係，可參見拙作，「契丹與中原本土之歷史關係」，（宋遼金史論文稿，臺北，明文，民國七十七年），頁一至三二。

❷ 見宋史，卷三一八，張方平傳（臺北，藝文，廿五史本），頁五上、下。

❸ 參見宋史，卷二，太祖本紀，頁七上至八上。戰事經過參見李燾，續資治通鑑長編，卷十（上海，古籍），頁一上至九上。

❹ 參見王稱，東都事略，卷第二十三，卷末所論（臺北，文海，宋史資料萃編），頁四〇五、四〇六。又見江少虞，宋朝事實類苑，卷一（臺北，源流，民國七十年），頁八。

❺ 見五代史，卷一二八，王朴傳（廿五史本），頁二上。

❻ 參見宋史，卷二七三，李進卿諸將之論，頁二四上、下。另見長編，卷十七，開寶九年十一月所載，並作者自註，見一九下、二〇上。

❼ 參見王應麟，玉海，卷十四（江蘇，古籍），頁二五下。另見李攸，宋朝事實，卷二十（臺北，中文），頁三一七。

❽ 參見長編，卷九，頁六上。

❾ 參見長編，卷十，頁八上、下。

❿ 參見長編，卷十，頁八下、九上。

⓫ 參見長編，卷二十，頁一上、下。

⓬ 宋太宗對遼之戰爭及其過程，可參見程光裕，宋太宗對遼戰爭考（臺北，商務，民國六十一年）。

宋遼對立的關係及其間的外交與政策等，可參見陶晉生，宋遼關係史研究，第一、二章等（臺北，聯經，民國七十五年）。

⑬ 參見長編，卷二十一，頁十下。

⑭ 參見同前註，頁十一上、下。

⑮ 參見長編，卷二十二，頁十二下、十三上。

⑯ 參見同前註，頁九下至十下。

⑰ 參見長編，卷三十，頁九上至十一下。

⑱ 見東都事略，卷一一九，賀令圖傳，頁一八三七。

⑲ 參見長編，卷二十七，頁一上、下。

⑳ 參見同前註，頁一下。

㉑ 參見同前註，頁一下至五上。

㉒ 參見同前註，頁十一下至十五下。

㉓ 參見長編，卷二十八，頁三上、至四上。

㉔ 參見同前註，頁四上至六上。

㉕ 參見長編，卷三十，頁一上至五下。

㉖ 參見同前註，頁五下至八下。

㉗ 張齊賢之論，參見長編，卷四十九，頁十一下至十三下。柳開之論，參見卷四十三，頁十五下、十六上。

㉘ 參見長編，卷三十五，頁五上至六下。

㉙ 見長編，卷三十四，頁十三上、下。

㉚ 參見長編，卷三十六，頁六上。

31 參見長編，卷三十一，頁四下、五上。

32 馬亮之議參見長編，卷四十二，頁五下。王禹偁之議，見頁十五下。

33 參見趙汝愚，國朝諸臣奏議，卷一三〇（臺北，文海），頁一下至三上。

34 參見長編，卷四十四，頁三上至四下。

35 參見33，卷一四五，頁十九上、下。

36 參見33，卷一四六，頁一上至二上。

37 參見長編，卷四十六，頁十四上至十六下。以及卷四十五，頁十六下至十九上。

38 各人所論分別見於長編，卷三十九，頁七上至九下，卷四十二，頁九上至十一下，頁十二下至十五上。卷五十，頁十二上至十五下，頁十六上、下。

39 參見長編，卷五十二，頁五上、七下。

40 參見長編，卷五十七，頁五下。

41 參見長編，卷五十七，頁十四下、十五上。

42 關於澶淵之役及其盟約達成，可參見蔣復璁，「宋遼澶淵之盟的研究」，收在宋史新探（臺北，正中，民國六十四年），頁一〇〇至一五〇。另見陶晉生前揭書，頁十五至四二。

43 太祖初「或言上將北征，大發民餽運，河南民相驚逃亡者四萬家，上憂之」，見長編，卷四，頁二十七上。

44 如建隆初，河北、京東、陝西旱蝗，河北尤甚，見長編，卷三，頁九下、十四上、下。其他如卷十四，頁一下，卷十八，頁十四上，卷二十四，頁九上、十一下、十五下。卷三十六，頁十上、下，卷三十八，頁六下等。

45 見歐陽修，新五代史，卷七十二（廿五史本），「四夷附錄」，頁一上。

46 參見拙作，中國民族與北疆史論——漢晉編（臺北，丹青，民國七十六年），頁九〇、九一。

㊼ 見班固，漢書，卷九十四下，匈奴傳下（廿五史本），頁二四下、二五上。

淮西兵變與宋高宗的抑武政策

簡恩定

一、前言

所謂「淮西兵變」，指的是宋高宗紹興七年八月，酈瓊以兵四萬人叛奔劉豫事。關於此事內容大要，南宋徐夢莘所撰《三朝北盟會編》卷一七八紹興七年條下載云：

> 六月，呂祉自淮西來。張宗元為湖北京西路宣撫判官以監岳飛軍。呂祉還淮西，王德來朝。呂祉舉止驕傲，不諳軍旅；統制官有兩使，有正使者橫過唱喏，祉頷應之；有伺候終日，稱歇息吃食調弄聲樂之類，不得相見，其下多憤怒。統制酈瓊、王世忠狀王德之罪於朝，德密知之，遂赴行在，上問之，德具言諸將驕暴，恐別生變。上愕然，遂命德以本軍入衛。
>
> 七月，張浚為淮西宣撫使，楊沂中為淮西制置使。呂祉無馭將治軍之才，諸將皆忿

> 橫。祉密聞于朝廷，議遣張浚、楊沂中往分其兵，乃以浚為淮西宣撫使，沂中為淮西制置使。
>
> 八月戊辰，酈瓊、王世忠、靳賽、趙四臣、王師晟叛殺喬仲福等，執呂祉等附於劉豫。楊沂中為淮西制置使，先遣吳錫以兵往淮西，察其兵中動靜。酈瓊、王世忠等覺之，各有異志。統制康元曰：「朝廷素輕武臣，多受屈辱，聞齊皇帝折節下士，皆為之用。」眾皆不應，猶相視以目。先是王師晟常出戍在壽春府，携路政弟子文奴以去，訴於呂祉。是時將士方不安祉之政，師晟還廬州，乃與瓊、世忠及張全等謀為叛亂。瓊遣邀截祉所發遞角，盡得祉所言軍官之罪，瓊等大怨怒，康元曰：「歸事中原則安矣。」戊辰，諸統制晨謁，祉方吃茶，瓊袖中出遞中文字，呼統制張景曰：「諸兵官有何罪？張統制乃具許多事中朝廷！」祉見之，大驚，欲退走，不及，為瓊所執，有祉之承局者以刀欲砍，瓊大呼曰：「怎敢如此！」忽見有執鐵骨朶者，瓊取以擊承局，承局死於階下。瓊之提轄已殺張景於聽事，又殺喬仲福、邢支，劉永並執前安撫趙康直。安撫趙不羣及先輔率前軍先驅以行，軍士縱剽城市而後去。途中瓊等好謂祉曰：「王德入朝，妄奏瓊等有叛志，瓊等懼朝廷見疑，所以為此。願尚書及安撫奏知，明瓊等無叛心，則瓊等駐軍淮上，以待朝廷之命。」祉然之，奏書已行，瓊行至霍丘，殺祉並殺康直而縱不羣歸。蓋不羣方代康直為淮西安撫，知廬州未旬日，無怨恨於軍中也。上聞之，慟哭悔恨者不已。❶

淮西兵變失師之事傳至高宗行在處，高宗雖然力作鎮定，而且安撫張浚說：「失三（應作四）

萬人不繫國安危，譬猶臨陣折傷，亦是常事，卿等不可以此介意。」（李心傳所撰《建炎以來繫年要錄》卷一一三，紹興七年八月壬寅條下）但是高宗是否眞的不在意呢？恐怕未必，因爲同年丁未，張浚與陳與義議於高宗前，謂淮西地勢險阻，可以固守，高宗答云：「地勢雖險，亦在將兵者如何耳。」（詳見《建炎以來繫年要錄》卷一一三）宋高宗此語看似議論將才如何而已，實則寄寓暗示與感慨。蓋因大將如若心生叛逆如淮西兵變事，則地形再險亦無所用。緣此可見，淮西兵變一事，已使宋高宗對建炎以來驕揚跋扈武將的戒心，提昇到最高點。換言之，淮西兵變在一定程度上，加速宋高宗推行抑武政策的決心。以下將從淮西兵變前後，高宗從優容武人到裁抑武人的政策來申論此一主題。

二、從右文到右武

宋朝自太祖勒石詔誓不殺士大夫之後，右文略武一直爲北宋立國政策。即以平定江南有功的曹翰而言，亦難免因爲武人而受辱。宋吳處厚《青箱雜記》卷六頁七載云：「曹翰嘗平江南有功，後歸環衞，數年不調。一日內宴，太宗、侍臣皆賦詩，翰以武人不預，乃自陳曰：『臣少亦學詩，亦乞應詔。』太宗笑而許之曰：『卿武人，宜以刀字爲韻。』翰援筆立進，因以寄意曰：『三十年前學六韜，英名常得預時髦。曾因國難披金甲，不爲家貧賣寶刀。臂健尚嫌弓力軟，眼明猶識陣雲高。庭前昨夜秋風起，羞覩盤花舊戰袍。』太宗覽之惻然，即自環衞驟遷數級。」太宗許曹翰以刀字爲韻，原意在取笑曹翰身爲武人竟然妄意應詔賦詩；而曹翰援筆立就，竟然也因而驟遷數級！武將超遷，不因戰功而靠一紙翰墨，足見彼時右文略武之大概。又如名將狄青，因爲戰功過於顯赫，因而引起衆多疑忌。《宋史》卷三一九〈劉敞列傳〉中載云：「狄青起行伍爲樞密使，每出入，小民輒聚觀，至相與推誦其拳勇，至壅馬足不得行。帝不豫，人心動搖，青益不自安。敞辭赴郡，爲帝言曰：『陛下幸愛青，不如出之，以全其終。』帝頷之，使出諭中書，青迺去位。」然而此種重文輕武政策，到了北宋末年，卻受到最嚴厲的考驗，正如南宋孝宗朝的留正所言：「士大夫名節不立，國家緩急無所倚仗。靖康金人犯闕，死義者少，因亂謀利者多。」（《宋史》卷三九一〈留正列傳〉）因爲長久的輕武政策，所以才會有緩急無所倚仗的情況發生。至於文士由於長期受尊寵，就算名節無虧者，亦有昧於時局而缺乏應變能力之憾。何㮚爲宋徽宗政和五年（西元一一一五年）進士第一，當金兵圍徽、欽二帝於青城之時，何㮚任尚書右僕射兼中書侍郎之職，《建炎以來繫年要錄》建炎元年庚子條下載何㮚與二帝身陷青城之事云：

> 初，金人將挾二帝北遷，乃督犒軍金銀益急，欲縱兵入城。時蕭慶居尚書省，淵聖皇帝（欽宗）以問慶，慶曰：「須陛下親見元帥乃可。」前一日，左副元帥宗維以書來，約車駕出城，議加其主徽號，淵聖皇帝難之。……。吏部侍郎李若水使金歸報，力勸出幸，以為必無他。右僕射何㮚主其說，帝疑焉。金使兵部尚書高慶裔者奏曰：「陛下不必親自出城，但遣親王大臣可也。」帝欲毋往，恐敵縱兵殘民，遂決計出城。南壁統制官閤門宣贊金人吳革聞之，入白㮚曰：「天文帝座甚傾，車駕若出，必墮敵計。」㮚曰：「二太子止欲加金主徽號，必不留也。」革固爭，不聽。時㮚自謂折衝有術，在都堂對金使歌曰：「細雨共斜風，作輕寒。」左右及金使皆笑。（卷一

頁三三～三四）

同年甲辰條下又載：

初，帝幸金營，約五日必還，至是金以犒軍金帛未足為詞，邀留不已。留守孫傅以民間所有已竭，乃取上皇旨，凡宗廟供器及諸王公主第，盡括之。時帝在齋宮無聊，何㮚奏宜賦詩以遣興，夜請中使劉當時召孫覿賦即事詩，詩成賜酒。（卷一頁三九）

雖然宋室傾頹非一朝之故，亦何㮚一人之力所能挽回，但是位居要職，卻識敵不明在前，舉措不當於後，何㮚後雖死難，但已難免亂世文臣無用之譏。何㮚已是如此，下焉者更是不堪評論，《三朝北盟會編》卷五十八引《靖康小錄》云：「尼堪（即粘罕）再陷龍德府。是日（靖康元年十月二十日）尼堪至城下，言要守臣出城議事。是日通判李諤出城入尼堪寨，見尼堪言：『我今提兵問罪趙皇去，不攻你城，但將犒軍酒食糧斛來，我等乘夜過去。』諤入奉聽，是夜入城，言於知府張有極，言可與父老共議。遂呼在城父老等語：『通判昨日相見，言不打城壁，只要犒設酒食等物，可否？』良久，衆皆曰：『如此是拜降也，如通判要與即與，男女等只願守城。』遂不出報。」宋代由於防止武將濫權，州郡軍事例由朝臣通判。根據上述記載，通判李諤尚且不如平民百姓忠義。欲使此等文臣效死報國已不可得，又何能指望其能驅逐女眞，底定中原？文臣既不可恃，於是不得不稍變原來之抑武政策。《三朝北盟會編》卷五十八錄宋欽宗靖康元年十月十八日詔河北河東便宜行事詔書云：

每聞邊報，痛切朕心，已令盡天下之兵矣。凡爾州郡，豈可嬰城自困，徒待其斃！今仰河北、河東諸路帥臣，傳檄所部，州軍各得便宜行事，合從連衡，相為救援，見便即動，無拘一律。其見任官能與鄉里豪傑率衆捍敵，得守城邑，大者寵以公爵，次者授以節鉞，或登用於朝廷，世襲其地。

據此詔書，現任官員如能率衆守城，大者得以任公爵，次者得以授節鉞，比起曹彬平定江南，宋太祖僅賜錢二十萬（詳見《宋史》卷二五八〈曹彬列傳〉）；李繼隆於澶淵之役，有疾戰護駕之功，宋眞宗僅加授開府儀同三司之職（詳見《宋史》卷二五七〈李繼隆列傳〉），武臣地位顯然提高不少。未幾，靖康禍作，高宗倉卒南渡，宋王室之存亡續絕，幾全繫於武臣之手，於是優容、尊寵武人，便成宋高宗的一大政策。

三、「艱難之際，恃以恢復」的右武政策

宋代王室對武臣的政策，隨著國難日亟而不得不改變已如上節所述。然而促成此種尊寵武人政策之形成，過程是極其無奈與心酸，且看宗澤在靖康二年二月所寫二封書信內容，即可略窺一二：

竊惟京城圍閉日久，君父注望四方勤王之師入援，想不啻饑渴。資政為北道大總管，乃將大兵自衞迂回曲折，走南京駐劄，蔽遮江淮之人，俾不能進前固護王室，則朝廷

> 何賴於屏翰？伏望早賜指揮進發，去京二三程劄寨，示敵人以天下人心歸嚮，軍民怨切願瞻天表之意，庶幾敵人畏恐，下城引去。以示忠節，無為身謀。（《宗忠簡集》卷四、〈與北道總管趙野約入援京城書〉）
>
> 太傅是朝廷重望大臣，凡所舉措，為天下重輕，為四方軌則。今以河北、河東宣撫之名，乃擁兵自衞，迂回退縮，劄駐南京，是耶！非耶！不知太傅晝思夜度，謂臣子大義果如此耶！（《宗忠簡集》卷四、〈與河北、河東宣撫范訥約入援京城書〉）

觀此二書內容，則靖康國危之際，守臣各自擁兵而不受朝廷調度情形已是十分嚴重。無怪乎宗澤於〈感時〉詩中謂：「一旦國步艱，四迸如星繁。輔相已擇棲，守令仍踰籓。冠蓋陸西竄，舳艫水南奔。」（《宗忠簡集》卷五）這種情形，到了宋室播遷之際，更是屢見不鮮，朝廷亦無可如何。為了安撫這些武將，不但不敢輕易降罪，有時還盡力為其開脫。譬如宋欽宗拘留金營之時，有閤門宣贊舍人吳革，欲私結禁衞刼金營，以迎欽宗歸。結果事洩而為京師步軍指揮使范瓊所殺。高宗即位後，范瓊畏懼而不自安，高宗以其手握重兵，特別降詔加以安撫，謂「節義所以責士大夫，至於武臣卒伍，當闊略之，以責後效。」（詳見李綱《梁谿集》卷一七六、〈建炎進退志總敍三〉頁十五～十六）宋高宗何以在亂世不敢對武臣卒伍責之以節義？除了「以責後效」這個十分勉強的理由之外，當然是為了安撫這些武將，以防止叛逆而為敵所用。如此一來，對於文臣的優渥禮遇，便相對的減少。宋高宗於建炎元年六月八日丙寅，曾降黜責士大夫手詔云：

朕惟祖宗創業守成垂二百年，涵養士大夫至矣。靖康變故，仕於中都者，曾無仗節死難之士，而偷生取容，何其衆也。甚者乘時為奸，靡所不至，實為中國羞，公議勿容。姑取跡狀尤顯著者，量加竄黜，為臣子之戒。夫節義正所以責學士大夫也。至於武官卒伍，理當闊略，以責後效。惟王宗濋首引衛兵逃遁，至都城失守，不可不責，餘姑務含容，一切不問。（《三朝北盟會編》卷一〇八，頁一）

王宗濋於靖康年間任殿前副都指揮史之職，於金兵圍城之際首引衛兵遁逃，致都城失守，亦不過「責官邵州安置」（《宋史》卷廿四〈高宗本紀〉一）。但是文臣如朝散大夫洪芻、朝散郎陳沖、朝請郎余大均等人，因爲圍城中坐括金銀自盜及私納宮人，被長流沙門島。朝議大夫張卿材、朝散大夫周懿文、朝奉郎李彝等人，則因坐與宮人飲酒，皆被竄黜（詳見《建炎以來繫年要錄》卷八，建炎元年八月戊午條下）。經由宋高宗此種對文臣、武臣有虧臣節的不同處置，可以明顯看出爲了保全宋室王祚，宋高宗已經開始優容武人。自此而後，凡武臣失責者，高宗大多予以輕罰。譬如建炎元年十月，高宗次寶應縣，御營後軍有孫琦者爲首作亂，逼左正言盧臣中落水死。孫琦原爲韓世忠所部，事變之後，宋高宗僅詔韓世忠罰金（詳見《建炎以來繫年要錄》卷十、頁十）。孫琦後來在建炎二年四月，相繼焚隨州、拔唐州、破宿山縣，爲患不可謂不大，然而高宗亦無有再追究韓世忠失責之處。再如建炎三年四月，高宗手詔將帥「非出師臨陣，毋得用重刑，即軍士罪至死者，申樞密院取旨。」（《建炎以來繫年要錄》卷廿二、頁四）苗傅之亂，屯兵於湖州之小林，乃永州團練使鄭大年所召，事後鄭大年亦僅責授汝州團練副使，英州安置（《建炎以來繫年要錄》卷廿二、頁十五）。宋高宗此種優容武人的政策，正是苗傅之亂時，馮轓對朱勝非所言：「今國步艱難，當以馬上治之。」策略的運用（《建炎以來繫年要錄》卷廿一、頁六十一）。不過優容武人雖是宋高宗救亡圖存中不得不然的政策，但是王室存廢幾全操於武人之手，也不得不令高宗心生戒惕而思謀對策。尤其苗傅之亂後，高宗此種憂慮經常會表現出來，譬如建炎三年六月己酉，「上以乃雨不止，慮下有陰謀，或人怨所致，以諭輔臣。於是呂頤浩、張浚皆謝罪求去。上曰：『宰執豈可容易去位？來日可召郎官以上赴都堂言闕政。』」（《建炎以來繫年要錄》卷廿四、頁三）高宗爲何不准呂頤浩、張浚去位？因爲他擔心的是武將而非文臣。所謂「久雨不止，慮下有陰謀。」云者，不過是高宗內心憂慮的藉口而已。在下令召郎官以上官員赴都堂論政後，終於有御史中丞張守上疏指出高宗心中的憂慮：

> 金人累歲侵軼，生靈塗炭，城邑邱墟，怨氣所積，災異之來，固不足怪。惟先格王正厥，事則在我者，其可忽耶。臣觀廟堂之上，無擅命之臣，惟將帥之權太盛。……。今將帥位高身貴，家溫祿厚，擁兵自衞，浸成跋扈之風。去年禦敵，嘗遣王淵，桀驁不行；改命范瓊，心懷怏怏。苗劉二賊，乘間窃發，豈一朝一夕之故哉！逮勤王之師，一至錢塘，拘占房舍，攘奪舟船，凌轢官吏，侵漁百姓，恃功益驕，莫敢誰何。此將帥之權太盛，意其有以干陽也。……。常雨常寒，陰道大盛，陛下正當修德以應天，能制將帥，乃德之剛。（《建炎以來繫年要錄》卷二四、頁四～六）

張守於此封疏表中，將久雨不止，陰氣凌陽的災異現象，解釋成「將帥之權太盛，意其有以干陽」，正是大合高宗脾胃。高宗雖然甚爲嘉納張守之議，是否有將張守的建議付諸實施的意圖？只要看下列這兩條文字記載就可以明瞭：

> 戊辰，上諭大臣曰：「祖宗時不忘武備，如鑿金明池，蓋亦習水戰。朕非久欲親閱諸將所部人馬，仍召卿等共觀，庶以知諸將能否。」後避敵，不克行。
>
> 辛未，御營使司奏諸軍並以萬人為一軍，每軍十將，共置統制五員。逐軍各置虎符，於御前收管，非降虎符，毋得擅出營，違者從軍法。每統制官為軍籍三本，一上之御前，一納御營使司，一留軍中，逐季揭帖，諸軍不得互相招收。奏可。時諸將方自擅，迄不行。（以上二則皆見《建炎以來繫年要錄》建炎三年六月條，卷二四、頁十四～十五）

高宗如此作法，正是思欲分散將帥之權的第一步，但是彼時正值傾危之際，根本不可能付諸實現。既然分散將帥之權暫不可行，惟有再加寵賂，譬如建炎四年六月乙未，許劉光世專充浙西安撫大臣，隨宜從便置司（《建炎以來繫年要錄》卷卅四、頁廿一）。建炎四年秋七月己巳，王瓔屯軍信州，請合措置事，許一面便宜施行（《建炎以來繫年要錄》卷卅五、頁十五）。除此之外，高宗還在建炎四年八月丁丑諭大臣曰：「世忠不親文墨，朕方手寫郭子儀傳，欲付卿等呼諸將讀示之。」（《建炎以來繫年要錄》卷卅六、頁五）由此可見，宋高宗希望以優厚的條件來獎勵武人，希望他們能像郭子儀中興唐室般的忠心於己。但是此種策略並未能完全奏效，譬如建炎四年，金兵已陷揚、承二鎮，楚州勢亦危殆，樞密院事趙鼎欲遣神武右軍都統制張俊往救之，張俊拒受命云：「敵方濟師，達蘭善兵，其鋒不可，立（趙立）

孤壘危在旦夕，若以兵委之，譬徒手搏虎，併亡無益。」儘管趙鼎言於高宗，並表示「若俊憚行，臣願與之偕往。」張俊仍是力辭不受命。（詳見《建炎以來繫年要錄》卷卅六、頁十七）又如建炎四年九月戊辰，高宗命劉光世督軍往救楚州，劉光世前軍大將王德等皆按兵不救，至使楚州城破，而高宗亦無可如何。《建炎以來繫年要錄》建炎四年十月戊子條下載云：

> 趙鼎奏詰劉光世等違命不救楚州之罪有云「逐官但為身謀，不恤國事，且令追襲金人過淮，以功贖過。」翌日，上批語「言太峻，令改定進入。」及進呈，上曰：「光世當此一面，委任非輕，若責之太峻，恐其心不安，難以立事。」鼎曰：「陛下待諸將可謂無負矣，不知何以為報。」（卷三十八，頁一三）

平實而論，趙鼎所擬內容，並非如高宗所謂「語言太峻」，然而高宗由於心存顧忌，所以特意優容。「若責之太切，恐其心不安，難以立事。」一般言語，正是高宗極其無奈的心聲。武將跋扈成習，不僅令高宗寢食難安，也使朝廷的文臣地位受到嚴重打擊，宋莊綽所撰《雞肋編》卷下頁十記載韓世忠侮慢文士云：

> 韓世忠輕薄儒士，常目之為「子曰」。主上聞之，因登對問曰：「聞卿呼文士為『子曰』，是否？」世忠應曰：「臣今已改。」上喜，以為其能崇儒，乃曰：「今呼為萌兒矣！」上為之一笑。

由此可見，當時武臣橫行跋扈之狀。於是有翰林學士汪藻於〈行在越州條具時政〉奏疏中上馭將三說云：

陛下諸將爵祿已極，家貲已盈，習成悍驕，無復鬥志。一方有警，輒狐疑相伏，無一人奮然為國請行者。或敦迫不得已而行，則邀例外之賞，肆無名之求，上不恤國，下不恤民，使朝廷為之黽勉曲從，不啻如奉驕子，是豈為國家平禍亂、立功名之人哉！臣于此有馭將之說三焉，惟陛下留神省察。一曰示之以法，二曰運之以權，三曰別之以分。（《浮溪集》卷一）

所謂「示之以法」，即是建議高宗對待諸將，不可獨恩無威、絲毫不加繩治。「運之以權」則是直謂馭將如馭馬，必須馭者之力勝馬，然後可以控繮繩。換言之，人君之于將帥，必掌握諸將畏服之處來予以控制。「別之以分」則謂重大國事之謀，不可使武人參預其間。不過汪藻雖然有見於此，但也深知時值宋室艱難之際，宋高宗不能也無能馬上採納這些意見而付諸執行，所以汪藻自己也說：「臣非不知艱難之時，陛下欲得其心，姑與之無間。」既知如此，汪藻何以執意向高宗提出馭將三說？原因不外諸將之跋扈，已到了朝中文臣人人自危的地步，汪藻形容此種情況說：「又廟堂者，具瞻之地，大臣爲天子建立政事，以號令四方者。今諸將率驟謁，徑前便衣密坐，視大臣如僚友，百端營求，期于必得而後已。朝廷豈不懼卑哉。」（〈行在越州條具時政〉文中語）汪藻上此奏疏在高宗紹興元年（西元一一三一年）二月，在此之前，武將有否如汪藻所言？建炎三年二月（西元一一二九年），高宗與宰相黃潛善、吏部尚書呂頤浩、戶部尚書葉夢得等議論是否避金南狩事，黃潛善等三人均言願留鎮江以爲江北聲援，否則金兵乘勢南渡，宋室必定愈加狼狽。高宗原本同意黃潛善等人的看法。然而彼時掌管江上海船的都統制王淵卻持反對意見以爲「暫駐鎮江，止捍得一處，若金自通州渡，先據姑蘇，將若之何？不如錢塘有重江之阻。」（詳見《建炎以來繫年要錄》卷二十、頁六—七）由於王淵手握江上海船重兵，高宗雖然再度與宰相黃潛善商議此事，黃潛善則直接謂高宗：「淵言如此，臣復何辭以留陛下？」由此事可見，武將之專權跋扈，實有如汪藻所言者。武臣當時既然跋扈成習，得知汪藻上高宗馭將三說之事，自也不甘示弱，於是諸將中有令門下士作〈不當用文臣論〉云：

> 今日誤國者皆文臣，自蔡京壞亂紀綱，王黼收復燕雲之後，執政侍從以下持節則喪節，守城則棄城。建議者，執講和之論；奉使者，持割地之說；提兵勤王則潰散，防河拒險則逃遁。自金人深入中原，蹂踐京東西淮南之地，為王臣而棄地棄民、誤國敗事者皆文臣也。間有竭節死難，當橫潰之衝者皆武臣也。又其甚者，張邦昌為偽楚，劉豫為偽齊，非文臣，誰敢當之？（《建炎以來繫年要錄》卷四十二、頁一六—一七，又《三朝北盟會編》卷一四五、頁一〇—一一亦收錄）

此篇文字固然犀利，然而誇大武臣之功而過貶文臣之失太甚，除了彼時專橫諸將讀罷頻呼痛快之外，並不能抵消高宗對武將的戒心。何況汪藻於論述馭將三說時所言「幸今諸將皆齷齪常才，固不足深忌，萬一有如韓信者，不知陛下何以待之？」、「今諸將之驕，密院已不得而制矣，臣恐寇平之後，方有勞聖慮。」、「精擇偏裨十餘人，人裁付兵數千，直隸御前而不隸諸將，合爲數萬，以漸銷諸將之權也。」（皆見《浮溪集》卷一〈行在越州條具時政〉）以上諸條，無一不是直指高宗芒刺所在，尤其漸銷諸將兵權一事，高宗早於建炎三年（西元一一二九年）六月就有意施行，卻因諸將自擅而作罷（詳見《建炎以來繫年要錄》卷廿四、頁一四—一五）。然而自得汪藻此封奏疏之後，儘管「艱難之際，恃以恢復」仍是高宗與朝臣的共識，但是分散諸將兵權以利控制，已經逐漸成爲高宗心中首要之事。因此，自紹興元年二月汪藻上疏之後，屢有朝臣建議高宗逐漸收束諸將兵權之說，譬如紹興二年五月辛酉，權邦彥簽書樞密院事，獻十議以圖中興，其中第二議即謂「駕御諸將，宜威之以法而限之以爵。」同年五月丙戌，起居郎胡世將應詔亦言「兵衞寡弱，乞以神武五軍並建都副統制，以分其勢。益增三衙精卒爲萬乘扈衞，以備非常。」（皆見《建炎以來繫年要錄》卷五十四）經由這些現象可以發現，靖康末年至建炎年間，對於武臣那種絕對優容的右武政策，宋高宗已經準備有所轉變。

四、從右武到抑武政策的形成

宋高宗既然有心想開始整頓自建炎以來跋扈成習的武將，自然會如汪藻所建言，開始「運之以權」。高宗如何表現他「運之以權」的能力？譬如紹興二年四月丙午，呂頤浩向高宗建言淮東宣撫使劉光世屯軍鎮江，兵冗不練，必敗事，請移劉光世一軍歸闕，高宗不允。呂頤浩隔日再請，高宗於是說明不允之因：

> 比聞光世軍糧不足，若驟移必潰，卿至鎮江，可先犒設，使恩信既洽，然後料簡，光世惟卿所用，不必移也。（《建炎以來繫年要錄》卷五十三、頁二三）

宋高宗指示呂頤浩，謂掌握控制劉光世的方法爲「使恩信既洽，然後料簡，光世惟卿所用。」也就是先對劉光世施之以恩，排除他心中的疑忌，然後便可以對劉光世的冗兵予以料量簡選而不致遭到抗拒。這種方法，豈非即是「運之以權」的應用！又如紹興二年秋七月，殿中侍御史江躋謂江東安撫大使奏薦翟慶、賀仲堪任官一事爲不尊朝廷，其言爲：「臣嘗怪近日帥守監司辟官，往往不知尊朝廷，必欲直衝吏部已差之人，雖以李光之賢，亦且爲此。朝廷既不能奪吏部已行之命，又不能違藩鎮辟置之意，則不惜以添差與之，臣未知其可也。……。朝廷姑息藩鎮，可謂得已而不已者，願罷慶、仲堪，仍下吏部措置。每州縣添差不得過若干員。」（《建炎以來繫年要錄》卷五十六、頁一—二）高宗對於江躋的建議，終於下詔「從之，令修政置局措置。」這個事件所代表的重大意義，就是自從建炎以來，藩鎮諸將隨意辟官的惡習，已經開始受到節制。同月乙酉，高宗更進一步下詔：「自今臨安府遺火，止令馬步軍司及府兵救撲，仍預給色號，他軍非奉御前處分者，毋得擅出營。」這種處置，豈非即是「示之以法」的運用！紹興二年八月已亥，胡安國建議高宗重置親兵以宿衞，其言謂：「自古聖王雖用文德，必有親兵專掌宿衞。……。本朝鑒觀前代，命三衙分掌親軍，雖崇寧間舊規猶在。及至高俅得用，軍政廢弛，遂以陵替。陛下嗣承寶位，謀國者不思復古，親兵寡弱，宿衞單少，豈尊君彊本，消患預防之計也。伏望考祖宗選擇禁旅之法，修明軍政，威服四方。」」（《建炎以來繫年要錄》卷五十七、頁八—九）高宗對胡安國此一建議的反應是「上嚴宸，極詔三衙措置。」可見十分重視。胡安國這個建議，正是汪藻所謂「精擇偏裨十餘人，人裁付兵數千，直隸御前而不隸諸將。」的延續。只不過汪藻明言如此措置的目的是要「漸銷諸將之權」，而胡安國則含蓄地說「修明軍政，威服四方」。從宋高宗採納胡安國的建議來看，右武的政策已經逐漸被抑武政策所取代。

高宗既然決心推行抑武政策，於是便開始收納建言抑武政策的人才。紹興二年十二月，黃州布衣吳伸上書云：

> 陛下忍小恥大過，示小敵太怯，視疆埸太輕，任藩屛太易。寄託非人而土地之產多曠，姑息太厚而殺戮之威不張。……。臣觀自古帝王之興，兵權未嘗重假於人。今陛下親御之衆，不如藩鎭之多，臣竊憂之。願陛下簡治甲兵，躬行天罰。（《建炎以來繫年要錄》卷六十一、頁二—四）

吳伸此種建議內容，並無特別新穎之處，然而高宗卻「詔赴都堂審察，遂以伸爲將仕郞。」如此破格任用，可見高宗心中對抑武政策推行的決心。高宗對抑武政策既已胸有成竹，自會逐漸付諸實現。例如王林原爲劉光世所部猛將，紹興三年六月，自承州召還，充御前中銳第十將。（《建炎以來繫年要錄》卷六十六、頁一九）這種作法，即是在分散諸將的兵力。除此之外，高宗對於諸將的徒誇空言及是否可用，亦逐漸當面告誡而不再一味優容。如紹興四年七月，劉光世自池州入朝，見高宗言：「今軍中錢糧既已不乏，器甲又漸足備，臣官職超踰衆人，所願竭力報國，它日史官紀中興名將帥，書臣功，功第一。」高宗的回答爲「卿不可徒爲空言，當見之行事。」同月又諭大臣，言王𤫊在湖南，玩冦日久，都無成功；又謂辛企宗惟務交結，本無寸長可用。（詳見《建炎以來繫年要錄》卷七十八、頁一四—一五）高宗此種逐步約束武臣的措施，終於在紹興四年十二月開始生效，此月辛丑，趙鼎言於高宗云：

> 比張浚遣使臣來，說諸大將每得金字牌，則踴躍奔命，無敢不虔，由陛下素有以結其心也。上曰：「諸將奉命，此固美事，然朝廷出號令，亦須審重，使其得之，若降自雲霄之上，其誰敢慢乎！」（《建炎以來繫年要錄》卷八十三、頁一七）

諸將雖已逐漸奉命受約束，但是高宗仍然不敢大意，蓋因時局雖已略爲安定，金人威脅仍在，仍須依恃武臣以維持局面，不過對待武臣已不若前時之優容而轉趨裁抑。例如紹興六年正月，內侍衞茂恂因往岳飛軍前撫問，受餽過數，高宗批示責降一官，逐爲外任，且因而下詔諸路監司帥臣云：

> 朕以督護之重，付在相臣，臨遣視師，俾分閫制。凡所措畫，動干事機。惟爾監司、帥守郡縣之官，宜皆勠力同心，協濟國事，苟或懷私害公，慢令失職，已命張浚就加黜陟以聞。國有常典，朕不敢貸，咨爾衆士，毋敢弗虔！（《建炎以來繫年要錄》卷九十七，頁一四—一五）

此篇詔文的內容，儼然在誡告諸路監司帥臣，國有常典，犯者絕不寬貸。紹興七年二月庚子，由於岳飛奏請建儲之事，更加深高宗裁抑武臣的決心。岳飛奉詔以親兵赴行在，於內殿中奏請高宗正建國公皇子之位，高宗回答說：「卿言雖忠，然握重兵於外，此事非卿所當預也。」岳飛退下之後，有參謀官名薛弼者入見，高宗諭以上情，並謂薛弼云：「飛意似不悅，卿自以意開諭之。」（詳見《建炎以來繫年要錄》卷一〇九、頁二一三）這件事發生之後，高宗不僅對岳飛耿耿於懷❷，而且對於手握重兵的武臣也開始思謀對策。紹興七年四月，左司諫陳公輔請對，高宗告以岳飛請建儲君事，陳公輔退而上疏云：

> 昨親奉聖語說及岳飛，前此探諸人言，皆謂飛忠義可用，不應近日便敢如此。恐別無他意，只是所見有異，望陛下加察。然飛本粗人，凡事終少委曲。臣度其心，往往謂其餘大將，或以兵為樂，坐延歲月，我必欲勝之。又以劉豫不足平，要當以十萬橫截敵境，使敵不能援，勢孤自敗，則中原必得。此亦是一說，陛下且當示以不疑，與之反復詰難，俟其無辭，然後令之曰：「朝廷但欲先取河南，今淮東、淮西已有措置，而京西一面，緩急賴卿。」飛豈敢拒命。前此朝綱不振，諸將皆有易心，習以為常，此飛所以敢言與宰相議不合也❸。今日正宜思所以制之。如劉光世雖罷而更寵以少師，坐享富貴，諸將皆謂朝廷賞罰不明。臣乞俟張浚自淮西歸，若見得光世怯懦不法，當明著其罪，使天下知之，亦可以警諸將也。（《建炎以來繫年要錄》卷一一〇、頁一〇）

陳公輔此疏上後四個月，亦卽紹興七年八月，就發生淮西兵變之事。

五、結語

淮西兵變之後，高宗對於武臣的裁抑政策便愈加嚴厲。譬如紹興八年二月壬戌，岳飛乞增兵，高宗不許，且言「今日諸將之兵，已患難於分合，末大必折，尾大不掉，古人所戒。今之事勢雖未至此，然與其添與大將，不若別置數項軍馬，庶幾緩急之際易爲分合也。」（《建炎以來繫年要錄》卷一一八、頁一三）又如同年五月戊子，監察御史張戒對高宗言諸將權太重，須駕馭有術，否則易生兵變如淮西，高宗回答謂：「朕今有術，惟撫循偏裨耳。」張戒卽刻答云：「陛下得之矣，得偏裨心則大將之勢分。」然後高宗很有自信地說：「一二年間，自可了。」（詳見《建炎以來繫年要錄》卷一一九、頁八—九）宋高宗有否實踐此種裁抑武臣的政策？且看紹興十三年正月庚戌，淮西宣撫使張俊入見時，高宗以唐代郭子儀事誡告的一段言語：

> 今卿所管兵乃朝廷兵也，若知尊朝廷如子儀，則非特身饗福，子孫昌盛亦如之。若恃兵權之重而輕視朝廷，有命不卽禀，非特子孫不饗福，身亦有不測之禍。（《建炎以來繫年要錄》卷一三九、頁一—二）

高宗如此誡諭張俊，正在岳飛被殺後二年（岳飛卒於紹興十一年），觀此誡諭內容，高宗顯然在暗示張俊，若恃兵權之重而輕視朝廷，下場將有如岳飛。如果將高宗此篇誡諭張俊的言語，與建炎元年六月八日降黜責士大夫手詔中所謂「夫節義正所以責學士大夫也。至於武官卒伍，理當闊略。」相互比較，明顯可以看出，武臣的待遇已大爲不如。因此，可以嘗試作一結論：淮西兵變實爲加速宋高宗推行抑武政策的一大關鍵，自此而後，南宋的武臣已逐漸喪失靖康以來那種驕貴得勢的地位。

附註

❶ 此一事件，李心傳所撰《建炎以來繫年要錄》卷一一三紹興七年八月戊戌條下亦有記載，可以參看。又本論文所引之書，除《宋史》外，皆採自四庫全書本。

❷ 《建炎以來繫年要錄》在此事件後注引薛弼後來對張戒談及岳飛面見高宗議立儲君事時說：「嗟乎！鵬擧爲大將，越職及此，其取死，宜哉。」既然宋人已經認爲，岳飛之死，和此事件有關，可見高宗對武將銜恨之深。

❸ 岳飛謀北伐與張浚議不合，事見《建炎以來繫年要錄》紹興七年二月乙亥條下。

中國古典小說中「陣前招親」模式之分析

林保淳

「陣前招親」是中國古典小說的中常見模式之一，顧名思義，此模式大抵皆以行陣作戰爲背景，於鐵騎刀鎗、金齊齊鳴之中，交織出一段特殊的兒女情長。由於有戰爭的大場景支持，故其中主要角色，必然個個弓馬嫻熟、武藝高強，是戰陣中統帥一軍的將領；由於穿挿著兒女私情，男主角亦免不了需具備能令女性一見傾心的丰采，因而必然被描述成英俊瀟灑的年少將軍，女主角則大體亦是傾國傾城的一代佳人。戰爭，原是男性競爭的場合，其間自是充滿了陽剛之氣；愛情，無論如何轟轟烈烈，正少不了情絲纏繞，以陰柔之氣爲多。此二者一剛一柔，卻奇妙地組合在一起，顯然可以造成絕大的震撼力，使讀者深深喜愛。這恐怕是「陣前招親」模式所以一用再用，成爲古典小說中一種俗套的原因。在若干「神怪演義」式的小說中，此一模式的運用最是頻繁，其中如《楊家府世代忠勇演義》中的木桂英與楊宗保、《征西說唐三傳》中的樊梨花與薛丁山，就是最具代表性的例子。

一、《三國演義》與「招親」

「陣前招親」模式的創始，恐怕已不易考察了，《三國演義》中劉備招親的例子，或許可以說是它的前身；不過，此段情節著重在諸葛亮智謀的運用，非但男主角劉備未能以英雄形象出現，女主角孫尚香更只是一個陪襯人物，無論是金戈鐵馬或是兒女情長，兩皆無所著落，自不能與後來發展出來的「陣前招親」同日而語。但是，這段情節的安排，在某些程度上卻提示了「陣前招親」的若干特色，可以作爲我們考察此模式運用的一個出發點。

(一)「招親」的濃厚政治意味

《三國演義》中寫劉備招親，擺明了是周瑜欲用計擒捉劉備，以招親爲餌，逼令蜀漢交還荊州，未必眞有此心。不過，陰謀雖是如此，表面上還是須有一個冠冕堂皇的理由，才能使諸葛亮中計。故「中媒」魯肅的說辭，即云：

> 若兩家共結秦晉之好，則曹賊不敢正視東南也。此事家國兩便，請皇叔勿疑。（第五十四回，〈吳國太佛寺看新郎，劉皇叔洞房續佳偶〉）

「家國兩便」一語，實際上道盡了「陣前招親」的箇中奧妙。換句話說，「招親」的本質，原是一種政治策略，具有攏絡示好、結盟互信的作用。關於這點，春秋、戰國時代各國聯姻的事證，可以提供強而有力的範例。當然，在波詭雲譎的政治場合中，這種聯姻是否眞能達成預期效果，是很值得懷疑的。春秋時期秦、晉二國，幾乎世代通婚，卻也戰爭不斷，正說明了這點。儘管如此，「招親」的政治功能還是受到肯定的❶。歷代的「和親」政策之所以不絕於史，如赫赫有名的昭君和番、文成公主下嫁吐蕃等，正由於此。❷

在《三國演義》中，諸葛亮自然知道這是周瑜設計的「美人局」，但卻胸有成竹，「略用小謀，使周瑜半籌莫展；吳侯之妹，又屬主公。荊州萬無一失」❸，更是使出渾身解數，將「招親」的政治功能，發揮得淋漓盡致，當眞應了「家國兩便」一語。

(二) 塑造郎英武、女剛勇的形象

劉備在此段招親過程中，雖然未被著力描繪成一個英雄，但是，畢竟還是具有「天下英雄，唯使君與操耳」的模糊形象，所以吳國太在甘露寺看見他「內披細鎧，外穿錦袍」的一派「儀表非凡」時❹，才會大喜道：「眞吾婿也。」這點說明了「招親」中的男主角，至少還是須有幾分貨色的。

至於女主角，據周瑜所說，則是：

> 主公有一妹，極其剛勇，侍婢數百，居常帶刀，房中軍器擺列遍滿。雖男子不及。
> (第五十四回，〈吳國太佛寺看新郎，劉皇叔洞房續佳偶〉)

後來「招親」中女主角的造型，雖未必承襲自《三國演義》，但不可諱言地，這種有別於傳統中國女子溫和柔美性格的形象塑造，卻是後代「招親」模式中的通例。

「陣前招親」既有戰爭的巨大場景支持，於此戰場上活躍的人物，自也須有勇武、剛強的性格，不待贅言。

(三) 呈顯出傳統的夫婦觀念

中國傳統的夫婦觀念，向來就是「男尊女卑」、「夫唱婦隨」的，婦女的地位，無論是在家庭或是社會中，都只是男性權威下的附屬品，所謂「既嫁從夫」、「夫為婦綱」❺的規範，早在周代，就已成為一種道德約束，縱使再如何剛強勇烈、不讓鬚眉的婦女，也無法突破此一藩籬。這一點，在夫婦關係與君臣、父女關係發生衝突之時，表現得最為明顯。如《左傳・僖公二十二年》所載，晉太子子圉質於秦，娶秦女懷嬴為妻，子圉欲逃秦歸晉，懷嬴云：

> 子，晉太子，而辱于秦，子之欲歸，不亦宜乎？寡君之使婢子侍執巾櫛，以固子也。從子而歸，是棄君命也。不敢從，亦不敢言。

懷嬴奉命嫁與子圉，原帶有監視（「固子」）的任務，此時子圉欲歸，使自己陷於親情與夫婦之情的兩難；雖然表面上採取了中立的方式，其實卻是在暗中相助，放子圉逃歸，在三綱中，還是夫婦綱常占了上風。《三國演義》中的孫尚香，事實上也徘徊在此兩難的情境中，但表現得更為決絕，「妾已事君，任君所之，妾當相隨」❻，不但堅持了夫婦一倫，「我已嫁他人，今日歸去，須不是與人私奔。我奉母親慈旨，令我夫婦回荆州，便是我哥哥來，也須依禮而行」❼，更巧妙地利用此傳統的禮教觀念，同時解決了自己內心的衝突與劉備外在的困窘。❽

（四）和親雙方的寵與辱

「和親」政策，基本上是一種「示弱」的表現，傳統士大夫向來視為恥辱。當然，這與中國人對婚姻的觀念有關，同時也牽涉到國家（或民族）的尊嚴。

自周代以來，婚姻大抵皆以男子「親迎」，女子「于歸」的型態出現，一施一取，其中的優絀自然顯而易見。娶妻的「娶」字，原作「取」，含有濃厚的強者獲勝意味❾，因此，「和親」雙方的寵辱，也視「嫁」或「娶」為判斷。漢代首倡「和親」的劉敬，很明顯地就是基於這種「示弱」的態度，表現對匈奴的臣服。臣服屈辱，自然是大傷尊嚴之事，非萬不得已，無人願意嘗試；即使「王者不得已而用之」，只要稍有反擊的能力，也必然企圖扳回顏面，湔雪前恥。漢武帝大伐匈奴，正是這種意識的反應。清代的王夫之曾評論劉敬說「和親之無恥」、「其禍天下也烈矣」❿，大可代表一般傳統的觀念。

《三國演義》的「招親」，在性質上或者與漢、唐的外族聯姻有異，但形式則完全相同。孫尚香下嫁劉備，蜀漢為得，東吳為失，在這裏，強弱的趨勢有點弔詭，但也正因原居弱勢的蜀漢，在「招親」一事上獲得優勢，因此更令周瑜無法忍受，所謂「周郎妙計安天下，陪了夫人又折兵」⓫，非但道出了蜀漢志得意滿的欣喜，也寫盡了周瑜「兩番弄巧翻成拙，此日含嗔卻帶羞」[12]的受辱心情。

這四個特點，個別來看，很可能只是一些單純的觀念；但是，從這幾個觀點出發，加以有機的組合，實際上可以有多種變化，而且其中戲劇性的衝突也頗可觀，例如在夫婦倫理與其他傳統綱常之間的可能衝突，就很有發揮的餘地。《三國演義》的作者，雖然未必有意識地據以運用，卻提供了一種可能性，而有待於繼起者的創造。這些特點，在「陣前招親」小說中都是相當顯豁的。

不過，《三國演義》的「招親」，與後來發展出的「陣前招親」，還是有相當程度的區別。其中最重要的關鍵，自然是「陣前」二字。「陣前」意指戰陣之前，有此約限，當然須有熱鬧的行軍作戰之描繪，因此，著重或擁有「陣前招親」情節的小說，通常是「演義體」的戰爭小說；同時，男女主角的能力及性格，也受到決定性的影響，超羣的「技藝」，以及突破舊規的性格，往往成為小說人物刻劃的重點。關於這些，下文都將細加分析。

二、「陣前招親」小說的特色：演義與神怪

擁有「陣前招親」情節的小說，據筆者所知，卽有十數種之多，其中較為重要的如下：

書名	成書時代	男主角	女主角
《北宋志傳》、《楊家府世代忠勇演義志傳》	明嘉靖迄萬曆年間	楊宗保	木桂英
		楊文廣	杜月英、竇錦姑、鮑飛雲
《天門陣演義十二寡婦西征》	清光緒年間	楊延昭	黃瓊女、重陽女
		楊延朗	瓊娥公主
《羅通掃北》	明末清初	羅通	屠爐女
《異說征西演義全傳》、《征西說唐三傳》	清乾隆年間	薛丁山	竇仙童、陳金定、樊梨花
		薛孝	盛蘭英
《五虎平西前傳》	清嘉慶年間	狄青	八寶公主

《五虎平南後傳》	清嘉慶年間	狄龍—段紅玉 狄虎—王蘭英

上表大抵依作品出現時間的順序排列，主要是描敍楊、羅、薛、狄四家將門子弟的故事，屬於「演義體」的戰爭小說，大部分更參雜著許多神怪的描繪，而與一般的「演義小說」有別，可以說是「神怪系」的演義小說。

「神怪演義小說」與據正史敷衍的「歷史演義小說」最大的不同點，在於其中虛構成分的多寡。有關歷史與小說眞假虛實比重的爭議，早在《三國演義》的最初版本中，即已存在，如修髯子認爲小說的價值在作「正史之補」，只能「以俗近語檃括成編」，必須嚴格遵循既定的歷史圖像[13]；而庸愚子則認爲在歷史眞實的支持下，正不妨「留心損益」，發揮作者創造想像的能力[14]。《三國演義》較諸其他《東周列國志》等以朝代掛首的《通俗演義》，已是「七實三虛」[15]，虛構成分頗濃的小說了，相形之下，「神怪演義小說」充其量不過是「三實七虛」而已，其中想像騰挪的空間更大，類似的爭議自然所在多有。不過，小說創作的藝術，原就以「作意好奇」爲貴，與正史之傳信貴眞，畢竟有所區別。「貴幻」，可以說是「神怪演義小說」的一大特色。在此，「幻」之一字，不僅指其與既定歷史圖像的齟齬，更指其與人世經驗的牴觸。以楊家將系列的小說爲例，實際只有楊業、楊延昭等見於正史，膾炙人口的楊宗保、木桂英，皆是作者虛構的人物，這已是野史了；尤有甚者，此處將平定儂智高之叛的功勞，歸諸楊家將，實際建功立業的狄青，反被描繪成奸險小人，更明顯與正史違牾⑯。至於薛家將系列的小說，非但道教式的神通法寶令人目不暇接，甚至請來了紅孩兒、二郎神等《西遊》、《封神》人物壯其聲色，實在不能以人世經驗加以評量。

「陣前招親」的情節，多半見於「神怪演義小說」，自然與「演義」和「神怪」兩者的性質息息相關。

首先，「演義」提供了確切的時代背景、歷史事件及人物，足以支持小說情節的鋪展，如前述小說大抵以唐代、北宋初年爲背景，此時正值大一統局面尚未穩固之際，亟須以一連串的戰爭加以完成，這毫無疑問地便爲「陣前」二字，尋得了發展的空間，渲染出激烈熱鬧的戰爭場面。在這裏，值得注意的是，小說中似乎有意將重心置於華夏民族與其他種族間的戰爭，楊家將、狄家將之於西遼、南蠻，薛家將、羅家將之於北遼、西番，皆是小說戰陣描述的主體。其中薛家將的後嗣，如薛剛、薛葵、薛孝等，皆曾捲入徐敬業討伐武則天的戰爭漩渦，但是，有關「陣前招親」的情節，卻著墨不多，更使我們能夠窺出作者如此安排的特殊用意。

其次，「陣前招親」恐怕純爲作者憑空想像的事件，於史無據，欲鋪張此類情節，自不能不於歷史之外，求助於「神怪」式的荒誕，恣意奔馳作者的想像力。這點，我們從小說中與唐、宋儼若敵國的蠻夷番邦，大體皆爲嚮壁虛造國家中，也可略略窺知。不過，更重要的是，「神怪」本身，即爲構成小說人物造型的血肉。

神怪小說淵源甚早，魏晉南北朝的志怪小說即含有很濃厚的神怪性質，不過，其時的志怪小說，凸顯的是事物本身的怪異，故以「非人」的狐鬼精怪爲主體，並未將「神通」與「人」結合爲一。有意識地以人類爲主施展「神通」的小說，可能是唐代〈聶隱娘〉、〈紅線傳〉、〈崑崙奴傳〉等「劍俠小說」；不過，這些小說所強調的個人技藝，多半運用在陰謀刺殺的場合，講究的是私人恩怨的報償，行徑也以「隱秘」著稱，可以說是「隱士型」的特異人物[17]；而後代的「神怪小說」，則強調「英雄型」的性格，所賦予的特殊技能，必須以堂堂之陣、正正之旗的姿態出現，而且個人之所以展現技藝，通常與「羣體意識」相結合，具有較崇高的行爲動機，且其行動結果往往影響及於羣體，例如《西遊記》中的孫悟空師兄弟與西天路上衆妖魔、《封神演義》中的闡教人物楊戩、哪吒及截教羣豪，都是這種「英雄型」人物出類拔萃的塑像。

「英雄」造型與「隱士」造型的來源，大抵卽是「游俠」與「刺客」[18]，「游俠」廣交遊，通聲氣，藉個人技能與行事建立聲望；「刺客」則行事隱秘，刻意掩藏而不彰。因此，「英雄」式的神怪往往凸顯鬬法競技的場面，而「隱士」式的神怪則極力鋪張單方面的藝能。

前表所列的小說中，主角人物很顯然都是屬於「英雄型」的，其中的男主角淸一色是將門世家，也都具有若干超凡軼俗的神通，如薛丁山是王敖老祖的門徒，下山時身負十樣寶貝；楊宗保家傳槍法，又有神人授予兵書；狄青智勇雙全，是王禪老祖弟子。他們面對的是兩國交兵，勝負攸關國家社稷安危的情勢，因此很少參雜個人的意氣與恩怨。至於女主角，情況較爲複雜，在「神通」方面，這些巾幗英雄，的確是不讓鬚眉的，如樊梨花出自黎山老母門下，力能移山倒海；木桂英弓刀嫻熟，於羣雄束手之際，大破天門陣；八寶公主爲盧山聖母門下，擁有八件寶貝。不僅如此，這些女主角每一個人的神通，都教男主角爲之遜色，往往只有俯首稱臣的份。她們最先面臨的，也是攸關國家社稷或種族安危的局勢，只是，兒女私情的作祟，卻使她們忘懷或棄置了原有的崇高意義，屈從於作者刻意安排的儒家倫理結構之下。

不過，令人困惑的是，以「神怪演義」描寫著稱的《封神演義》中，卻未見有關「陣前招親」的情節，只有在第六十七回〈姜子牙金臺拜將〉中，龍吉公主與洪錦的婚姻，帶有幾分類似⑲。不過，這與「陣前招親」的實際情形相距頗遠，因爲在此情節中，主要是凸顯「宿命」之不可更改。龍吉公主以戰勝者下嫁洪錦，並收洪錦爲西岐所用，恰與「陣前招親」之例逆反，無論是男女主角的性格、容貌或實際的「招親」，皆未顧及。究竟這是何種緣故呢？關於這點，我們只能以時代的先後來推測。《封神演義》撰寫的時間，較《北宋志傳》這本首開「陣前招親」先例的小說稍早⑳，其時小說的重心，仍承襲著《三國演義》、《水滸傳》的傳統，以男性角色爲主，女性通常只作爲陪襯而已。以《水滸傳》爲例，雖然在一百〇八個天罡地煞中，不乏巾幗女將，其中一丈青扈三娘更是武藝精熟，能與梁山泊武功坐第一把交椅的豹子頭林沖，打得平分秋色；但是，總體而言，《水滸傳》終究還是個「男人世界」，女性的地位卑微而可憐，不僅潘巧雲、潘金蓮、閻惜姣諸女，幾乎成爲集女性缺點大成的象徵，就是被描繪得饒有巾幗英雄意味的一丈青，最後也只落個被迫下嫁矮腳虎王英的悲慘結局。很顯然地，「陣前招親」情節的出現，扭轉了《三國》、《水滸》漠視女性的描繪手法，可以視爲中國小說女性意識的再度抬頭。㉑

於此，我們不妨據表中所列的人物，先歸納出「陣前招親」的模式，再加以分析解說。

三、「陣前招親」的模式及分析

依據上表，我們先列出各對「佳偶」的成親過程：

（一）楊延朗→遭擒→反抗→太后招親→應允→成親

（二）楊延昭→重陽女→成親→破幽州城→黃瓊女→成親→破太陰陣

（三）楊宗保→木桂英→遭擒→說親→應允→定親→六郎反對→囚宗保→救夫→成親→
破天門陣

（四）楊文廣—杜月英
　　　　　—→寶錦姑→遭擒→說親→反抗→威脅→屈從→成親
　　　　　—鮑飛雲

（五）薛孝→盛蘭英→說親→成親
→三美赴汴→團圓

（六）薛丁山→竇仙童→遭擒→說親→反抗→威脅→說情→成親→仁貴反對→說情→候
旨→請旨完姻
薛丁山→陳金定→獲援→說親→成親
薛丁山→樊梨花→三縱三擒→應允→說親→父兄反對→弒父殺兄→收寒江關→丁
山拒婚→暫赴梨山→一救丁山→二度拒婚→梨花下山→收薛應龍→二救丁山→三
度拒婚→拜上寒江→奉旨完婚

（七）狄青→八寶公主→遭擒→仙母證姻→成親→逃歸→征番受困→二度救夫→朝天子
→太后主姻→完婚團圓

（八）狄龍→段紅玉→遭擒→說親→反抗→威脅→假意應允→紅玉羞走→奪山救將→成

親→父仇反目→攻宋→招安→投宋→完姻

（九）狄虎→王蘭英→說親→合謀奪關→勸父歸宋→成親

（十）羅通→屠爐女→說親→假意應允→救羅通→受迫成親→羞辱屠爐→屠爐自盡

依據上表所列，整個「陣前招親」的過程中，楊文廣和杜、竇、鮑三女的成親過程，可以說是一個最基本的模式，足以涵括其他諸人，亦卽：

遭擒→說親→反抗→威脅→屈從→成親

此模式當然還有一些變化，其一如瓊娥公主→楊延朗的例子，從「反抗」到「屈從」的過程並不顯著；其二如楊延昭→重陽女（黃瓊女）、薛丁山→陳金定、薛孝→紀瓊英、以及狄龍→段紅玉、狄虎→王蘭英的例子，其中並沒有「遭擒」這一重要的關鍵。這可以說是一種「變體」，並未逸離此模式的範圍。首先，楊延朗是「反抗」在前，「招親」在後，而心理亦有掙扎與衝突，考慮「君父尚在，何爲輕生而死？莫若且姑順之，留此窺其釁隙，以圖報復，勝於一死」[22]，還是可以窺出從「反抗」到「屈從」的過程。第二點比較複雜，可分兩點來說明：1.楊延昭與重陽、黃瓊二女的婚姻，都是在楊家面臨危機時，突然插入的一段「前已定有婚約」的情節，實際上與「遭擒」所遭遇的問題類似，自不妨視同「遭擒」。關於此，陳金定以「救援者」的姿態出現，而獲得薛家允親，正可以合觀。因爲作者安排「遭擒」環節，是爲後來解決困境作張本，目的卽在獲得援助。2.紀瓊英、段紅玉、王蘭英雖然未實際擒服男主角，但卻是「手下留情」，飽嘗威脅、恫嚇之苦的狄、薛諸人，境況與「遭擒」並無二致，自未逸離「遭擒」模式。因此，將「陣前招親」模式，作如此歸納，應是合宜的。

即此，我們可以將此模式分成三個階段來討論：一、「遭擒」和「說親」，二、從「反抗」到「屈從」，三、成親。

（一）「遭擒」和「說親」

從上表中可知，「陣前招親」的模式，必然含有「遭擒」這一關鍵性的環節。設計此環節的目的，很顯然是爲了強調女主角的「強勢」地位；因爲「招親」也者，就男方而言，屬於一種「入贅」的性質，在通常的情況下，都有點不得已的意味。換句話說，男主角之所以屈從、應允，必然是「技不如人」，因而失利於戰陣之間。這些男主角是全書的骨幹，作者在一開始就賦予了他們精強的武藝、高超的謀略、堅實的出身背景、……等等條件，極力塑造他們「英雄」的形象；而且這些條件也一直在前此或往後的諸多場合中，發揮了實際的作用。因此，欲強調女主角的強勢地位，就必須更進一層地誇飾她們遠邁「英雄」的本事。在這裏，女主角幾乎個個被描繪成身負絕頂特技的奇女子。（參見下表）

人名	出身背景	師承	武藝法寶	婚姻形式
木桂英	木閣寨木羽之女	神女傳授	神箭飛刀	姻緣天定
杜月英	焦山盜首			魏化作媒

寶錦姑	宜都山賓天王女		寶刀、絆馬索		魏化作媒
飽飛雲	海賊鮑大登之女		有力善戰		
黃瓊女	西夏公主				舊有婚約
重陽女	河東莊令公孫女		勇力、精武藝		舊有婚約
瓊娥公主	遼國公主				
屠爐女	遼龍嶺守將之女		識陣法、兵法		
竇仙童	棋盤山寨主	黃花聖母		綑仙繩	程咬金作伐
陳金定	隋總兵陳雲之女	武當聖母	鐵鎚		有姻緣之分
樊梨花	寒江關守將樊洪女	黎山老母	移山倒海	五件寶貝	有姻緣之分
盛蘭英	潼關守將盛元傑女	金刀聖母	雙刀	仙圈	程千忠作媒
八寶公主	單單國公主	廬山聖母		八件寶貝	有姻緣之分
段紅玉	蒙雲關守將段洪女	雲中子	呼風喚雨等	七十二變	有姻緣之分
王蘭英	蘆臺關公主			三粒陰砂	有姻緣之分

大抵上，這些特殊的技藝可分爲兩種，一是現實性較濃，屬於可透過人力鍛鍊成功的武術，如木桂英的刀法精湛，竇錦姑的刀法及絆馬索等；一是超現實，透過神人傳授的神通或法寶，如盛蘭英出身金刀聖母門下，擁有「仙圈」法寶、竇仙童出身黃花聖母門下，擁有「綑仙索」等。不同類型的技藝，往往與女主角不同的出身背景有關，尤其是「神通法寶」，大抵出現在夷狄女子之身，不是將門之女，卽是一國公主。竇仙童和陳金定雖似例外，但書中交代陳金定之母爲「番邦女」，而棋盤山亦在番邦境內，還是與夷狄有關。從「神通法寶」上，我們尚可窺出女主角塑造的歷史流變性，大抵愈早出現的，技藝愈平實，出現較晚的，則踵事增華的誇張成分也愈濃厚。如屬於明代的楊家將系小說中，女主角雖然擁有足以輕易制服男主角的技藝，但還很少參雜神怪的成分；清代的薛家將、狄家將系小說，女主角獲勝的關鍵，則清一色屬於神通法寶了，樊梨花的誅仙劍、打神鞭、混天棋盤、分身雲符、乾坤圈五件寶貝及「移山倒海」的神通，是最具代表性的例子。

這種「女強男弱」情勢的鋪敍，在其他類型的小說中也所在多有，如《紅樓夢》之敍十二金釵、《兒女英雄傳》之寫十三妹及《鏡花緣》之述百名才女等，皆是相當典型的例子。這三部小說之所以極力鋪敍女子，當然有其各自的用意，如《紅樓夢》藉大觀園中出色的女子，影射現實社會中形形色色的人，從中施予抑揚褒貶；《兒女英雄傳》企圖透過文武兼備、忠孝雙全的十三妹，塑造一個傳統理想婦女的典型；《鏡花緣》則藉衆才女揭示種種婦女問題。從小說的主題上說，作者在這三部書中獨運的匠心，細心的讀者儘管有不同的見解，都不難窺出一些端倪。但是，在「陣前招親」小說中，主題意識的表現並不如此強烈，反而是作者在情節變化上企圖別闢蹊徑的用心，隱然可見。這點，我們從女主角造型的變化過程中，也是不難窺知的。

「遭擒」和「說親」之間，有時並不具有時間延續性，兩者互易的情形相當多，例如杜月英、竇錦姑、竇仙童、樊梨花等人，在與男主角初見之時，就已擺出了「說親」的姿態，要求男主角放棄敵對。杜月英與竇錦姑的例子更爲凸出，在未見楊文廣之前，杜月英早就已存了「招親」的打算，不料卻讓竇錦姑捷足先登，二人甚至反目成仇，直到兩美同歸，才皆大歡喜地告一段落。「遭擒」之後的「說親」，往往是前一次行動的延續，二者的互動關係是很明顯的，不同之點只在結果而已。

「說親」環結，在小說中有兩個作用，其一是凸顯男主角的英雄性與英俊瀟灑的面貌，而後者的分量似更厚重些。男主角會讓女主角動心，並採取主動的姿態「追求」，自然須有若干吸引人的地方。威武不屈、武藝精強，當然是一個因素，如楊延朗遭擒，「太后見其慷慨激烈，神采超羣，心甚愛之」[23]，遂決定招納爲婿；木桂英因楊宗保「言詞激烈」[24]，而暗自動心等皆是。不過，就整體來說，這點「英雄氣概」，通常在遭擒之後才有表現的餘地，作用恐怕僅在讓女主角更加堅定招親的決心而已。實際上，在招親環結中，決定性的關鍵在於男主角的外貌。楊宗保的「眉目清秀，齒白唇紅」，恐怕才是眞正掣動木桂英心絃的力量。在此情況下，男主角幾乎個個皆被描繪成「美男子」了。以下略撮述數條女主角眼中的男主角，以見一斑：

文廣于帳前，挺立不屈。錦姑見文廣表表威儀，面如傅粉，唇若塗朱，心下十分懽悅，恨不卽與合巹。遂命嘍囉對文廣說要與成親一事。（《楊家府演義》第七卷，〈文廣

領兵取寶〉）

（屠爐）公主抬頭一看，……但見他：頭上束髮銀冠，雙雙雉尾高挑，面如傅粉銀盆，兩道秀眉似新月，一雙鳳眼黑白明，鼻直口方，好似潘安再世，身材體態，猶如宋玉再生。公主心中一想，我生在番邦有二十年，從不見南朝有此美貌才郎。……心中暗想：這蠻子相貌又美，槍法又精，不要當面錯過，不如引他到荒郊僻地所在，與他面定良緣，也不枉我為人。（《羅通掃北》第十一回，〈羅仁禍陷飛刀陣，公主喜定三生約〉）

竇小姐（仙童）一見，我身一十六歲，不見南朝有這等美貌郎君，面如傅粉，口若塗硃，兩道秀眉，一雙俊眼，好似潘安再世，宋玉還魂。竇小姐暗說：我枉生這樣花容，如此才郎難逢。（《征西說唐三傳》第十八回，〈薛丁山領兵救父，竇仙童擒捉上山〉）

這些「英雄」的共通特色，就是面貌俊雅，脂粉氣遠勝過英雄氣，與明末清初的『才子佳人』小說的俊男造型，想來具有先後承續的關係[25]，只是易文爲武而已。這種偏重外貌的描繪，與《水滸傳》之著重氣魄威武，凸顯英雄氣概的筆法，是完全不同的。也許正因如此，這些「英雄」的表現，就往往顯得輕佻而有失身分，至少，與〈趙太祖千里送京娘〉中峻拒美色的趙匡胤相較，就不免屬於「好好色」的次等人物了[26]。如楊文廣在戰陣之間，心中竟會發生綺想，「見月英淡妝素抹，修眉一灣新月，皓齒滿口瓠犀。心中思忖：世間有此絕色女子，人常說道月殿仙娃，貌美無倫，今睹此女，或可並之。有詩爲證：秋水盈盈橫兩盼，春山淡淡掃眉峰；絳唇嬌囀鶯聲巧，疑是嫦娥下九重」，也難怪在被迫「成親」之後，心中「甚是懽樂」[27]了。有些時候，他們也很難令人泛起任何的英雄感，如薛丁山在遭樊梨花擒捉之時，三番兩次地自食其言，分明是輕諾寡信之輩，這在梁山英雄中是絕對看不到的。尤有甚者，薛丁山更在危險關頭，頻頻呼天搶地，還不禁「大哭起來」；薛孝在盛蘭英祭起仙圈恫嚇之下，頓時將叔父薛飛被殺之仇拋開，同意議親。如此懦弱的「英雄」，在其他類型的小說中，實在是很罕見的。

當然，這種「金玉其外」的「繡花枕頭」，並不是普遍的類型，至少，像狄青、狄龍、狄虎父子三人，英雄氣概與他們俊挺的外貌，就描繪得相得益彰，不得不令人刮目相看。《五虎平西》、《五虎平南》是清中葉以後的作品，大體可視爲「陣前招親」小說的尾聲，在男主角的塑造上，想來已有所改善。不過，無論如何，「美男子」形像依舊是整個招親過程中最重要的安排。

相對於男主角的被動姿態，女主角大膽主動的作風，就不免令人有幾分咋舌了。凸顯女主角的性格，正是「說親」環節在小說中的第二個作用。

女主角向男主角主動表示仰慕，甚而進一步願意共諧鸞鳳，即使以現代的觀點來看，也是非常大膽的。不過，其中所透露出來的，並非「愛意」，而是少女青春時期對異性，尤其是標緻俊美的異性的渴望。大部份的女主角，在與男主角初次相逢時，就已泛起共效鸞鳳的念頭，然後繼以言辭的挑逗，最後則施展威脅的手段，不達目的誓不干休。這種建立於外貌美之上的情感衝動，自然有別於愛情；而不擇手段的威脅利誘，於騰騰殺氣中，更見不到旖旎柔美的纏綿情愛。如此的性格塑造，往往使女主角帶有點「性饑渴」的味道，例如竇錦姑見楊文廣「表表威儀，面如傅粉，唇若塗朱，心下十分懽悅」，就「恨不卽與合巹」㉘；八寶公主見了「耳紅面白」的狄青之後，當夜卽「夢見年輕小狄青，雙雙攜至鴛鴦枕，共吐合心說話長」㉙，作了一場雲雨巫山的綺夢。如此敍寫，其實很容易扭曲女主角的形象，但是作者似乎毫不憐惜，在清咸豐年間的彈詞《繡像說唱天門陣》中，木桂英甚至被描繪成：

這佳人想到這里（裏）幹（乾）咽沫，恨不能插翅飛上木閣山；
想人家雙雙燈下會雲雨，常怨恨赤繩怎不把俺拴；
今日里（裏）夜月衾枕西廂下，公子我和你說定終身不改移；
强似這咫尺千里不能勾（够），到（倒）惹的心癢難搔不可言；
若不是這邊嘍囉礙著眼，半路里（裏）下馬俺先解解饞；
這佳人狗嘴里（裏）頭乾咽沫，不多時來到靈山寨門前。（第十八回）

此處的木桂英惡形惡狀，與後面大破天門陣的巾幗英雄判若二人，就人物性格統一的要求而言，小是相當失敗的。在此，我們似乎也可窺見一個訊息，那就是，「陣前招親」小說中的女主角，雖然被描繪得遠較男主角爲高明，但實際上並未受到應有的尊重。這點，想來與她們的身分有關，夷狄、盜首之流，於中國禮法原就違迕，自然無須賦予她們如楊門女將、薛金蓮等其他代表正面形像的女將，相同的地位。其中，強烈的「華夷」觀念，應是決定性的因素。關於此，下文當繼續分析。

（二）從「反抗」到「屈從」

從「反抗」到「屈從」，是「陣前招親」小說刻劃男主角心理變化的環節。在此階段中，男主角的「英雄」形像總算是被「稍稍」顧及到了，因此，在面對一種迥然有異於傳統婚姻形式的「招親」要求時，他們第一個反應，通常皆是強烈地表示抗拒，上面提到的「言詞激烈」，正指此而言。促成他們抗拒的心理因素，大抵有三種：一是男性的屈辱感；二是傳統禮法的觀念；三是敵我意識。

這些家世背景雄厚、企圖心旺盛，且對自己充滿自信的英雄小將，一旦出師不利，敗於女流之手，毫無疑問地，對他們的打擊，遠比敗於其他男性將領要嚴厲得多。在這種情況下，屈辱之感往往促使他們迸發強烈的反抗意識，如薛丁山在遭樊梨花二度擒服時，即憤然大罵：「我被你這賤人兩次羞辱，豈肯與你成親，放馬過來！」㉚不過，小說一般於此著墨不多，不免可惜。

相對地，傳統禮法觀念的因素，就甚受強調。在男主角眼中，女主角這大膽的「自薦」，與他們夙所信奉的「父母之命，媒妁之言」觀念，是大相逕庭的。因此，他們往往視此爲「無恥」、「淫賤」，自然不願答應親事了。以下卽是幾段例子：

> 吾乃堂堂天朝女婿，豈肯與山鷄野鳥為配乎？寧死不失身于可賤之人！（《楊家府演義》第七卷，〈楊文廣領兵取寶〉）

> 我正大光明，唐朝大將，豈肯配你番邦淫亂之人！（《征西說唐三傳》第二十九回，

〈神鞭打走陳金定，梨花用法捉丁山〉）

好個無恥賤丫頭！自古婚姻須待父母之命，須憑媒妁之言，那裏有男女親自對言婚姻之理，你是不知羞恥而敗人倫，我堂堂一個男子，生長天朝，豈肯匹配你偏方化外不知廉恥之女，如久後人知你我於陣上自定為婚，豈不羞慚的麼！（《五虎平南後傳》第十七回，〈段小姐暗口問心，狄公子假訂良緣〉）

至於「敵我意識」，一方面肇因於戰陣間敵我交鋒的形勢，如上面三段的引文中已經顯示出來，可以不贅（當然，其中也凸顯了濃厚的華夷之別）；一方面，實際上也與個人的仇恨有關，如薛孝之拒絕說親，部分原因乃是叔父薛飛死於盛蘭英仙圈之下；而羅通因屠爐女斬死其弟羅仁，故始終拒絕與之締結婚姻，最後更以屠爐女自殺、羅通娶醜婦的悲劇收場。皆屬此例。

小說中安排男主角「反抗」的情節，就布局上而言，可以收到相當大的變化效果，也可針對男主角作細微的心理衝突與性格的刻劃；不過，「反抗」通常只是過渡性的安排，其間種種心理衝突，最終必然消解，這就是「屈從」。

在「屈從」之前，女主角通常會有若干威脅性的動作，不是如樊梨花、段紅玉之以性命要脅，就是如竇錦姑所說的「汝今已被吾擒，敢說如此輕狂之話，吾今不放汝死，拘囚入海，即朝廷聞之，奈我何哉！那時任我磨滅你這畜生！」[31]以折磨威嚇；但是，更重要的是，她們往往就局勢細加剖析，曉以利害，再以開關獻降或協同破敵為餌，施以利誘，如樊梨花即云：「我父兄雖為番將，你若肯從議結婚，我當告知父母，一同西征歸降。」[32]男主角之「屈從」，便往往是這些威脅利誘的回應，而後者恐怕才是最大的考量因素。

假如說，「反抗」凸顯了男主角的心理衝突，則「屈從」的設計，毫無疑問地，應帶有消解衝突的作用。男主角在此等情況下，「屈從」的原因，有時緣於女主角的年輕貌美，這是無庸置疑的，如前述楊文廣見杜月英的「絕色」之美，而抵消了「遭擒」的恥辱感，卽是一例。類似的情況相當普遍，此所以女主角幾乎全部被塑造成「美貌超羣，宛若嫦娥下降」[33]的原因。一方面，這是由於「翩翩公子、絕代佳人」的結合，原本就是最引人艷羨的題材；一方面，更可透過如此的安排，使這對璧人的結合，具有「兩情相悅」的愛情基礎，以抵消女方「霸王硬上弓」的荒誕。狄青在乍見八寶公主時，見到「含情一對秋波眼，杏臉桃腮畫不工，小口櫻桃紅乍起，纖纖雙手逞威風」，居然情不自禁地「忘卻交鋒事情」[34]，顯然就是作者有心的安排。不過，最重要的「屈從」原因，還是基於政治、軍事需求的考量，就這點來說，男主角倒是頗有「識時務者爲俊傑」的味道。如楊延朗在受蕭太后招親時，卽考量到「君父尚在，何爲輕身而死？莫若且姑順之，留此窺其釁隙，以圖報復，勝於一死」[35]；楊宗保思忖及「今不應承，死且難免，莫若允之，以濟國家之急」[36]，情況大致相同；而狄青的「從權」，也正是在留待有用之身，平定西遼，取回珍珠烈火旂的考量下決定的。

當然，「屈從」的過程並不是機械化的，其中往往刻意地塑造一個「中媒」的角色，《楊家府演義》中的魏化、《征西說唐三傳》中的程咬金、程千忠，《五虎平西前傳》中的張忠，都在「陣前招親」中扮演著「催化」的角色。最典型的例子就是人所熟知的程咬金。在整個薛家將的故事中，程咬金的地位是很凸出的；就「招親」來說，程咬金不僅是羅通、薛丁山、薛孝的「中媒」，在薛丁山與樊梨花的婚姻過程中，更始終肩負著月下老人及守護神的雙重責任。[37]「中媒」人物的安排，很明顯地是爲了使「招親」符合「媒妁之言」而設計的。但是，「中媒」最大的作用尚不在此，而在於「說服」。就男主角從「反抗」到「屈從」的心理變化而言，增添了「中媒」的潤滑、催化，轉折得就更順理成章了。如魏化、程咬金「說服」楊文廣、薛丁山時：

> 文廣曰：這事怎生做得！朝廷見罪，將如之何？魏化曰：小將亦想到來，但今堅執不從，彼定不肯生放還也。依小將臆見，且姑順之。他又願居其次，倘後朝廷有辭，小將一一擔當。（《楊家府演義》第七卷，〈楊文廣領兵取寶〉）
>
> 咬金說：元帥你就允了罷！老夫也有一杯喜酒吃。丁山說：奈父親在西涼，被傷鎖陽城，更兼國難未安，如何私自成親？不忠不孝之罪，不能從命！咬金說：賢姪孫不妨，萬事有我老人家在此，雖是令尊不在旁，令堂作主是一樣的，就是老夫爲媒，令尊決不來責你的。允了罷！（《征西說唐三傳》第十九回，〈薛丁山山寨成親，竇一虎歸唐平西〉）

魏化、程咬金的一力擔當，對楊、薛二人的心理衝突，無疑具有紓解的作用。衝突紓解，「成親」當然就水到渠成了。

（三）「成親」：衝突的紓解

在較早或較簡單的「陣前招親」情節中，「成親」意味著所有衝突的消解，可以直接自「屈從」環節導出，不但男女雙方情投意合，魚水交歡，成就一段令人欣羨的婚姻，而且也取得了家族正式的認可，女主角從此屬於男方的成員之一，爲「陣前招親」劃上休止符。杜月英、竇錦姑、鮑飛雲、瓊娥公主、黃瓊女、陳金定、盛蘭英的例子，皆屬此種。但是，在較晚或較複雜的「陣前招親」中，「成親」的階段，往往只代表衝突的暫時壓抑，隨時有「再現」的可能，在羅帳紅燭的洋洋喜氣之後，實際隱含著更大的衝突與波折。

「再現」的衝突，性質與前一階段發生於男主角內心的衝突不同，是肇因於「招親」本身與外在社會規範的牴觸。其中包含了「招親」的合法性與男女主角個人道德的評價的問題。關於這點，我們可以舉木桂英與竇仙童的例子作說明。

楊宗保與木桂英私下成親，「一夕恩情山岳重，臨岐（歧）不忍遽分離」[38]，二人的情感自不成問題，但是，他們一旦脫離個人情感的圈子，就勢必面臨其他接踵而來的難題：

> 宗保引衆軍回，見父親曰：不肖去木閣寨，與桂英交鋒，誤被暗箭傷馬，遂擒兒而去；復蒙不殺，强逼成親，兒亦無奈，只得允從。今特來請罪。六郎曰：得木來否？宗保曰：未有。桂英道他親自送來。六郎大怒曰：我因王事倥偬，起處不遑，汝今求木，又未得來，乃貪欲而忘君親，予何不幸，養出此不肖之子，要他何用！喝令推出斬之。（《楊家府演義》第五卷，〈孟良金盔買路〉）

薛丁山與竇仙童在棋盤山成親後，赴鎖陽城救駕成功，面見薛仁貴：

薛仁貴聽了大怒：我生這樣逆子，治家不正，焉能治國？難做主將，統領三軍，……這小畜生既作二路元帥，出兵救應，既被不服王化的草寇竇家兄妹捉去，如何被他逼令成親？身為主帥，非同小可，三軍司令，全在於你，應該請旨定奪，膽敢私自成親！這畜生十惡不赦之罪難免。（《征西說唐三傳》第二十二回，〈唐天子君臣朝賀，薛仁貴父子重逢〉）

在這裏，楊延昭與薛仁貴兼具的國家軍法的執行者及宗族大家長身分，是非常值得注意的。就軍法而言，「陣前招親」是否嚴重違反綱紀，在一般律令上雖不見記載，但是這種婚姻，難免有通敵的嫌疑，卽此，就可能與軍法發生牴觸；何況，楊宗保奉命取降龍木，薛丁山銜命作戰，皆以肩負軍令的將領身分出場，失敗而歸，任務未能達成，自然更於軍法不容。在這種情況下，身爲三軍統帥的楊延昭、薛仁貴，勢必須有若干處置，否則無法服衆。於是，楊宗保、薛丁山，首先遭到的難題，就是軍法的懲處。其次，就個人道德而言，楊宗保、薛丁山的私自成親，非但損傷了傳統婚姻「父母之命」的尊嚴，而且也未免有好色之譏，所謂「貪欲而忘君親」，實際上正指陳了男主角性格上具有可能被敵方加以利用的危險性弱點，卽此，楊、薛二人亦難免「不肖」、「十惡不赦」的道德批判。軍法存在的意義，在於維繫國家的安危；道德倫理的約制，則是爲了確保整個社會秩序的穩固性。毫無疑問地，楊延昭與薛仁貴以父親和元帥的身分，對二人施予懲罰，正象徵著「陣前招親」與整個社會國家的衝突。

這種衝突，並不僅限於男方，在女主角方面所引發的風波可能是更劇烈的。原因很簡單，畢竟，以傳統「既嫁從夫」的婚姻觀念而言，女主角既與男主角成親，則一切皆須以男方爲主，如此一來，勢必與原來的宗主國發生衝突，最明顯的「陣前招親」一旦成爲事實，女方宗主國原有的優勢卽告喪失，在強弱易勢的情況下，自然造成原宗主國的危機。除非女方元帥被描繪成如盛元傑般認爲「爲父的原是大唐臣子，今武后滅唐改周，武三思喪師辱國，又失三關，目下小主在房州，不久爲帝，難道我助周不成？」[39]的一個對宗主國饒有怨詞的「叛徒」；或是如段洪般聽信「我南天王乃一叛逆，……妄自稱孤道寡，所行非義，所作非仁」，不是「天命所歸」的妄言，欽慕中華衣冠，且有心藉降避禍的「識時務者」[40]，則其間衝突的劇烈，是可想而知的，有衝突則必有波折，從波折再衍生解決衝突的方法，一環緊扣一環，一波還生一波，這是「陣前招親」慣用的技巧，也使得簡單的模式翻生波瀾，造成情節引人入勝的起伏變化。

以薛丁山與樊梨花的親事爲例，在「三擒三縱」之後，薛丁山雖在不得已情況下允婚，畢竟仍表示二人在情感上已達成某種程度的協調，就男方而言，卽可不戰而克敵，收取寒江關，解決當前的困境，又可於軍中增添一員征西勇將，自是求之不得的美事，此所以薛仁貴一反前此對待竇仙童的態度，極力促成親事的原因；但是，在樊梨花方面，首先就遭遇到忠貞愛國的樊洪父子反對，於此卽生一波折、增一衝突。樊梨花解決此一衝突的方式，是極不符合傳統倫理道德的「弒父殺兄」，由此又衍生第二次波折——丁山二次拒婚，衝突持續產生。當樊梨花以「救難」的姿態出現，使薛丁山冰釋前嫌，願意成婚之時，又因收薛應龍爲義子，牴觸了薛丁山的傳統「婦德」觀念，波折又生，衝突再現，一直持續到薛丁山三步一跪、九步一叩地拜上寒江關，以示懺悔後，一切衝突才告消弭，然後在「聖旨」的榮寵中，風風光光地完婚。整個過程中波生瀾起，而要不過是利用衝突與波折造成情節的靈動與變化。

不可諱言地，如此一種藉衝突產生與消解的反覆循環過程構築的情節，是相當具有發揮空間的。實際上，這也是整個「陣前招親」模式的最基本結構，前面所提到的基本模式，正是建立在這衝突產生、消解的循環過程中的。

從上述的分析中，我們可以得知，「陣前招親」的模式，乃是以衝突、波折的循環結構組成，造成情節上的波瀾起伏，以吸引讀者；而藉此模式，亦顯示其別具心裁的若干特色：(一)藉不同類型的衝突，構築不同的事件，使情節更豐富、更動人；(二)藉「陣前招親」的特殊事件，塑造出「女強男弱」的典型人物形象，並凸顯男女主角的性格。這也是「陣前招親」模式運用得最爲出色之處。

四、「陣前招親」背後：「三綱」的衝突與消解

「陣前招親」之所以受到讀者歡迎，乃至於在「神怪演義」小說中一用再用，寖漸成爲一種模式，除了前面所分析之情節生動靈活、人物典型化等屬於文學技巧層面的原因之外，事實上更牽涉到中國人潛意識中的某些觀念。換句話說，透過「陣前招親」的模式，我們或許可以進一步發掘潛藏在中國人思想中的「深層結構」。就傳統儒家「君爲臣綱，父爲子綱，夫爲婦綱」的倫理關係而言，「陣前招親」的最終結局——「成親」，非但是男女主角的最佳歸宿，而且也無異表明了獲得整個社會的認同。但是，在整體過程中，我們可以發現

「成親」所達到的最終和諧，實際上是透過消解來自於國家法紀與家庭倫理的衝突而完成的。換句話說，「成親」所代表的「夫婦」一倫，必須經由象徵國家法紀的「君臣」與象徵家族倫理的「父子」的考驗才能受到認可。在此，「三綱」的主從本末次序是很明顯的，一旦其中有任何衝突，「君臣」關係必然將是最主要的考量原則。這點，我們從薛丁山、羅通必須以「奉旨完婚」的手段，才能鞏固其婚姻，即可略窺一二。於此，我們不妨作進一步的分析。

薛丁山與樊梨花「成親」，最大的衝突來自於梨花的「弑父殺兄」，依傳統儒家的倫理道德觀念而言，非但薛丁山的拒婚是理所當然之舉，身具國家法紀與宗族家長象徵的薛仁貴，更應嚴峻反對。可是，小說中的薛仁貴，在義正詞嚴地指斥了薛丁山與竇仙童私下結親的「非法非理」後未久，卻對此更嚴重的類似事件，視若無睹，態度有極其強烈的轉變，一聽到程咬金「他既然要與世子成親，父子一齊投降，殺到西番，擒了番王，功勞豈不是元帥所得，吾皇洪福齊天麼？」[41]的說詞，立刻「大喜」，並委請程咬金作媒。薛仁貴這種前後不一的舉止，雖可能是緣於由他作主，於「父母之命」的尊嚴稍可維護；但是，最重要的原因，還是在盱衡時局下，不得不作的「兩害相權取其輕」的決定。當薛丁山基於倫理觀念拒婚後，薛仁貴父子的一段精采對話，很明顯地可以看出在政治策略下，倫理道德的無力感：

> 元帥罵道：畜生！樊小姐神通廣大，營中誰是他對手？他奉師命與你聯姻，歸順我邦，乃我主洪福齊天。第一夜與他大鬧，倘若急變，如何是好？若不依我言，軍法處置！

丁山道：只為這賤人弒父與兄，有逆天大罪，容他不得，若恕了他，將來弒父弒君，無所不為。寧可急變，難容這賤人！（《征西說唐三傳》第三十一回，〈樊梨花無心弒父，小妹子有意誅兄〉）

在此，「夫婦」綱常與「君臣」綱常間，出現了「魚與熊掌不能兼得」的情勢，薛仁貴很明顯地是以國家安危爲最終的考量，寧可使「夫婦」一倫犧牲在政治目的之下。類似的例子很多，如楊延朗與狄青之屈身爲西遼、單單國駙馬，楊宗保、楊文廣之俯就姻緣，大體皆是基於同樣的考量。

羅通與屠爐女的婚姻，帶有相當濃厚的悲劇意味，而這悲劇之產生，則導因於「父子」綱常與「君臣」綱常的衝突。屠爐女在戰陣之間，以飛刀陣殺死了羅通之弟羅仁，基於「親仇之恨」，羅通曾立誓「今日不與兄弟報仇，不要在陽間爲人」㊷，就儒家「兄弟之讎，不反兵」㊸（遇仇人，身有武器卽殺之）的觀念而言，羅通如果不能雪報此讎，是違背傳統「親親之道」的；可是，羅通非但無法藉兩軍交鋒之際，名正言順地復讎，反而必須與仇人結姻，其內心之悲憤，自然可想而知，堅拒婚姻，就羅通個人道德及儒家傳統倫常而言，無乃才是合情合理的。但是，在唐太宗與程咬金逼迫之下，羅通面臨了「君臣」與「父子」、「夫婦」三綱衝突的抉擇。唐太宗與程咬金的考量，也是純出於政治性的，如云：

咬金道：姪兒，不是這樣講的，你兄弟身喪沙場，也是自己命該如此，何必歸怨於他？公主旣有如此美意，肯在木陽城接引我邦人馬，共破番兵，救出陛下龍駕，是他

一樁大大的功勞，也就算將功贖罪，儘可消得仇恨的了。（《羅通掃北》第十一回，〈羅仁身陷飛刀陣，公主喜訂三生約〉）

朝廷叫聲：王兒，不是這等講的，既他傷了二御姪，你欲報此仇，亦是大義，就不該與他陣上聯姻了；他既把終身託你，暗保我邦，大獲全勝，也有一番莫大的功勞與寡人，這信字也是要的，若不去說親，他在賀蘭山懸盼，豈不是王兒忘了恩情？就是傷了二御姪，也算為國家出力，兩國相爭，各為其主，乃為誤傷而已。（同上，第十四回，〈賀蘭山知節議親，洞房中公主盡節〉）

唐太宗、程咬金以「命該如此」、「各爲其主」的說詞，解釋羅仁之死不能歸咎屠爐女，很明顯是企圖將「親仇」化約於國家社稷的安危之下，此無異凸出了「君臣」綱常高於一切的觀念。事實上，這種基於政治立場的考量，的確有助於他們透過戰爭的勝利，進而鞏固君主的權位，維護國家的安全。這點，我們從「成親」之後的女主角所表現的赫赫功蹟中，是不難看出的。如木桂英大破天門陣、黃瓊女瓦解太陰陣、屠爐女反戈投誠等皆是明證。其中八寶公主與樊梨花幾次三番的以「未過門妻子」的身分，領兵援救陷於岌岌可危困境中的夫婿及宗主國，表現更爲出色。小說中的羅通，顯然太斤斤於「親仇」的宗族恩怨中了，因此個人的悲劇，定然無法倖免，最終祇落了個屠爐女於洞房花燭夜刎頸自盡的悲慘結局。值得注意的是，作者雖然成功地設計出如此具有衝突性的人物及悲壯的結局，但是卻又毫不容情地對羅通之不顧君命，施以嚴厲的批判，不但將羅通奪官削職，還故意安排他娶個妖怪瘋狂的「醜女」，以示懲罰；後來盤腸大戰，慘死於王不超之手，想來也是應了屠爐女臨死的詛咒㊹。由此可知，小說中所安排的濃厚帶有政治氣味的「招親」情節，實際上便是傳統「三綱」觀念的投影，在此，我們可以發現所謂「大義滅親」的弔詭性質，畢竟，這意味著一旦「三綱」之間發生衝突，可援以爲據的事實上只有高居一切之上的政治顧慮！

當然，小說如此的安排，不免具有抵消道德倫理的副作用，將產生徹底瓦解整個社會倫理結構的危險。爲了減輕這危險性，小說中還刻意凸顯了所謂的「天命」。

「天命」或「天意」在「陣前招親」中有兩個作用，其一是使男女主角的成親合理化。早在《北宋志傳》中，這一觀念就已經很明顯的表現出來了，幾乎每一對男女主角的結合，不是「姻緣天定」就是「有姻緣之分」㊺，卽使有「中媒」催化，也往往只是順承天意，代爲牽線而已。例如八寶公主與狄青、段紅玉與狄龍的姻緣，透過帶有濃厚天命意識的神仙（盧山聖母、雲中子）「證姻」之後，就水到渠成的完成了。樊梨花與薛丁山之被刻意安排成天庭貶謫下凡的「金童玉女」，正是此一觀念最明晰的表白。

「天命」的另一個作用，就是在強調「宿命」之不可改變，此非但指「姻緣天定」而言，事實上也將一切的衝突，包括「親仇」，委於氣運；「命該如此」，自非人力所能挽回，故祇有默默承受一途，甚至，連默默承受，也在「天命」註定之中。毫無疑問，這將有助於衝突的消解。在傳統「眞命天子」的政權觀念中，所謂的「天命」，實際上代表了君主的個人意志。因此，在「陣前招親」中突顯「天命」，將君主意志的強制性抵消，自可維持原有的社會倫理結構於不墜，而減低「三綱」間的可能衝突。當然，這種偷龍轉鳳的方式，細心的讀者還是可以透過「天命」的迷霧，窺出其中濃厚的政治主導觀念的。

以「君臣」作「父子」、「夫婦」二綱的最終原則，固然是專制政體維護君權及既定社會秩序的手腕，不免有「天下私於一人一姓」的弊端；但是，從另一個角度來看，君主既與國家爲同義之詞，是則，在「君要臣死，臣不得不死」的君權統制力之下，「事君能致其身」的觀念，除了愚忠之外，更包含了對整個國家民族的認同與關愛。一旦面臨種族危機，此一關愛，極可能超離狹窄的君臣框廓，而蛻轉成偉大的民族情感。自古以來，在種族危機下獻身授命的忠臣烈士，其所以九死不悔，甘於抛灑熱血，民族情感的力量，相信是絕不弱於對君主的忠誠的。

從民族情感出發，我們對「陣前招親」小說之所以往往將戰爭置於異族對峙的情境中，也可恍然大悟。中國對異族的政治策略，從漢代以來，向有「覊縻」與「和親」二途，「覊縻」意味著以強而有力的軍事後盾，牽制異族，並使之臣服納貢，大抵歷代雄主，皆出此法；一旦國勢寖弱，異族威脅增強，於不得已中，只得以「和親」示好，作緩兵之際。「和親」之舉，是示弱的表現，對民族自信心及尊嚴，都是一項沉重的打擊，稍有志氣的人，皆無法忍受此一恥辱。尤其是宋代以後，寧可以金帛土地委屈求全，也決不肯嫁女「和親」[46]。當然，這是中國傳統「男帥女，女從男，夫婦之義也」[47]觀念的反映，中國以象徵政權的宗女外嫁，基於「既嫁從夫」的禮法，無異表示中國須以異族馬首是瞻，其間的寵辱甚是明顯。但是，也正自宋代以後，邊疆異族的威脅，始終是家國民族最大的危機，輕開邊釁，既無制勝的把握；委屈「和親」，又大失顏面，於如何取得和平，又不至於損傷尊嚴的難題中，中國人思想、性格中的特色，也就呈露無遺了。

此一特色，以較通俗的字眼來形容，即是魯迅所說的「阿Q精神」或「精神勝利法」。事實上，不能使異族納獻朝貢於中國，在經常自詡爲「天朝」、「上國」的中國人心目中，已是莫大的恥辱了，更何況面臨到自己不能作主的困境，豈非教心高氣傲的中國人無地自容？「和親」之舉，原就帶有逃避現實的傾向，因爲現實的問題，終將來臨，是無所逃於天地之間的。可是，現實又是殘酷而不堪面對的，無可奈何之下，只有採取更進一步的逃避方式，索性連問題本身都加以趨避，而自我浸沉於想像的「陣前招親」情節中，滿足內心維持起碼尊嚴的欲望。

因此，「陣前招親」往往就是反其道而行的「和親」，只是易「美人計」爲「美男計」而已。其中，男主角之荏弱、女主角之剛強，無意中洩露了宋代以來「蠻夷猾夏」的歷史眞象。但是，這是中國人深心中極力排斥的，故此不得不加以轉化，使征番軍隊最終皆能威震蠻夷。然而，武力明顯是不可憑恃的，只得別闢蹊徑，安排象徵異族的女主角，自動嚮往代表文物衣冠、聲教昌明的男主角，歸慕投誠，非但維護了民族尊嚴，更暗示出中原文化的優越性。小說中的木桂英、黃瓊女、樊梨花等人，在「成親」之後，卽與宗主國斬絕關係，一心一意地爲「夫」（中國）效忠，縱使三番兩次受到棄絕的羞辱，也無怨無悔，在後來的戰爭中成爲紓災解難、破關斬將的靈魂人物，這非但是傳統「夫帥婦，婦從夫」觀念的投影，更顯示出中國人在「陣前招親」中所獲得的榮寵與滿足。這種心境，與《三國演義》中，衆軍士齊聲吶喊「周郎妙計安天下，賠了夫人又折兵」的欣慰喜樂，想來是有異曲同工之妙的。

附註

❶《左傳・僖公二十四年》曾記載：

夏，狄伐鄭狄櫟。王德狄人，將以其女為后。富辰諫曰：「不可！臣聞之曰：報者倦矣，施者未厭。狄固貪惏，王又啓之。女德無極，婦怨無終，狄必為患。」

周襄王與鄭國有隙，請狄人伐鄭而敗之，爲表感謝之意，襄王欲取狄女爲后。大夫富辰反對這種不可靠的政治聯姻，力加諫阻。襄王不聽，結果周室就因狄女而惹下大禍。在這裏，富辰的觀點無疑是正確的，可是襄王欲以狄女爲后作報答狄人的方式，卻說明了在襄王心目中，聯姻正是一種政治策略。

❷關於漢、唐的「和親政策」，可參考：王桐齡〈漢唐之和親政策〉，《史學年報》一卷一期，頁二一—三一。

❸見第五十四回〈吳國太佛寺看新郎，劉皇叔洞房續佳偶〉。

❹同上。

❺「三綱」之說，原出《禮緯・含文嘉》：「君爲臣綱，父爲子綱，夫爲婦綱。」「三從」之說，則見於《儀禮・表服》：「幼從父兄，嫁從夫，夫死從子。」（《禮記・郊特牲》亦云）

❻❼見第五十五回〈玄德智激孫夫人，孔明二氣周公瑾〉。

❽值得注意的是，在《三國志平話》中，孫尚香原是奉命出嫁，欲以計殺劉備的，只是後來不忍下手而已。《三國演義》將之轉換成孫尚香自始至終皆蓄意維護劉備的情節，正代表了「既嫁從夫」觀念的強調。

❾「取」字的本義是於「牛耳會盟」中，強者取牛之左耳的動作，《說文》云：「周禮獲者取左

耳。」正說明了這點。「娶」是「取」的轉注字（用龍宇純先生說），範圍雖較原意爲小，但「強勢」的意味依然存在。

⑩ 見《讀通鑑論》卷二，〈婁敬禍天下〉，嶽麓書社《船山全書》第十册，頁八九—九〇，一九八八年六月出版。此文從華夷通婚足使匈奴文化開通，而「長其文姦之具，因以屈中國而臣之也有餘」的角度，駁斥劉敬「用夏變夷」之說，相當精闢。但又表示「乃姑弗與言違生民之性，姑弗與言裂人道之防」，很明顯地認爲「和親之無恥」是人所共知，不足與辯的。這種觀念，恐怕至今仍然存在，一般人對異國通婚的兩面觀點（即對中國男人娶外國女子頗有艷羨與好評，反之，則大表不然），足資爲證。

⑪⑫ 見第五十五回〈玄德智激孫夫人，孔明二氣周公瑾〉。

⑬ 見修髯子〈三國志通俗演義引〉。

⑭ 見庸愚子〈三國志通俗演義序〉。

⑮ 見章學誠《丙辰劄記》。

⑯ 相關論述，請參考孔另境《中國小說史料》，頁七一—七七，所引淸代李慈銘、潘祖蔭諸家之說（臺灣中華書局，六十五年十二月）。

⑰ 如明代託名段成式編的《劍俠傳》，其中的俠客，大抵皆是隱姓埋名或形跡詭秘的人。

⑱ 「游俠」與「刺客」的區分，在司馬遷的《史記》中已很明顯，雖然二者在某些行事風格及秉持理念上有重疊之處，但是既云「游」，則行事自可光明正大，甚至成爲執政者集矢攻擊的目標，亦不致於藏頭露尾；而「刺客」既以「刺殺」爲業，正如東漢王符所說的「會任之家」中的「客」（《潛夫論・述赦》），必不敢輕易拋頭露面。當然，這裏並非指「隱士」造型中的人，就一定屬刺客之流，只不過就其行事上的公開與隱秘溯源而已。

⑲ 此外，第五十六回〈子牙設計收九公〉中，鄧嬋玉與土行孫的婚姻，也可以參看。

⑳《北宋志傳》為明嘉靖時熊鍾谷所撰（《中國通俗小說總目提要》，頁六四，中國文聯出版公司，一九九〇年二月）；《封神演義》作者尚無定論，出版時間約在隆慶、萬曆之際（沈淑芳《封神演義研究》，頁一五，民國六八年東吳大學中國文學研究所碩士論文）。

㉑在唐人小說中，女性地位是非常顯著的，如李娃、鶯鶯、霍小玉、聶隱娘、紅線之流，皆是文人筆下鍾愛的對象；《三國》、《水滸》的出現，女性地位顯著降低，在「陣前招親」小說中，又有提高的趨勢。其原因何在？相信是值得進一步探討的。

㉒見《楊家府演義》第一卷，〈太宗駕幸昊天寺〉。

㉓同上。

㉔見《楊家府演義》第五卷，〈孟良金盔買路〉。

㉕天花藏主人序的《平山冷燕》中，形容燕白頷「凝眸山水皆添秀，倚笑花枝不敢妍」（第九回，〈誤相逢才傲張寅〉）是很典型的例子。《金雲翹傳》之金千里，也是以「風流倜儻，雅致翩翩」（第一回，〈無情有情陌路弔淡仙，有緣無緣劈空遇金重〉），贏得佳人王翠翹芳心的。關於男主角之「美」，《楊家府演義》對楊文廣之誇張描述，頗可參考，如第七卷〈三女往汴尋夫〉透過竇錦姑之口，云：「人謂楊郎貌美，恰似蓮花，宋太后道：蓮花亞於楊郎。人問其故。太后曰：楊郎解語，蓮花豈解語乎？人人愛著楊郎貌美，今看起來，果是蓮花不及。」此外，第八卷〈公正爭先鋒印〉描述文廣老年丰采，亦云：「奉國出陣，見文廣童顏鶴髮，氣象凌雲，乃嘆曰：常聞楊郎貌美，今見果然。這般老年，猶有如此丰度，當妙齡之際，不知如何俊雅。」

㉖見《警世通言》卷二十一，〈趙太祖千里送京娘〉。馬幼垣謂：「一個俠必須要能超越性慾、誘惑」（〈話本小說裏的俠〉，《中國小說史集稿》頁一一九，時報出版公司，民國六九年八月），這是趙匡胤拒絕京娘情意的原因，也是他成為英雄的必要條件。「陣前招親」的男主角，顯然不可同日而語。

㉗見《楊家府演義》第七卷，〈月英怒攻錦姑〉。

㉘同上，第七卷，〈楊文廣領兵取寶〉。

㉙見《五虎平西前傳》第十一回，〈狄元帥被捉下囚牢，八寶女克敵思佳偶〉。

㉚見《征西說唐三傳》第三十回，〈樊梨花移山倒海，三擒三放薛丁山〉。

㉛見同註⑳。

㉜見《征西說唐三傳》第二十九回，〈神鞭打走陳金定，梨花用法捉丁山〉。

㉝見《五虎平西前傳》第八回，〈巴三奈堅守石亭，八寶女興師議敵〉，此形容八寶公主之美。

㉞見同上，第十回，〈狄元帥出關迎敵，雙陽女上陣牽情〉。

㉟見同註㉒。

㊱見《楊家府演義》第五卷，〈孟良金盔買路〉。

㊲在樊、薛二人的婚姻中，程咬金基於國家安危、戰爭緊急的需要，自是極力促成；而每次薛丁山有難，也都是由他力保或求援而免禍。

㊳見同註㊱。

㊴見《征西說唐三傳》第八十五回，〈盛蘭英仙圈打將，美薛孝帥府成親〉。

㊵見《五虎平南後傳》第二十六回，〈施巧計蘭英斬僧，中機謀段洪降宋〉。

㊶見同註㉚。

㊷見《羅通掃北》第十一回，〈羅仁禍陷飛刀陣，公主喜訂三生約〉。

㊸見《禮記・曲禮上》。

㊹羅通之死，見《征西說唐三傳》第二十回，〈勇羅通盤腸大戰，鎖陽城天子驚惶〉。

㊺如第六卷〈六郎回兵救朝臣〉：「重陽女聽罷，大喜曰：姻緣！姻緣！事非偶然，今果然也。」即是一例。

㊻ 見同註❷。

㊼ 見《禮記·郊特牲》。

《庚子國變彈詞》析論

蔣英豪

一、緒言

李伯元（李寶嘉，南亭亭長，一八六七—一九〇六）的《庚子國變彈詞》，共四十回，約十二萬字，從一九〇一年十月到一九〇二年十月在《世界繁華報》連載，一九〇二年底或一九〇三年初印行單行本。❶這部彈詞有幾個值得注意的地方：它是李伯元最早的長篇白話連載，比聲名甚盛的《官場現形記》和《文明小史》還要早一年半面世，❷它是唯一以彈詞形式寫庚子事變（一九〇〇）的文學作品，也是在事變後幾年內出現的以事變為題材的作品中，涵蓋最廣、描寫事變各面相最齊全的敘事之作。

連載《庚子國變彈詞》的《世界繁華報》，是李伯元在上海辦的消閒小報。辦小報是李伯元一生的事業。他在一八九六年（時三十歲）捨棄了科舉制藝，跑到上海，在《指南報》工作。《指南報》是一份大型報紙，是甲午（一八九四）戰後迅速湧現的眾多民辦報紙的一種，當時剛開辦。❸李伯元在那裏做了一年左右，翌年六月，即出來創辦《游戲報》。《游戲報》是一份典型的消閒小報，其內容「上自列邦政治，下逮風土人情，文則論辨、傳記、碑志、歌頌、詩賦、詞曲、演義、小唱之屬，以及楹對、詩鐘、燈虎、酒令之制」無所不包，實則以記「花界」消息爲主，❹宗旨則自言是「假游戲之說，以隱寓勸懲，亦覺世之一道」。❺三年後李伯元把《游戲報》出讓，自己在一九〇一年四月創辦《世界繁華報》。此報內容與形式都與《游戲報》相似，也以「記倡優起居」爲主。❻李伯元的俗文學創作事業就是在《世界繁華報》上開始的，《庚子國變彈詞》和《官場現形記》即先後在《世界繁華報》上連載。

李伯元選擇辦報作爲事業，又從事通俗文學創作，顯示出他是鴉片戰爭（一八四〇－一八四二）以後呼聲漸響的變法主張的忠實執行者。清末自龔自珍（一七九二－一八四一）、魏源（一七九四－一八五七）開始提出變法要求，經歷了數十年的發展，到了康有爲（一八五八－一九二七）、梁啓超（一八七三－一九二九）的時代，已成系統清晰的政治主張，康梁等人並且努力爲變法的主張爭取合法的地位。在這個過程中，一些知識分子認識到報紙及通俗文學是移風易俗、推進改良的利器。甲午戰後，民辦報紙遂在維新派《中外紀聞》、《強學報》、《時務報》等報刊帶動下蓬勃發展。而黃遵憲（一八四八－一九〇五）、康有爲、梁啓超等維新派人物，也一再倡導通俗語文的推廣應用及通俗文學的創作。黃遵憲早在一八八七年於《日本國志》中已提到：

> 若小說家言，更有直用方言以筆之於書者。則語言文字幾幾乎復合矣。余又烏知夫他日者不更變一文體為適用於今、通行於俗者乎？嗟夫，欲令天下之農工商賈婦女幼稚

皆能通文字之用，其不得不於此求一簡易之法哉！❼

一八九六年，梁啓超在《變法通議》中引申發揮了黃氏的觀點，進一步強調小說的教化功能，說：

今宜專用俚語，廣著羣書，上之可以借闡聖教，下之可以雜述史事，近之可以激發國恥，遠之可以旁及彝情，乃至宦途醜態、試場惡趣、鴉片頑癖、纏足虐刑，皆可窮極異形，振厲末俗，其為補益，豈有量耶？❽

黃梁二氏對小說功能及小說內容、小說語言的看法，影響晚清文學至巨；李伯元雖然在《文明小史》中對康梁二人深表不滿，加以譏諷，❾但他卻肯定維新事業，❿他從事報館工作及通俗文學創作，也顯示了他的世界觀與改良維新之士有很多相似之處。他寫《庚子國變彈詞》便是一個例證。

李伯元採用彈詞的形式來記述庚子事變，是很值得注意的事。彈詞是韻散相間的通俗說唱文學，其韻文部分主要用七字句，雜以三字句。有可供說唱表演之用的，多以代言之體演才子佳人的故事；也有專供案頭閱讀之用的，多以敍述之體記忠臣義士之事。⓫其篇幅往往很長，一般都有百回左右。陳寅格（一八九〇——一九六九）在論陳端生（約一七八五年前後在世）的彈詞《再生緣》時，認爲彈詞之體用長篇巨製的七言排律敍事言情，近於西洋長篇史詩。⓬《庚子國變彈詞》值得注意的地方，正是李伯元用了彈詞的長篇敍事形式而使這部作品帶有濃厚的史詩色彩⓭。

二、用意嚴肅：傳統道德的謳歌

《庚子國變彈詞》是當世一場國難的即時記錄。李伯元在一九〇一年十月動手寫《庚子國變彈詞》，正是庚子事變發展到最後階段的時候。其時辛丑（一九〇一）和約剛簽好，李鴻章（一八二三—一九〇一）剛去世，兩宮也從西安啓程回鑾。李伯元在全書中按著事件發生的先後次序加以記錄。在《庚子國變彈詞》的「例言」裏，李伯元強調說：

> 是書取材於中西報紙者十之四五，得諸朋輩傳述者十之三四；其為作書人思想所得，取資敷佐者，不過十之一二耳。小說體裁，自應爾爾，閱者勿以杜撰目之。⑭

他也自信「庚辛（一九〇〇—一九〇一）兩年大事，摘抉無遺」。⑮可見李伯元自視其書爲當世歷史的完整記錄。

李伯元用以貫穿全書的是極強的道德感。他所記載的每一個片段，都透露了他的道德要求。這其中「仁」是最關重要的。全書自始至終都堅持儒家「愛人」及「惻隱之心」之「仁」。基於愛人及不忍人之心，全書有極多的篇幅寫平民百姓在這場災難中的凄慘境況。李伯元爲庚子事變中受苦難的人深感難過。早在第二回，他就借一個官兵在山東僻遠村落誤把鄉民當作義和團而橫加殺戮的片段，表達他對無辜百姓枉受屠戮的同情。⑯這種強烈的惻隱之心，在全書中隨處可見。在第十一回，他寫天津失陷後百姓的窘境：他們不單受職軍殘殺，也被散卒游勇和拳民屠戮。在第二十六章，他寫北京淪陷後百姓缺糧苦況。在第三十四回，他寫俄國軍隊在黑龍江屠殺六千手無寸鐵中國平民的慘案。李伯元寫這些慘事時，流露出強烈的憂傷與悲憤。他一再怨恨蒼天不仁，使蒼生受盡苦難。[17]

李伯元的悲憫與同情並不局限於中國百姓。他對中外教民甚至拳民的處境都深表關懷。在第十三及第十四兩回，他描寫毓賢（?—一九〇一）在山西殘殺外國教士教民的慘況。他所表現的悲憤之情，並不亞於他描寫中國百姓受屠戮的時候。他雖然強烈譴責拳民生事，禍國殃民，但當寫到聯軍殺戮拳民時，他仍深表悲憫。[18]一言以蔽之，他是個人道主義者。[19]正因爲他具有崇高的人道主義熱誠，他特別關心「仁」心在這場災難中如何發揮。在第二十六回，他寫江浙兩省一些善心的官紳發起救急善會，捐錢賑濟北京天津的災民，又租輪船到災區搶救災民。[20]在第二十七回，他寫到上海一羣倡優的賑災活動。[21]李伯元一一列出這些善長的名字，並高度讚揚他們的善舉。這些敍述看似離題，實則有助於主題的表達及詩史特色的形成。

除了「仁」，李伯元也標舉「忠」。他不斷探究他所述及的人物是否忠於國家，是否能在最惡劣的環境下盡忠職守。他在第十回述及聶士成（?—一九〇〇）之死時，突出了朝中頑固派大臣對他的迫害，也刻劃了聶士成如何作出戰死沙場以示其對國家忠貞的決定。[22]在第十二回，李伯元加插了許景澄（一八四五—一九〇〇）和袁昶（一八四六—一九〇〇）之死的場景：許袁二人都是反對用義和拳的大臣，他們在頑固派大臣當道時，爲了國家的利益，不惜以生命的代價直諫。[23]李伯元在書中以同情的筆觸寫這些人物，目的就在強調「忠」這個德目。但李伯元並不視「死」爲表現「忠」的唯一途徑。在第十二回他寫到東南省分總督劉坤一（一八三〇—一九〇二）與張之洞（一八三七—一九〇九）。劉張命盛宣懷（一八四四—一九一六）及余聯沅（？—一九〇一）與外國領事舉行會談，促成東南互保。李伯元稱劉張二人爲忠臣，因爲他認爲在當時形勢下，東南互保是他們報國的最佳方法。㉔另外一個李伯元用以展示「忠」這個德目的人物是王文韶（一八三〇—一九〇八），有關他的敍述見於第十七到第二十回。王文韶本是直隸總督，在八國聯軍入京前以七十高齡獲委爲大學士。兩宮西逃時未獲隨鑾扈從，奉命稍後趕赴行在。在第十八、十九、二十這幾回中，李伯元縷述了王文韶年邁體衰趕赴行在的顛沛流離的經過。驅使他一往直前，無視險阻的，就是在最惡劣環境下盡其所能的忠心。㉕

除了仁和忠，李伯元也在《庚子國變彈詞》中利用人物和事件來宣揚「義」。這裏且舉第十三回中兩件殮葬被處斬的反對義和拳的大臣的事爲例。他寫到徐用儀（一八二六—一九〇〇）甘冒觸怒當權頑固大臣的危險，殮葬了許景澄與袁昶。㉖他的義舉使他與立山（？—一九〇〇）及聯元（？—一九〇〇）一同成爲頑固派的陷害目標，結果也被處斬。李伯元還寫到立山死後，三個與他相好的優伶顧全道義，不計後果爲他收殮。㉗李伯元也用李鴻章與瓦德西（Alfred von Waldersee, 1832-1904）初相見的場景展示「義」。在第二十三回，李鴻章作爲求和國的全權大臣，要到聯軍統帥瓦德西所居的地方去拜會他。其時瓦德西住在儀鑾殿，要在那裏見李鴻章。儀鑾殿本慈禧太后（葉赫那拉氏，一八三五—一九〇八）所居，如果李鴻章在那裏拜會瓦德西，不但有辱國體，也是對皇室大不敬。如果拒不見面，又會引起外交風波。幾經考慮，他決定向瓦德西說明原委，而終得瓦德西諒解，同意易地相見。㉘李伯元用徐用儀和李鴻章的故事去表達他對在險惡環境下仍堅持正道直行的人的讚賞。

李伯元宣揚的另一項德目是「勇」。他不僅看人物的政治立場，他更著重的是人物在面對危急關頭時所表現的道德勇氣。基於這個考慮，他一而再、再而三的寫到幾個事變禍首的臨死場景，如第二十九回寫莊王（載勛，？－一九〇一）、第三十回寫英年（？－一九〇一）、第三十二回寫毓賢、第三十六寫壽山（一八五九－一九〇〇）都是，這裏且舉毓賢爲例。在《庚子國變彈詞》的前半部，李伯元視偏袒拳民的毓賢爲庚子事變的罪魁禍首，他也猛烈譴責毓賢殘殺教民和傳教士的獸行。但毓賢臨死的場景卻極壯烈。在第三十二回，朝廷要把毓賢正法的聖旨傳到蘭州，蘭州紳衿士庶大感不平，滿城貼了匿名揭帖，要爲他申寃。毓賢知道了，也在自己門上貼了一張紙帖，自謂其死將有益於國家朝廷，請求百姓不要阻撓他受死：

> 朝廷殺賢，以謝外人，而後中國可保，中國可保，而後宗社可安，兩宮返蹕，或可有望，是賢之一死，實大有造於國家也。古云：君要臣死，臣不敢不死，不死則違君背旨矣！諸君洞明大義，請勿阻撓，以重余過！㉙

唱詞又道：

> 一張字帖貼門牆，
> 大衆觀之齊慘傷。
> 說是忠臣不怕死，

難得他，死心塌地伏刑章……
再說一人毓革撫，
從容就死不驚惶。30

李伯元這裏表現的態度，在晚淸寫庚子事變的作家中是很突出的。他眼中的庚子事變，不僅是一場國難，也是對道德勇氣的最嚴峻考驗。他著意描寫的事件，都爲了昭示人物如何在其中堅持仁、義、忠、勇等德行。因此《庚子國變彈詞》實際上謳歌了在戰敗的恥辱下道德力量的勝利，它也顯示了李伯元對依賴道德力量復興國運的希望。

三、包容廣闊：史詩的規模

《庚子國變彈詞》具備了史詩的規模。就空間而言，它接觸到廣大受義和團運動影響的地域，北至黑龍江，西至陝西，南至湖南，東至浙江。敘述的中心環繞著鬧得最凶的山東與湖北。就時間而言，《庚子國變彈詞》涵蓋了義和團運動的整個發展時期，從一八九九年山東義和拳起事一直到一九〇二年兩宮回鑾。就人物而言，《庚子國變彈詞》描寫了七十多個來自不同階層的與事變有關的人物。彈詞的長篇巨構的特點，正好配合這種包容甚廣的內容。

李伯元利用了彈詞巨大的包容性，原原本本的敍述了庚子事變。他以山東淸平縣左姓教民與張姓武舉的衝突作爲開端。由於縣官害怕洋人干涉，判張武舉敗訴，還打了板子。張武舉既憤且恨，不甘受寃辱，聚衆屠戮左姓教民一家，然後率衆投奔義和拳大師兄朱紅燈（第一回）。敍述的高潮是聯軍入京及兩宮西逃（第十七至第二十五回）。最後是局勢回復穩定及兩宮回鑾（第四十回）。

在這樣龐大的架構中，李伯元收納了爲數甚巨的事件。彈詞中所涉及的事件可分爲三類：㈠有助於推動情節發展的事件；㈡有助於表達主題的事件；㈢有助於說明時局的事件。屬於第一類的事件主要出現在第一回（拳亂之肇端）到第十六回（聯軍入京）。這些事件的作用在於使情節深化及複雜化，把敍述帶到高潮，其出現次序如下：

□山東巡撫毓賢被革職。他賄賂剛毅（一八三七—一九〇〇），得以結識端王（載漪，一八五六—一九二二）。三人結爲集團，欲利用拳民以遂廢立之心。（第三回）

□直隸總督裕祿（一八四四—一九〇〇）信服張德成（？—一九〇〇）及紅燈照之法力。（第四回）

□直隸拳民作亂。（第五回）

□朝廷派趙舒翹（？—一九〇一）及何乃瑩調查亂事，但二人受剛毅脅迫，不敢據實回報。（第六回）

□董福祥（一八四〇—一九〇八）薦拳首李來中於端王。圍困外國使館開始。（第七回）

□天津外國勢力派兵到北京解救被圍使館人員；日本使館書記官杉山彬（SUGIYAMA Akira, ?-1900）遇害。（第八回）

□大沽砲臺失守。德國領事克林德（Klemens August Ketteler, 1853-1900）遇

害。（第九回）

□ 聯軍攻陷天津。（第十至第十一回）

□ 東南省分總督與外國勢力達成協議，使長江流域中立化。反對義和團大臣五人遇害。（第十二至第十三回）

這些彼此有關而又緊密連結的事件，一方面爲讀者提供了事變的詳細記錄，另一方面也解釋了事變發生的原因。

李伯元用以表達主題的事件則隨處可見。這類事件又分兩種：（甲）用以宣示道德力量在災難當前獲得勝利的事件；（乙）用以譴責違背傳統道德的事件。第一類的事件已在上文討論過，以下集中討論第二類事件。第二十二回寫到兩個祖拳大臣的醜行。第一件是徐承煜（?－一九〇〇）在聯軍入京後逼其父徐桐（一八一八－一九〇〇）自盡。徐桐位居大學士，在祖拳大臣中品位最高，徐承煜深恐聯軍入京追究禍首，會牽連自己，遂有此滅絕天良之舉。㉛另一件是有關禮部尚書啓秀（?－一九〇〇）的。他被日本人捉了，關在牢裏，後來母親死了，他要求放出去辦理喪事。日本人派了兩個兵看管他，爲防他跑掉，用繩子套著他的脖子。啓秀以堂堂清國大吏，受此大辱，居然苟且偷生。㉜這些違背道德的事，正是用來和前面所述的一些堅持德行的人作對比的。

李伯元用以說明時局的事件又分三種：（甲）官場揭秘；（乙）義和團揭秘；（丙）作者政治立場。李伯元對清末官場所知甚多。他在寫《庚子國變彈詞》的同年，也開始了《官場現形記》的寫作。㉝在《庚子國變彈詞》裏，他把庚子事變的起因部分歸咎於官吏昏庸。書中許多篇幅都用於暴露官僚的無知、無恥與荒謬。以下且舉幾則爲例：

□大學士徐桐用了門生的一付對聯，親自具名送給義和團大師兄以討其歡心。（第八回）

□禮部尚書啓秀訓誨其門生新科狀元駱成驤（一八六五—一九二六），謂以拳民法術，數月必可盡殲北京洋人。（第八回）

□京師失陷前，祖拳大臣召開緊急會議，剛毅竟建議用「空城計」——打開城門，希望洋人中計，以爲城中早有準備，不敢進攻。（第十七回）

□被革職的吏部尚書趙舒翹，待罪西安，仍迷信風水，上毛廁也要看風水。（第二十五回）

□西安行在宦官專橫，官員無能。（第二十六回）

□陝西知縣孫多祺欺瞞慈禧太后，自謂上有八十老母，以騙取厚賞。（第三十七回）

□知府文悌（？—一九〇〇）賄賂行在宦官，以期進見丞相榮祿（一八三六—一九〇三），面諛邀寵。（第三十八回）

《庚子國變彈詞》中揭露官場黑幕，規模雖不若《官場現形記》宏大，但也接觸到自知縣到大學士各階層官員以及官場中形形式式的醜聞惡行。在第二十七回述完了趙舒翹的故事後，李白元在唱詞中評論道：

堪笑大臣無見識，
朝廷因此讓他人。㉞

李伯元把這些揭露官場黑暗的片段加挿在書中，目的正在解釋庚子事變何以發生。

有關義和團的片段，主要在於暴露其荒誕。李伯元分別在第三回和第四回寫到義和團的儀式和「法術」，用的是申斥與嘲諷的語調。㉟在第七回，他寫到自稱「扶清滅洋」的義和團在京師到處焚掠。㊱在第十回，他寫到自詡刀槍不入的義和團大師兄張德成在聯軍攻佔天津後倉惶逃命。這些有關義和團的描寫爲讀者提供了認識事變的材料。

李伯元藉以宣揚其政見的片段，見於第二十一回及第二十四回，第二十一回述及聯軍在北京城搶掠時，李伯元加挿了一段洋兵官與瀛臺老太監的對話。瀛臺正是戊戌政變後光緒帝（載湉，清德宗，一八七五—一九〇八）被囚之處。李伯元借太監之口，把庚子之亂歸咎於戊戌政變。此節視維新運動爲國家中興的唯一希望。太監說道：

維新盛治剛三月，
驀地新機一旦休。㊲

老太監進而譴責「庸臣」和「權奸」扼殺維新，引致拳亂。此外在第二十四回中，李伯元又借李鴻章與瓦德西的對談，指出中國應仿傚歐洲國家興辦實業，以臻於富強。㊳

《庚子國變彈詞》包容甚廣的內容，曾使阿英（錢德富，錢杏邨，一九〇〇—一九七七）大惑不解。他評論此書這方面的特點時說：

由於李伯元想把這部彈詞寫成一部完備的「庚子國變全史」，他盡量的容納了一切有關於史實的材料，特殊是官吏與宮庭；相因的，這部書也就有了龐雜、凌亂和冗贅的缺點，多餘的事實，妨害了這部書在文學價值上的存在。㊴

阿英顯然不曾察覺《庚子國變彈詞》每個片段發揮了特定的作用。此書的包容性，其實也是它具備「史詩」規模的重要因素。

四、人物非凡：古代英雄的身影

《庚子國變彈詞》的敍述集中在幾個不尋常的人物身上。這些人物不過是普通人，令他們顯得不尋常的是他們的道德勇氣。前面提過，李伯元強調人物面對嚴峻關頭的道德勇氣。在險惡環境下堅持忠、勇、仁、義等德行並不容易。因此《庚子國變彈詞》中的英雄人物異乎尋常，能人所不能。這裏舉聶士成（？—一九〇〇）、毓賢、李鴻章三人爲例以見李伯元對《庚子國變彈詞》中人物的要求。在《庚子國變彈詞》中，聶士成是個正道直行、身經百戰、盡忠愛國、但卻受上級誤會的提督。在第五回，他爲了保護黃村鐵路，遂鎮壓義和團。他因此爲朝中祖拳大臣所中傷，朝旨嚴加申斥㊵在第十回，當聯軍圍攻北京城時，他決定一死以明忠君愛國之志。㊶以死明志在中國古代往往而有，屈原（前三四七—前二七七）自沉以明其忠心，㊷田光（？—前二二七）自殺以釋荆軻（？—前二二七）之疑，㊸都是有名的例子。《庚子國變彈詞》中的聶士成正是這種英雄人物。書中對聶士成決定一死以明其志時的描寫如下：

（唱）……軍門至此心無奈，內外交攻力不勝。進退猶如狼與狽，不如一死報朝廷。

（白）聶提督本是淮軍老將，身經百戰，赤膽忠心，既不見諒於朝廷，而拳匪又被以不美之名，他是堂堂丈夫，心裏如何忍耐得下，因此誓以身死報國，以明其心！

（唱）本是堂堂男子身，詎甘低首附權臣。明知匪衆難相恃，無奈朝廷見信深。一片忠忱來報國，那堪誣以漢奸名！欲思雪恥唯求死，死後聲名可洗清。㊹

結果他英勇戰死百里臺。

毓賢雖然身爲「禍首」，卻也能人所不能。他在《庚子國變彈詞》中初次出場時，便帶有與別不同的特徵：「生得胸有四乳，口大容拳」。㊺這與中國古代一些英雄人物，如項羽（前二三二—前二〇二）「重瞳子」，㊻劉邦（前二五六—前一九五）「左股有七十二黑子」等相類。㊼這樣一來，李伯元使讀者知道毓賢並非尋常人物。毓賢雖然只在六回中出現過，但卻是全書中唯一有變化發展的人物。在第一、二兩回，他以酷吏的形像出現，嗜殺成性，但他卻並不縱容義和團，也不仇視教民及外國人。他一生中的轉捩點在第三回出現。在第三回，外國教士不滿他無力遏阻山東境內拳民鬧事，要求總理衙門把他革職。結果他因此撤職。毓賢視此爲奇恥大辱，大爲激憤，改變初衷，一意要報復。他投靠了袒拳大臣剛毅，得以結識端王，三人密謀廢立之事。其後毓賢得剛毅端王二人之助，做了山西巡撫，殺了百多個洋人。這個戲劇性的轉變不但累毓賢陪了性命，也影響了國家的命運。

書中毓賢面對死亡的態度很突出。前面提過，朝廷要把毓賢正法的聖旨傳到蘭州，蘭州百姓大感不平，到處貼了揭帖表示不滿。毓賢並沒有趁這個機會自保性命，他選擇了從容就死。他寫了張紙帖貼在門上以平民憤，又寫了兩付自輓的輓聯以明本志。在紙帖和輓聯中，他獨力肩負了招致國難的罪責。輓聯寫好了，他也就從容就死。

李鴻章在《庚子國變彈詞》中則被寫成身繫國運的重要人物，書中的李鴻章，在好幾方面都與《史記》中的藺相如（前二七九年前後在世）[48]相似。第一，二人都把國家安危置於個人利害之上。李鴻章以七十七歲高齡，仍肯勉力肩負全權大臣之責，與列強周旋談判。（在歷史上，他當時「被視爲唯一能救中國的人」。[49]）因此雖處風燭殘年，仍勉力以赴國難。第二，李與藺二人都以保持國家尊嚴爲己任。前面提過，李伯元特別寫到李鴻章不肯在儀鑾殿見瓦德西。這在當時的形勢下確是不容易的決定。其勇氣與藺相如面折秦王，以保存趙國尊嚴相類。

《庚子國變彈詞》在開頭（第一回），中間（第二十三回）與結尾（第三十九、四十回）都寫到李鴻章，可見其地位重要。李伯元每次提到他，都高度稱許。在第一回，作者概述中國在拳亂後的境況時，他這樣寫李鴻章：

無奈老成先凋謝，
騎箕上相去難留。
一朝砥柱中流倒，
和局垂成事未休。[50]

在第三十九回寫到李鴻章之死時又說：

擎天一柱忽然傾，
我為蒼天哭此人。[51]

這幾位《庚子國變彈詞》中的主要人物，不論「忠」或「奸」、「英雄」或「奸雄」，都有超乎凡人的舉止。他們異於常倫的所爲，是由於在最險峻的環境中道德力量最後得勝的結果。他們的所爲，也就是中國古代英雄人物行爲的回響。

五、餘　論

作爲消閑小報的老闆，李伯元寫作時不能不考慮讀者的需要。小報讀者志在追求娛樂，而在當時大亂剛過的特殊環境，他們也對事變的來龍去脈、致亂原因、背後黑幕、有關話柄有濃厚的興趣。作爲有維新傾向的作家，李伯元有借庚子事變教育大衆的使命。作爲報人，李伯元有爲這場空前的國難留一個完整的歷史見證的責任。作爲傳統讀書人，他自覺有本分在道德淪亡的亂世振臂高呼，重建傳統的倫理道德。李伯元選取了彈詞的形式去寫庚子事變，巧妙地照顧了他的幾種不同身份的特殊要求，寫了這本與以前彈詞大不相同的作品。他運用了彈詞史詩式的特性，既持守嚴肅的立場，又滿足了讀者的需要，讓他們享受聽故事和讀韻文的樂趣。

《庚子國變彈詞》也是提高彈詞這種體裁的文學地位的嘗試。在傳統中國文學中，彈詞的體裁只用於寫作通俗文學，其作用以「娛樂」爲主，題材不外乎「才子佳人」、「忠臣義士」。其讀者／聽衆也以婦孺和社會低下層的人爲主。一般讀書人則視之爲「思想陳腐」、「俗濫可厭」。[52]但自從李伯元以彈詞之體寫庚子事變，彈詞在中國文學中的地位即有所改變。李伯元改良彈詞的努力顯然是對改良派小說理論的回應。如前文所引，梁啓超早於一八九六年在《變法通議》中就提到要「用俚語廣著羣書」以「雜述史書，激發國恥」。[53]一年後，嚴復（一八五三—一九二一）與夏曾佑（一八六三—一九二四）在《國聞報》發表長文「本刊附印說部緣起」，也強調小說對大衆的教育功能。[54]其後梁啓超發表「譯印政治小說序」，提出「政治小說」一詞，強調小說對政治改革的作用。[55]李伯元的《庚子國變彈詞》是較早具體落實這些改良派文學理想的作品。

在《庚子國變彈詞》的「例言」裏，李伯元自言「庚辛（一九〇〇—一九〇一）兩年大事，搜抉無遺」；他強調此書的眞實性（「取材於中西報紙者十之四五，得諸朋輩傳述者十之三四……閱者勿以杜撰視之」），又說自己「彰善癉惡，自有微權」。[56]李伯元這些說話，撰諸事實，並非傳統說話人爲自高身價而發的陳腔濫調。李伯元嘗試用彈詞的形式把當世一場國難記錄下來，並借此宣揚其政治理想。最值得注意的是他處理此書主題的手法。他在國恥屈辱面前，仍然謳歌道德的勝利；他描寫了一羣男男女女怎樣在最惡劣的環境底下仍然堅持道德原則；這些都有助於此書史詩特色的形成。因此，此書與以娛樂爲目的的其他彈詞大不相同。它是梁啓超所渴望看到的那種「激發國恥」、「振厲末俗」的作品。[57]

在李伯元之後，晚清許多改良派與革命派作家紛紛借用彈詞作爲向普羅大衆宣傳的工具。阿英編的《晚清文學叢鈔·說唱文學卷》，收錄了近十種彈詞，大都以宣揚政見爲目的。這些彈詞中有一類是專注討論社會問題的。舉例而言，討論婦女問題的有挽瀾詞人的《法國女英雄彈詞》和心青的《二十世紀女界文明燈彈詞》。前者作於一九〇四年，述羅蘭夫人（Madame Jeanne-Manon Phlipon Roland, 1754-1793）的故事；後者作於一九一〇年，討論當時婦女的遭遇與境況，諸如纏足、童養媳、男女社交等問題。其寫作目的往往也很嚴肅，例如有些自言旨在「救國」。[58] 這些彈詞都有很濃厚的時代氣息，其功用也不以娛樂自限。它們都是李伯元劃時代的《庚子國變彈詞》的繼起者。

附註

❶ 魏紹昌（一九二二—）謂《庚子國變彈詞》「《世界繁華報》自一九〇一年十月至一九〇二年十月排日連載。同年十月朔望由世界繁華報館印行巾箱本六册。」見《李伯元研究資料》（上海：上海古籍出版社，一九八〇），頁二六〇；吳泰昌「《庚子國變彈詞》碎語」則謂「《庚子國變彈詞》單本傳世當在「壬寅（一九〇二）」十一、十二月，或癸卯（一九〇三）一月。」見《清末小說研究》第五號（一九八一），頁四。

❷ 據魏紹昌《李伯元研究資料》，《官場現形記》「約在一九〇三年四月至一九〇五年六月在《世界繁華報》排日連載」，見頁七二；《文明小史》則「連載於《繡像小說》半月刊第一號至第五十六號，一九〇三年五月至一九〇五年九月出版」，見頁一二二。

❸ 魯迅（周樟壽，一八八一—一九三六）《中國小說史略》（北京：人民文學出版社，一九七三）謂李伯元「辦《指南報》」，見頁二五二；魏紹昌則懷疑《指南報》是否李氏所創辦。見「魯迅之李寶嘉傳箋注」，載《李伯元研究資料》頁五。

❹ 見《遊戲報》重印本「告白」，此轉引自阿英（錢德富，錢杏邨，一九〇〇—一九七七）「《遊戲報》」，載《李伯元研究資料》頁四五〇。

❺ 見「論《遊戲報》之本意」，載《李伯元研究資料》頁四五三。

❻ 魯迅語，見《中國小說史略》頁二五二。

❼ 黃遵憲《日本國志》（廣州：富文齋，一八九〇）「學術志二・文學」，卷三三，頁七。

❽ 梁啓超《變法通議・論幼學》，載《飲冰室合集》（上海：中華書局，一九三六）第一册，頁四四。

⑨ 見《文明小史》（上海古籍出版社，一九八二）第四十五及第四十六回。

⑩ 見《庚子國變彈詞》第二十一回，載阿英編：《庚子事變文學集》（北京：中華書局，一九五九），頁七八七。

⑪ 詳參趙景深（一九〇二—一九八五）《彈詞研究》（上海：商務印書館，一九三九）及李家瑞（一八九五—一九七五）《說彈詞》（載《國立中央研究院歷史語言研究所集刊》第六本第一分〔一九三六〕，頁一〇三—一二〇）。

⑫ 陳寅恪《論再生緣》（香港：友聯出版社，一九五九），頁八二—八五。

⑬ 有關史詩（epic）的特徵，可參考 M.H. Abrams 爲史詩所下的定義："In its strict use by literary critics the term 'epic' or 'heroic poem' is applied to a work that meets at least the following criteria: it is a long narrative poem on a great and serious subject, related in an elevated style, and centered on a heroic or quasi-devine figure on whose actions depends the fate of a tribe, a nation, or the human race." 見 *A Glossary of Literary Terms* (New York: Holt, Rinehart and Winston, Inc., 1971), 頁 49。

⑭ 見《庚子事變文學集》頁七〇二。

⑮ 同上。

⑯ 見《庚子事變文學集》頁七〇六—七〇九。

⑰ 第二十六回：「（唱）可恨蒼天太不仁，無端召亂禍蒼生。衣冠塗炭悲浩刼，無室無家害煞人。衣褐不完傷臉面，秋風一起冷難禁。農田不種秋無穫，載道飢民更慘心。」見《庚子事變文學集》頁八〇八；第三十四回：「六千人衆無辜死，憤恨蒼天太不仁。」見《庚子事變文學集》頁八三九。

⑱ 第十回：「血薄肉飛眞慘目，屍骸狼藉最傷心。」見《庚子事變文學集》頁七四〇。

⑲ 阿英在「庚子國變彈詞」一文中說：「他（李伯元）是一個人道主義者，他反對義和團，反對扶助義和團的一些大臣官吏，反對加害外國人，同時也反對聯軍殺害中國民衆，反對一切所發生的燒殺淫擄的事。」見《彈詞小說評考》（上海：中華書局，一九三七）頁一三四。

⑳ 見《庚子事變文學集》頁八〇八—八〇九。

㉑ 見《庚子事變文學集》頁八〇九—八一〇。

㉒ 見《庚子事變文學集》頁七四〇—七四一。

㉓ 見《庚子事變文學集》頁七四九—七五〇。

㉔ 見《庚子事變文學集》頁七四七—七四八。

㉕ 見《庚子事變文學集》頁七六九—七八四。

㉖ 見《庚子事變文學集》頁七五一。

㉗ 見《庚子事變文學集》頁七五三—七五四。

㉘ 見《庚子事變文學集》頁七九六—七九七。

㉙ 見《庚子事變文學集》頁八三〇。

㉚ 同上。

㉛ 見《庚子事變文學集》頁七八八—七九一。徐承煜逼死生父的事，在晚清文獻中有很廣泛的記載，見李希聖（一八六四—一九〇五）《庚子國變記》，載中國史學會編《義和團》第一冊（上海：上海人民出版社，一九五七），頁二五；羅惇曧（一八七二—一九二四）《拳變餘聞》，載《庚子國變記》（上海：上海書店，一九五一），頁三七。這也是反影庚子事變的文學作品經常寫到的事件；胡思敬（一八七〇—一九二二）的記事七言絕句集《驢背集》（載《義和團》第二冊，頁五一二），艮廬居士的小說《救刧傳》（見《庚子事變文學集》頁二四六—二四七）都記

載此事。

㉜ 見《庚子事變文學集》頁七九二—七九三。啓秀事亦見《救刼傳》頁二四七。

㉝ 李伯元在一九〇一至一九〇三年間寫了《官場現形記》的頭三十六回。見胡適《官場現形記序》（上海：亞東圖書館，一九二七）。其後於一九〇三年四月起在《世界繁華報》連載。詳注❷。

㉞ 見《庚子事變文學集》頁八〇五。

㉟ 見《庚子事變文學集》頁七一三—七一五。

㊱ 見《庚子事變文學集》頁七二七。

㊲ 見《庚子事變文學集》頁七八六—七八七。李伯元在《庚子國變彈詞》剛開始時就借唱詞說：

吾皇神聖超前代，
仁孝聲名冠九州。
聖母三番來訓政，
維新志願不曾酬。
前年又把儲宮立，
致使強藩蓄異謀。

見頁七〇二。

㊳ 見《庚子事變文學集》頁七九七。

㊴ 此段直引阿英原文，見「庚子國變彈詞」頁一三五。

㊵ 見《庚子事變文學集》頁七二〇—七二一。

㊶ 見《庚子事變文學集》頁七四一—七四二。

㊷ 見司馬遷（前一四五—前八六）：「屈原賈生列傳」，《史記》（北京：中華書局，一九六四）頁二四八一—二四九一。

(43) 見司馬遷：「刺客列傳」，《史記》頁二五三〇。

(44) 見《庚子事變文學集》頁七四一。

(45) 見《庚子事變文學集》頁七〇五。

(46) 見司馬遷：「項羽本紀」，《史記》頁三三八。

(47) 見司馬遷：「高祖本紀」，《史記》頁三四二。

(48) 見司馬遷：「廉頗藺相如列傳」，《史記》頁二四三九—二四五二。

(49) 見 Chester C. Tan（譚春霖），*The Boxer Catastrophe*（義和拳之亂）（New York: W. W. Norton & Company, Inc., 1971），頁一一四。

(50) 見《庚子事變文學集》頁七〇二。

(51) 見《庚子事變文學集》頁八五六。

(52) 《論再生緣》頁七四—七五。

(53) 《變法通議・論幼學》頁四四。

(54) 見舒蕪（方管，一九二二—）等編：《中國近代文論選》（北京：人民文學出版社，一九八一）頁一五六。

(55) 同上，頁一五五—一五六。

(56) 見《庚子事變文學集》頁七〇二。

(57) 同注(53)。

(58) 見挽瀾詞人：《法國女英雄彈詞》，載《晚清文學叢鈔・說唱文學卷》（北京：中華書局，一九六〇）頁二〇二。

白蓮教及白蓮教亂對中國社會之影響

——以清中葉川楚白蓮教亂爲例

黃靜華

一、前言

中國以農立本，農民收成之豐荒，仰賴不可知的大自然，因之民間社會無處不有宗教活動，多神崇拜的道教及單一信仰的回教、基督教等並陳不悖，多樣而豐富，白蓮教是其中秘密宗教之主流，尤以清代爲盛，衍生出聞香教、八卦教、天理教、紅陽教、清茶門教、大乘教等數十分支流裔，分佈範圍自黃河流域到長江流域，流傳極廣；惟具如是勢力之宗教，先以其「夜聚曉散，男女混雜」之違背風俗，復又幾乎不出以傳教爲始，以教亂爲終之模式，遂被政府視爲「邪教」，而恒爲秘密者流。

既能廣佈，白蓮教必具備足以服務人類心靈的充分條件；而屢生具規模的教亂，亦必有其足以動衆的合理化解釋及訴求；既生教亂，則又對中國社會造成有別於一般宗教之影響。是以，除探求白蓮教所以能爲人民所接受，並形成許多宗教難望項背之勢力的原因外，應延伸至所以衍生教亂之原因，及教亂對中國社會之影響。實則，白蓮教之發生影響，以教亂爲最著，而非宗教本身；卻教亂又由其教義而來，是以二者密切相關，難二分之。

白蓮教以清代最盛，因選取發生於嘉慶元年，擾及五省，閱時九載之川楚教亂爲研究對象，以圖對白蓮教及教亂之影響中國社會，作具體的陳述。

二、救贖觀念與安定社會

一般而言，人類對未知恐懼，因而希望控制環境，至少必須滿足心理學家馬士洛(Abra-nam Maslow)區分的人類五個需求中最基本的兩個層次——心理及安全；因此，當人們生活在極度不安的狀態下，憑藉人的力量無法理解環境，更惶論控制時，同樣屬於未知，但可以親近、依靠的巨大力量——宗教，就成爲迫切的需求。白蓮教所以在南朝創生，即因南北朝爲中國歷史上最混亂的時期，朝市頻易，戰亂不息，生民塗炭❶，清中葉白蓮教能在川楚陝地區盛行，亦同樣種因於此。

根據王業鍵與全漢昇之研究，清代因爲政府鼓勵開墾，給予人民永業田或放寬免賦年限等優惠條件，中國人口變動的趨勢之一是不斷地從已開發區域移往地廣人稀的開發中區域；而川楚陝甘俱在開發中區域內❷，致使該地區人口結構異於他地，「土著不過一二」❸，餘皆外省遷來之流寓，產生許多架茅草陋屋棲身，借雜糧墾荒種地，歲薄不收則徙去的「棚民」❹，這類棚民有時甚至一歲中遷徙數處，雖有族姓之聯綴❺，這對以家族爲基本組成單位的中國社會及向持安土重遷態度的中國人民來說，已難獲得歸屬感，更況在生活艱辛的狀態下。

川楚陝多深林密菁，穹巖邃谷的高廣山脈，在陝西有終南山；川、楚、陝間有大巴山；陝、楚間有武當山；川、陝間有米倉山；川、楚間有巫山、七岳山等；其中如南山老林，縈紆盤亙將數千里⑥，由西而東，陝西之略陽、鳳縣、寶鷄、郿縣、盩厔，洋縣、寧陝、孝義、鎭安、山陽、洵陽；湖北之鄖西等州縣廳皆袤延其中⑦，有「終南雲物一千里」之稱⑧。巴山老林包含之廳州縣有陝西的寧羌、褒城、紫陽、安康、平利；四川的通江、南江、巴州、太平、大寧、開縣、奉節、巫山；湖北的竹山、竹谿、興山、彥縣、保康等⑨，僅此二大山脈就已涵蓋三省的三十個州縣。這些州縣或「跬步皆山」、「無半畝平田」⑩，或「山多田少」，水田只佔十之一⑪，墾民依山種田，備歷艱辛，卽使在豐歲都不確定能自給，若再遇荒年，景況更慘，甚或至於掘觀音土或榔樹皮葛根充食之地步⑫；當人們面對這種不可知、無可抗力的環境時，通常傾向憑藉宗教信仰尋求解脫，亦卽依恃精神上的滿足平衡或解釋實際生活中的挫折及物質上的不足，而白蓮教更甚於此：它提供了現世的並未來的，物質的並精神的雙重希望。

(一)現世的救濟

白蓮教認爲世界之演化有三個進階，三種天盤，分別是：靑陽期，燃燈佛掌教；紅陽期，釋迦佛掌教；白陽期，彌勒佛掌教。彌勒佛掌教的人世間是一個美麗新世界，此烏托邦的藍圖是：「人壽八萬四千歲、智慧、威德、色力俱足，安穩快樂」「戶牖軒窗，皆是衆寶，眞珠網羅，彌覆其上」，「巷陌處處，有明珠柱，皆高十里，其光照耀，晝夜無異，燈燭之明，不復爲用，城邑舍宅，及諸里巷，乃至無有細微土塊，純以金沙覆地，處處皆有金銀之聚」「穀稼滋茂，不生草穢，一種七穫，用功甚少，所收甚多」⑬，如是美地，是每個人所想望的，但欲達此境地，須度過大劫難，破邪詳辯中說：「天神放了四風輪，地水火風一齊動，折磨大地苦衆生」⑭，因是，在山區開墾之挫折是劫難，川楚教亂爆發之前，鄉里間有大劫難到來之傳言，謂發現異象，百一大石突然迸開，現出一篇經文，載有「一日一夜黑風起，吹死人民無數，白骨堆山，血流成海」⑮，亦是印證了白蓮教經典中的說法。欲度過劫運，須由無生老母遺佛下凡「發靈符，救度人民」⑯；但白蓮教的靈符並不發給所有世人，它的救濟是有選擇的，信奉白蓮教的世人才是它的「選民」，只要潛心信奉，並進貢若干根基錢、打丹銀，便能得靈文傳授，「善男信女，志心轉誦，或念三遍五遍、十遍百遍，至滿千遍救苦眞經，提拔先亡宗祖皆得超升，能掃自己一切諸難，能免合家人口現在愆尤」⑰；除掃諸難外，更有積極目的，旣教義所謂的劫運因生活、因異象而證實存在，則彌勒下生經中所述劫後豐樂安穩的極樂世界亦應可得，傳教者更說能「求財得財」，「求尊貴得尊貴」⑱，當時在四川的外國傳教士亦記載「（白蓮教首）許諾給他們極高的尊榮」⑲，可以爲先鋒，爲總兵，甚至爲知府，爲元帥。

準此，白蓮教提供給人們的，消極的功用，可以「消災免禍罪」⑳，「免之災八難，不遭劫數」㉑；積極的目的，可以求善根福基，享劫後的豐樂安穩，進而榮華富貴，劫難在現世，極樂世界在現世，自然榮華富貴亦在現世。是以，白蓮教所提供的是一種現世的救濟，是精神上以及可以預期的物質上的滿足，它告訴人民，生活中所無法冀及的安祥、豐足，富貴與榮華是可以期待並得到的，讓川楚客民能在艱辛的環境中安身立命。

（二）死後的救贖

人們相信死後仍有世界，肉體消失，精靈仍存，佛教相信現世的作爲決定死後境遇及來世輪廻，白蓮教有類似的看法，但超脫輪廻，講求永生天界的絕對救贖。「銷釋地獄寶卷」中敍述淨空和尚閉目端坐，精氣進入空虛，穿過十八層地獄，見世間造孽男女在地獄受苦㉒，另外又敍述世間的各種惡行在地獄應受的刑罰，如：明瞞暗騙者，打在黑暗地獄；搶人衣物者，打在寒冰地獄；設計誆騙人者，打在磨研地獄；放火行惡者，打在火池地獄㉓；因此，白蓮教亦有許多勸善、教孝，與倫常有關的俗淺靈文，如：「祖父之劫在五倫，仁義禮智天地人，割骨還父母，割肉還雙親，劈山來救母，才是眞孝人」㉔，雖則指的是無生老母，但對現世生活，亦產生教孝作用。或「孔子曰：非禮勿視、非禮勿聽、非禮勿言，非禮勿動，此四者人生之用也，由乎中而形乎外，制於外所以養其中也」，「且爲人者，須把命理終窮，不明性理，枉爲人矣」㉕等；它並講究五戒：「戒殺、戒盜、戒淫、戒酒、戒誑」㉖，若遵戒律教義，多行善事，即免下地獄，得到救贖；雖然目的在救贖，但教徒因而不做惡事，就此點而言，白蓮教具有勸人爲善之正面社會功能。

至於死後的救贖，在白蓮教的教義中，指的是達到無生無死的最高境界，「得登本分家鄉，永無生死」㉗，亦即不再輪廻，永住「有七寶地，八功德水，黃金爲地，金繩界道，樓臺殿閣，件件不同」㉘的天界極樂家鄉認安養㉙。但就如它對現世的救濟一般，死後的救贖同樣不是兼善天下地普渡衆生，白蓮教是一個講究獨善其身的宗教，並且極爲嚴苛，教義中說：待時辰到，無生老母造大小法船，派金童玉女並護法衆神領船來救度衆生㉚，但要「有記策，合同號」㉛，方得超生，「無號的，趕出雲城」㉜。

人們相信死後另有世界，亦相信輪迴，於是當在世上受生活煎熬時，多寄望來生，而白蓮教所提出近乎成仙成佛的希望，更高於來世的輪迴，這使得白蓮教廣受人們喜愛，擁有衆多信徒，另一方面，對川楚陝墾民而言，永生天國的想望，無疑地是支持他們繼續與窮苦對抗的極佳動力。

民間宗教大凡皆具有撫慰人類心靈之功用，但如道教、佛教講輪迴，修來世，少修現世，唯獨白蓮教講來世及於永生，已超越一般宗教，是絕對的救贖；更講現世，並且是實際的物質上的救濟，給人們的希望是全面的，甚至就在目前，就此點而言，白蓮教與一般宗教相同，具有安定社會之功能，甚至更具成效。

三、彌勒下生、明王出世、牛八與排滿種族意識

白蓮教被視爲邪教，在於動亂常與其傳教相伴而生，大陸學者黎邦正認爲是因爲「廣大農民在白蓮教的宣傳下，激起了對平等世界的嚮往，對地主階級無比仇恨」㉝所致，實則在川楚教亂中幾乎沒有有關土地的經濟改革政策，或階級間的仇恨；動亂的根源在其劫運及「彌勒下生，明王出世」的教義。

如前所述，白蓮教教義如世運分期、劫難、彌勒下生後的極樂世界、身後報償等，具有正面的提供希望，撫慰苦難大衆的功用，但一經加上「彌勒下生，明王出世」的教義，即產生質變；因爲有「明王」的實體出現人世，白蓮教的信仰就由神的崇拜轉變爲人的崇拜，由

宗敎領導轉爲政治領導㉞，就信徒而言，也許主要是求現世或死後的報償，但對敎首而言，擁出明王以改變當時的政治分配狀況，才是最終目的；於是，原本單純的劫運等觀念，就成了爲「興亂」服務的理論根據。在川楚敎亂前夕，敎首之間傳出了有關劫難將到的預言，「百姓要遭水火風三災」㉟，屆時將成「換乾坤，換世界、反亂年，末結年」㊱之景況，百姓要如何應此劫難，敎首預言「刀兵將現」，惟彌勒轉世，保輔明王起事才能得救；又謂彌勒佛已轉世，生在河南無影山張家，要保輔「牛八」起事㊲，（牛八暗指明代皇裔朱姓），引導衆生渡過此一劫難。上述種種條件，足以將白蓮敎之興兵反抗淸政府做合理化解釋。雖然，敎首所張貼的告示中：「『示諭』佛門引進弟子等人知悉」㊳，「『欽命』東土興漢滅滿張漢潮子爲招討掃北都督大元帥張月梅」㊴，「上前有功者，賞給頂戴」㊵等字句顯然悖逆，並公然封王封侯，已明白宣示其欲奪政權的政治企圖，一般情況下，人民必視之爲叛亂行爲，但附從起事之敎徒久受白蓮敎敎義經典之浸淫，視即將遭受的水火兵災爲應劫之必然，是通往極樂世界必經的道路。白蓮敎又倡言：「遭此劫數，即能上天」㊶，「身被斬決，即能上天，身被凌遲，即穿大紅袍上天」㊷，使信徒更勇於「應劫」，至於有「視死如歸，瞑目不顧者」㊸，即連「婦女幼童亦執刀矛助勢」㊹，可見白蓮敎敎義之深入人心。

準此，在同樣敎義下，既能與人爲善，撫慰苦難，具有安定社會之正面功能，卻又同時能成爲驅使人民反對現有政權的強有力的工具，致釀成動亂，具有絕對的使社會不安的負面影響，是白蓮敎有別於其他宗敎的特質。

白蓮敎在川楚敎亂中，以牛八爲明王，公開告示「爾眞明天子已出，現氣運不順，已歸我漢家天下，吾主本大明之脈緒，爾等皆大明之故民」㊺，多標舉「興漢滅滿」㊻，學者因是咸認白蓮教倡亂乃「蓋以篝火狐鳴之事，寓復興之意，仁人志士，血淚可見」[47]，而主張白蓮教具有排滿的種族革命意識，誠誤謬矣。川楚教亂之以「牛八」爲明王，只是爲求名目能夠動衆；教首劉之協坦供：用銀十兩買一孩兒劉成兒，托名牛八，指稱係明朝朱姓後代，以便哄動衆人[48]，又因係假托，當教首之間意見不合時，便各自擁戴不同的牛八，如：李犬兒[49]朱紅桃[50]，朱添全[51]，或卯金刀[52]等，並有不同的彌勒轉世保輔牛八，如：劉四兒[53]，劉卯[54]，李三瞎子[55]等，顯見並非眞爲種族革命而借亂。又且，若白蓮教眞以排除異族統治爲目的，則在由漢人所建立之朝代，教亂應無由開展，事實不然，以明朝爲例，僅明末穆、神、光、熹、思五帝在位七十八年間，大小教亂計三十二起，其中不乏建號稱帝者[56]，明世宗、穆宗時，白蓮教首邱亮、趙全等人甚至引北方部族俺答連年入寇中原，是足證白蓮教亂非關種族革命，目的在「反抗政府，奪取政權」[57]，其指稱明代後裔，只是爲便利起事而採的因時因地的權宜之計。

清代的白蓮教亂卻產生了不在白蓮教預期之內的影響。雖然白蓮教之倡言「牛八」、「反清復明」、「興漢滅滿」，僅做爲其興亂之宣傳工具，而非本質，但因教亂而不斷地被提出，亦無形中對人民產生暗示作用；如川楚教亂廣袤五省，閱時九載，興漢滅滿思想之植入人心，必有相當的程度。學者認爲：清代包括白蓮教在內的此起彼落的反滿事件，對清末革命運動之興起，具有影響[58]；雖然白蓮教僅是假排滿之名，從事顚覆政府之實，亦即種族革命並非倡亂之因，卻無意中結成部分排滿種族意識之果。

四、無生老母、王聰兒與女性地位

白蓮教對兩性的看待，不同於中國傳統「男尊女卑」的觀念，有如是教義：「或是男、或是女，本來不二」，「吩咐合會男女，不必你們分彼此」[59]，並謂從教男子皆佛祖臨凡，從教女子皆佛母臨凡[60]，川楚教亂時，官方在教首身上搜出之經文亦如是說：「聖有聖照，凡有筆宗爲名，無論老少，一壇男女，都受老爺眞經指點」[61]，所謂救贖，對於男女是一視同仁的，隱含兩性平等之觀念；白蓮教更過於此，在它的教義中，主掌宇宙的是一女性——無生老母。

一般宗教皆主張人及宇宙由「上帝」所主宰，基督教謂之「耶和華」，回教謂之「阿拉眞神」，佛教謂之「佛祖」，道教謂之「玉皇大帝」，姑不論存在與否，概皆以男性象徵之，唯獨白蓮教以「無生老母，掌定天輪」[62]。根據白蓮教教義：在混沌之初，有「無生老母立先天」，產下伏羲與女媧二陰陽眞身，待混沌已開，又生出九十六億兒女，無生老母命這些「皇胎兒、皇胎女」來到東土，卻迷失在紅塵景界，因是遣諸佛臨凡，拯救在塵世迷失之兒女回龍華（即眞空家鄉）相會[63]；如若信奉白蓮教，就是將得到度化的皇兒女，可以「到極樂安養國，同歸家鄉」[64]。準此，則無生老母爲人類之起源，居天地最高地位，是以在它的教義中，即便玉皇大帝都要呈奏牒，稟告無生[65]，右佛亦「奉母欽命」，下凡拯救衆生[66]，無生老母更可以令太上老君排造法船，接引皇胎兒女[67]。如是安排，處於中國社會，即使僅存在於宗教上之理論，已屬不易，何況白蓮教更將它落實到實際的人世間來。

證諸史料，在川楚教亂中，女子可爲「羣雄」之統帥，在白蓮教裏，婦女入教久者，被尊稱爲「師母」，「師母出，少婦人五六執煙袋、手巾，到人家堂中正坐，男婦恭之，……叩頭參拜起，遂立兩旁」68，顯然具有極崇高的地位，其中最可稱代表者爲「齊二寡婦」。齊二寡婦，名王聰兒，本爲襄陽總役齊林之妻，齊林因習白蓮教破案伏法，王聰兒代夫統教衆起事，齊林排行二，故人稱王聰兒爲齊二寡婦。齊二寡婦在白蓮教軍隊中居最尊地位，——總教師，統帥近十萬襄陽白蓮教軍隊69，並顯然有資格分封各王各侯，被捕教首何添壽供稱：「經齊王氏封爲南路大元帥」70。各類史料中有關她的記載，不論臧否，要皆顯示其所具備之領導才能及重要地位：嘉慶二年明亮、德楞泰奏稱：「齊王氏爲首逆之魁」71；朱翌清謂其「矯捷如飛，所向無敵」，「名冠諸賊之首」72；清仁宗御製詩中敍述：匪黨俱「聽其號令，實爲衆惡渠魁」73；趙雲崧所節錄寶鷄縣題壁詩中喟嘆：「請纓便是秦良玉，可惜征苗失此材」74。中國社會向來不是忽視女子的能力與智慧，就是吝於予富才智的女子以正面的評價，在川楚教亂中，齊二寡婦的領導才能能被正視，並在以男性居多的戰鬥團體中居最高統帥地位，若無白蓮教教義之支持，難以致之；

除齊王氏外，史料中尚有許多婦女領頭起事或頗具地位的例子，如：

「徐添德之妻徐李氏，樊逆人（人傑）之妻樊張氏，俱習靈文傳教，賊營稱為二掌櫃」75

張世龍之妻張汪氏，「營中稱為二掌櫃」76

宜城縣「匪首……祁娘子，……柏寡婦，……內外煽惑，約期舉事」77

齊王氏「有婢名黑女子，亦勇捷善鬥，為羣賊所服」[78]

四川「始有楊寡婦托白蓮教作亂」[79]

宋維清等供：「騎馬督戰賊婦，卽系梓山賊目王茂壯之妻」。

「楊曹氏等系屬教首」

「王劉氏等妄稱無生老母，是賊總頭目」[80]

周滕氏在營里假藉老母附身，帶軍隊助戰[81]

「散李氏是已死教頭散允恭女人，又是女賊首齊王氏徒弟，……本系起首倡亂，且復潛逃肆逆」[82]

「騎馬督戰賊婦一名，系賊首高廷興妻室，人稱四奶奶」[83]

當時在四川的外國傳教士亦有如下記載：「陝西的叛亂者以一個年輕的寡婦為首，她指揮得和其他的首領一樣好，而且甚至更好，……她回陝西後因病死去，她的隊伍還繼續存在，而且還是由婦女統率著」[84]

在中國傳統觀念中，不論文人倡說，官方律令，或是現實生活上，無不以「男尊女卑」為準則；早在禮記中卽明白指出：「婦人，從人者也」，「婦人有三從之義，無專用之道，故未嫁從父，既嫁從夫，夫死從子」，「男帥女，女從男」，「夫也者，天也，夫也者，以知帥人也」，「子婦無私貨，無私畜，無私器，不敢私假，不敢私與」；迨至宋理學出現，又更加確定女子的角色是界定在附屬於他人的地位，根本不具獨立人格；白蓮教的說法，突破這些禁忌，雖然因史料限制，我們無法確知婦女在白蓮教中，除宗教及軍事地位外，在其他社會角色或經濟分配上，是否同樣存在兩性平等的觀念；但由王聰兒及其他婦女領袖能以不同於列女傳的方式出現在史料中，足證已成功地引導了婦女，甚至男性，對女性角色認知之突破，不僅在觀念上，並付諸實行。

五、教亂與人民苦難

白蓮教在各地之發展，通常以傳教爲始，以教亂爲終，其性質因起事而由宗教轉變爲政治，目標既在「奪取政權」，則爲圖擴大其影響，必須謀求在教徒之外的武力、勢力及地盤；然而教首們深知，形似「叛亂」的起事，必無法取得一般人民之認同，因此必須用非常手段達到目的；亦卽，既然無法令百姓自動加入，只有採威迫方式。基本策略是：積極地掠奪糧食物件以延續戰爭，裹脅人民以壯大聲勢，或在消極上，至少要使人民無力或不敢反抗，因此他們用殘酷恐怖的手段進行破壞，雖則這種策略的運用使白蓮教軍隊擁有源源不斷的人力、物力的運補，維持，甚至增加戰力；並藉由對各州縣原有秩序的破壞，阻撓政府軍隊的進剿，有效地使川楚教亂綿長至於九載；但這一切都構築於五省百姓的苦難上。

在白蓮教亂中，「裹脅」是教徒所慣用增補人力的方法，效果頗著；一方面，信奉白蓮教才是無生老母的選民，應刼才能升天的教義，使得幫助人民得救成爲教徒裹脅人民的堂堂皇皇的藉口；另一方面，教首泰半憑斬獲之多寡論功過，當救徒裹脅達相當人數時，便升總兵、元帥[85]，教首並把所裹得人民賞與教徒，在既能滿足領導欲望，又能得官銜的雙重利誘下，教徒自然踴躍將事。

基於「不從者卽刼中應死之人」的教義，將教徒殘殺不從民人的行爲合理化，復以羣衆運動中，團體的張力通常逾越個人的理性，卽使不從者爲自己父兄，亦不放過，至於「孫殺其祖，弟殺其兄」86之地步，更遑論對一般百姓；爲強迫附從，白蓮教用極恐怖的手段以爲恐嚇。

川楚教亂期間，在中國的外國傳教士代牧主教在信中說道：「他們無情地屠殺年老體弱的，或者是怕犯法而不敢跟著他們走的人」87，另一位傳教士杜弗萊斯也說：「遇到不同意他們或不願意跟他們走的人就殺」88，因不從而被殺者，不計其數，如：嘉慶二年十月，教匪竄營山，「殺戮無算」89；經南充，殺三百人；入長壽，殉難縣民五、六百人；二年十一月，竄墊江，屠戮達千餘人90；三年正月，白蓮教盤據開縣四十餘日，「屠戮生靈不可勝記」91；三年二月，白蓮教二入營山縣，「比戶搜殺，十餘里內看守居民悉遇其害」92；四年二月，城口廳居民被教匪擄殺至「幾無孑遺」93；同年，教匪入歸州，州民負水逃江中被殺，及自投於水者，長江水爲之不流94；經統計，四川各州縣在教亂期間，因「賊脅不從」或「賊擄不屈」被教匪戕戮，而得旌表入祠的「列女」，如：雲陽縣在二～四年間有二千二百人95；蓬州在二～三年一年之內有四百人96；梁山縣有三百五十三人97；以上僅限於可考者，至湮沒荒徑不爲人知者，尚不在內，無怪乎清仁宗要爲「血膏原野，骸骨拋零」而喟嘆。98

白蓮教爲使人民害怕而不得不從，對屠殺不從百姓的手法備極殘酷：「有拘婦女於空房以火焚者；有煮小兒於鍋者；有斷頭雜薪燃於灶者；或剖腹以飼其馬」99；或將人置於地上，四面用火慢慢圍爇而死，名之爲烤火，或將刀剜入百姓腹中，令腹臟倒懸盡出，名之爲抽筒[100]；或潑以沸湯，名曰滾獅子，或以燒熱的薪炭刺喉，名曰呑炭[101]；另外尚有焚死、蒸死、爇死、㓥死、碎割死、刳剔死、攢矛死、倒埋死、亂箭死等名目[102]，殘忍不可勝記；百姓因此在心理上產生恐懼感，往往「賊當數縣，閭里已日夜相驚」[103]，爲避教匪，扶老攜幼，無論險渡湍河，長途跋涉，或藏匿深林[104]，無不竭盡所能，逃避賊鋒；然而，設若能及時走避，亦難免顛沛流離之苦，更何況隨時有被教匪阻截追捕的可能。部分百姓，則不敢違逆，「賊一大呼，卽棄械就縛，甚或有覓草繩等項，隨賊馬尾」[105]，白蓮教因此而能輕易地達到裹脅的目的。

各州縣百姓被白蓮教裹脅的，難以數計；被俘教首陣德本供：到嘉慶元年二月，起事僅一個月時，欲開造逼從良民的姓名，已約有上萬人[106]；徐添德在元年九月起事之初，裹脅達州百姓達數千人[107]；另一教首馮子聰亦供稱：自三年六月到四年三月間，裹脅的人有三、四萬[108]；藍號張漢潮於二年五月竄入城口廳，「裹脅男女數千人」[109]；三年三月，黃號等五股白蓮教黨徒，先後竄入城口廳境，「擄掠男女不計其數」[110]；五月，白蓮教盤據開縣，裹脅縣民「不下數萬人」[111]；五月正月，藍、白、綠、黃、青等五路白蓮教，由合州轉掠定遠縣，「裹脅至十餘萬人」[112]；仁宗在嘉慶四年五月詔諭中也說：「三載以來，良民被白蓮教裹脅，不得已而附從者，數逾十萬」[113]；川楚教亂中著名的鄉勇羅思舉亦說：教亂正大興時，「脅衆四十餘萬，肆行無忌」[114]。因此，當清軍獲勝時，救出之「難民」往往數以千計，以萬計[115]；甚至在某整股白蓮教隊伍中，被裹難民比教徒多。如教首聶杰人被捕時供稱：當時他所領隊伍一萬多人當中，教民僅二千多人，餘皆裹脅而來[116]。羅思舉在二年夏秋間計誘教首張長青所率之黨徒來投，以能否背得蓮經靈及作爲辨識是否眞正教徒之根據，結果在四、五萬人中，僅一萬九千八百餘名是眞教徒，剩下的三萬多人全係擄來的良民[117]；五年三月，德楞泰與白蓮教五萬多人戰於江油縣，「親見馬步賊匪不過二萬餘人，其中被擄難民較多」[118]。

白蓮教將被裹脅的百姓用繩擒縛，割去髮辮，面刺蓮花，以作爲辨識[119]，白晝則「維以大索，累累相繼，如驅牛馬」，夜晚則「被關閉空房裏，陳陳相積，如圈豬犬」[120]，景況已足可憐傷，白蓮教復將被擄來的人民做多方面的利用，或分撥各頭目下管束[121]；或「放在營盤後面，教他們砍柴做飯」[122]；或在前背負鍋帳[123]；或令放馬；或令挑抬什物[124]；或令擄掠良民在前敵，用作塡平溝壕之犧牲[125]，如：四年五月，白蓮教與清軍在墊江的一次戰役，遇大溝，「賊在前者悉撲而沉，頃刻塡滿，賊始從人過」[126]；羅思舉敍述某次戰役，謂：「前敵一萬多人，盡係擄掠良民」[127]；教首張效元亦坦承：「眞正教匪都留在後隊，不肯與官兵接仗，所有累次被殺的，大半係他們裹脅的良民」[128]。年輕力壯者，便逼令隨同搶掠村莊[129]，充當戰手或矛手[130]。白蓮教爲杜絕被裹人民逃脫之心，對逃而被獲者之刑罰，「必備極十分慘毒」[131]；教首馬應祥供稱：「有逃走的，捉回來就開膛破腹，用火燒死」[132]；當陽縣被裹脅良民唐文用被疑潛出向清軍通風報信，「教匪用二板夾兩手，中用鐵釘，連手橫門之，復以釘釘十指甲蓋」[133]；而且可能禍延全家，被擄百姓因此畏懼勉從[134]。

是以在川楚教亂中，無關白蓮教，亦無關官兵之尋常百姓，可以不死於砲火，卻隨處可以死，不從可以死，從而逃者可以死，從之既久，隨同征戰擄掠，若被官兵執，罪在不赦，亦可以死，而其死又極慘，百姓之災難倍於一般烽火。

白蓮教對於物力的補充，採沿路掠奪的方式，「行不裹糧，待掠而食」[135]，除糧食外，武器可「搶奪村民砍柴的鑾刀」[136]，牲口亦爲目標之一，「牛羊等可供食用，騾馬可供負載」，甚至連衣服都是搶掠來的[137]，這是一般正規軍隊不可能使用的策略，白蓮敎卻明文規定：「出陣、焚屋、搶糧，各依頭目號令，必須空出飽入，如有空身而回者，重責四十板」[138]；攘奪之後，繼之以焚燒，目的在使百姓處於只好拿武器跟隨他們的地步，旣「身無所蔽，口無所食」，則「不得不托賊巢爲棲身之所，藉盜糧爲糊口之資」[139]；清政府對亂平後所以要「連年蠲緩畝無遺」作解釋，原因之一是「賊氛所至，殘刈田禾，焚爇廬舍，罄竭盍藏」[140]，幾乎一切食衣住行之資皆被破壞，證諸地方誌等民間史料，白蓮敎對州縣刼掠殆盡之記載，觸目皆是；如：棗陽縣：「周遭百餘里，焚掠幾盡，賊順城燒殺，附郭居民廂市俱燼」[141]；南漳縣：「焚東西兩廂，煙焰蔽空」[142]；長壽縣：「遍焚旁近村市，火光燭數十里」[143]；定遠縣：「四出焚掠，火光一百里不絕」[144]；墊江縣：「大肆焚殺，竟夕大火燭天」[145]；太平縣：「殘害無完村」[146]；忠州：「屠戮焚掠殆盡」[147]；梁山縣：「凡場鄉村房屋，一路經過，焚掠者不可勝記」[148]；均州：「夜焚城南關廟，火光燭天，關廟房屋毀十之六七」[149]。而白蓮敎股數衆多，不相統屬，每一股都可能竄擾同一州縣，因而寶鷄縣之石壁上留有如下詩句：「才聞王冉又高徐」[150]，或如均州：「一歲未斃（畢），十犯均」[151]；或甚至如谷城縣，「一日數掠」[152]；焚掠如是之甚，致使川楚陝區域內各州縣成爲「寸心死逐室家碎」，「煙灶百里十九空」[153]的淒涼景況，人民之苦難可想而知。

大凡戰亂，皆不免造成人民生命財產的損失，唯多由於交戰雙方之往來衝突所致，影響尚有限制；而白蓮敎以其敎義之惑人，致敎徒視屠殺「不肯應刼」的百姓爲當然，復又對「行不必裹糧，住不藉棚帳，黨與不待征調」[154]之作戰策略做明白告示，致令五省百姓直接捲入教亂之中，其景況之慘是眞如彭延慶在「當陽避難記」中所述：

附郭村煙絕，飛禽止平岡。
城嶼半傾圮，踱濠經斷梁。
縱炬東南燼，殘存西北房。
土杯無隙地，餘屍橫破廂。
骷髏有齒發，全殖肉充糧。
長街覆瓦礫，短蒼歷頹墻。
截路屠行人，飽槖無餘囊。
棲食兩無所，兒啼父心傷。
婦炊釜中米，男理機上襄。
懷稚舍母乳，弱女牽却裳。
老弱靡遺子，相將逐殺暘。
皂白不容辨，委棄水中泱。
執戈還鼓舞，談笑双力強。
擄掠罄所有，鷄犬亂平康。[155]

六、結　論

白蓮教不論係傳自彌勒教、摩尼教，亦或白蓮菜，白蓮會，自來便以秘密宗教之形態流傳，「夜聚曉散，男女混雜」已爲風俗所不容，動生教亂，又更難脫「邪教」之名，然其既列宗教之林，必有類一般宗教之部分性質及功用，因是在「邪教」之外，白蓮教亦講消災免罪業等救贖觀念；唯其救贖在身後超越輪廻，直指升天；又大異於一般宗教，講現世的物質並精神上之救濟，因是給予人們的希望更多，更實際，尤其對「饔餐不給尤十室而九」[156]的川楚陝墾民而言，白蓮教所提供的不僅想望，並且可及的極樂世界，強有力地發揮了撫慰心靈的功用，使當地每歲遷地而居的客民，不致因無鄉族之聯綴，少禮教之防維而動生事端，具有安定社會之正面功能。

白蓮教之傳佈，又多歸結於教亂，所以如此，在於其宗教語言通常被用作進行宣傳鼓動的工具[157]；白蓮教教義中的刼運，「彌勒下生，明王出世」後的極樂世界，皆存在現世，通過它而得救濟，因是屬於刼運之種種預言，及彌勒、明王之出現，幾乎無可置疑，給予充分的條件將興亂作合理化解釋；如是，白蓮教在同一教義下，並存對社會正、負面兩極化之影響，既能安定社會，又能造成原有社會秩序之破壞，是白蓮教有別於一般宗教的特質。

因教義而生亂，亦因教義「裹脅人民」使爲可得救度的皇胎兒女，並屠殺不願附從的「刼中應死之人」，使百姓直接捲入教亂之中；不死於砲火，卻「有在家被害者，有運糧被戕者，有途遇被刼者，有匿而搜得者」[158]，亦有被逼附從死於官兵者，或逃出白蓮教軍營被執而死者，蓋皆不必死而隨處可死；白蓮教更設計可以減少反抗及維持物資供應之策略——「燒殺」與「掠奪」，並爲發揮最高效用，對「燒殺」及「掠奪」策略之執行，極殘酷並絕對、澈底；因之，無辜生靈動輒死於極慘虐之手段，卽或不死，亦家園殘破，無所憑藉，因之較一般戰爭，百姓之受禍更深且重，此爲教亂對中國社會及人民最直接的負面影響，唯亦有其間接的正面影響。

清代之白蓮教亂以「牛八」爲明王，雖僅爲「哄動衆人」，卻因教亂多綿長相當的時間與空間，而對人民起了「興漢滅滿」之暗示作用，是無種族革命之實，而結傳達種族意識之果。

又白蓮教以無生老母爲天地宇宙之根源，先是在宗教教義中提高女性地位，復於教亂中付諸實現——如齊王氏等女性之任將領；就如「興漢滅滿」一般，白蓮教無女權運動之實，卻發省女性對自我角色認知之突破，至連男性亦接受此一突破，川楚教亂中衆多男性在習以男性爲主的戰鬥團體中，甘心受齊二寡婦及其他女性領袖之領導，是爲明證。

準此，白蓮教及白蓮教亂皆具備對中國社會正、負面影響並存之特質。

附註

❶ 戴玄之，「白蓮教的源流」，中國秘密宗教與秘密會社，二冊（臺北，商務印書館，民國七十九年），下冊，頁四九六。

❷ 全漢昇，王業鍵，「清代的人口變動」，中國經濟史論叢（香港，中文大學新亞研究所，一九七二年八月），頁六〇四—六〇五；及王業鍵，「清代經濟芻論」，中國經濟發展史論文選集，二冊（臺北，聯經出版社，民國六十九年七月），上冊，頁一四五—一四七。

❸ 嚴如熤，樂園文鈔，卷七，「定遠事宜第一稟」，王士君編，清中期五省白蓮教起義資料，第五冊（江蘇，江蘇人民出版社，一九八一年一月—一九八二年四月，第五冊，頁二八九。以下簡稱「起義資料」）。

❹ 嚴如熤，三省山內風土雜識（臺北，商務印書館，民國五十五年），頁二二；及卓秉恬，「川楚陝老林情形疏」，賀長齡輯，皇朝經世文編，八冊（臺北，世界書局，民國五十八年），第六冊，卷八十二。

❺ 嘉慶漢南續修府志（清嚴如熤修，鄭炳然等纂，清嘉慶十八年刋本，學生方志六一），卷二十一，山內風土，頁一二三五；及嚴如熤，「三省山內邊防論三：安流民」，皇朝經世文論，卷八十二。

❻ 顧炎武，讀史方輿紀要，五冊（臺北，新興書局，民國六十一年），附方輿全圖，總說，卷一，陝西第五，頁五一八〇。

❼ 嚴如熤，「三省山內邊防論二：刋勢」，皇朝經世文編，卷八十二。

❽ 嚴如熤，三省山內風土雜識，頁一。

⑨ 卓秉恬，「川楚陝老林情形疏」，皇朝經世文編，卷八十二。

⑩ 胡樸安編，中華全國風俗志，四册（臺北，精華出版社，民國五十年），上篇，卷七，陝西，頁一八；及荆州府志，（清光緒六年刋本，臺北，成文出版社，民國五十九年），志一，地理五，風俗。

⑪ 同治竹山縣治（清周士禎重修，黃子遂等纂，清同治四年刋本，成文華中三三三），卷十，風俗，頁一六四。

⑫ 光緒荆州府志（清倪文蔚等重修，顧嘉衡等纂，清光緒六年刋本，成文華中一一八），卷七十六，災異，頁一〇〇四；及同治枝江縣志（清查子庚重修，熊文瀾等纂，清同治五年刋本，成文華中三五〇），卷二十，災異，頁一二一一。

⑬ 鳩摩羅什譯，「觀彌勒下生經」，集一切福德三昧經等三種（臺北，新文豐出版社，民國六十六年）。

⑭ 「古佛天眞考證龍華寶經」，何齡修，郭松義，許曾重編，清史資料（北京，中華書局，一九八二年），第三輯，黃育楩，破邪詳辨，頁一六。

⑮ 張正謨口供，起義資料，第五册，頁三五。

⑯ 「古佛天眞考證龍華寶經」，破邪詳辨，頁一四。

⑰ 「混元無上拔罪救苦眞經」，黃育楩，又續破邪詳辨，頁一〇九。

⑱ 陶興口供，起義資料，第一册，頁四〇。

⑲ 由卡拉德主教，四川省代牧主教聖・瑪丁一七九一年所編輯中國四川省的傳教報告，寄給巴黎國外傳教會負責人的信，譯自：關於在中國及東印度教會傳教通信新集第三卷第二一八頁，起義資料，第五册，頁三三六。

⑳ 彭延慶，「當陽縣避難記」，起義資料，第四册，頁二六〇。

㉑ 四川總督福康安乾隆五十九年七月二十八日奏，起義資料，第一冊，頁二。

㉒ 「銷釋地獄寶卷」，又續破邪詳辨，頁一一三－一一四。

㉓ 「明證地獄寶卷」，破邪詳辨，頁二三－二七。

㉔ 曾世興，祁中耀口供，起義資料，第五冊，頁二五。

㉕ 張效元口供，起義資料，第五冊，頁一一一。

㉖ 王爾敏，「秘密宗教與秘密會社之生態環境及社會功能」，近代史研究所集刊，第十期。

㉗ 「巍巍不動太山深根結果卷」，破邪詳辨，頁三六。

㉘ 「古佛天眞考證龍華寶卷」，同上書，頁七。

㉙ 「混元紅陽顯性結果經」，同上書，頁三三。

㉚ 「古佛天眞考證龍華寶經」，同上書，頁一五。

㉛ 「普度新聲救苦寶卷」，黃育梗，續刻破邪詳辨，頁八〇。

㉜ 「古佛天眞考證龍華寶經」，破邪詳辨，頁一五。

㉝ 黎邦正，「白蓮教與四川農民起義——兼論宗教在農民起義中的作用」，頁一〇八四。

㉞ 戴玄之，「白蓮教的本質」，中國秘密宗教與秘密會社，下冊，頁五一三。

㉟ 謝添綉供詞，四川總督福康安乾隆五十九年七月二十八日奏，起義資料，第一冊，頁三。

㊱ 裴宗錫，徐績奏摺，清代農民戰爭史資料選編，全八冊，第五冊（北京，中國人民大學出版社，一九八三年八月），頁八及頁一〇。以下簡稱「資料選編」。

㊲ 謝添綉供詞，四川總督福康安乾隆五十九年七月二十八日奏，起義資料，第一冊，頁三。

㊳ 白蓮教農民起義軍布告之一，資料選編，第五冊，頁一。

㊴ 同上註。

㊵ 白蓮教農民起義軍布告之二，同上書，頁二。

㊶ 黃育楩，續刻破邪詳辨，頁九〇。

㊷ 黃育楩，破邪詳辨，頁四六。

㊸ 龔景瀚，澹龍齋元鈔外篇，卷一，「平賊議」，起義資料，第五册，頁一七三。

㊹ 軍機處字寄宜綿等，起義資料，第二册，頁二四四。

㊺ 白蓮教起義軍布告之一，資料選編，第五册，頁一。

㊻ 同上註，及羅思舉，羅壯勇公年譜（臺北，廣文書局，民國六十年十一月），頁六五。

㊼ 陳登原，國史舊聞，第三分册，卷六十，頁六三五。

㊽ 劉之協口供，起義資料，第五册，頁一〇三。

㊾ 如張正謨口供、聶傑人口供，向謠明口供，起義資料，第五册，頁三五，頁一，頁四。

㊿ 如謝添繡口供，四川總督福康安奏片，起義資料，第一册，頁四，及蕭貴等犯供稱，大學士阿桂等奏片，資料選編，第五册，頁二六。

51 高均德口供，起義資料，第五册，頁八九。

52 宋之清所立，大學士阿桂等奏片，資料選編，第五册，頁二六。

53 劉之協所稱，同上註。

54 謝添繡等供，四川總督福康安奏摺，起義資料，第一册，頁三。

55 宋之清等稱，大學士阿桂等奏片，資料選編，第五册，頁二五。

56 統計自戴玄之，「明末的白蓮教亂」，中國秘密宗教及秘密會社，下册，頁五八五—六一〇。

57 戴玄之，「白蓮教的本質」，同上書，頁五一三。

58 張玉清，中國近代現代史（臺北，東華書局，民國七十八年），第八章「辛亥革命」，第一節「革命運動的起因」，頁一七五。

59 「古佛天眞考證龍華寶經」，破邪詳辨，頁一五。

60 黃育梗，又續破邪詳辨，頁一〇二。
61 襄陽起義軍首領劉起榮攜帶的白蓮敎經咒，資料選編，第五冊，頁三。
62 「古佛天眞考證龍華寶經」，破邪詳辨，頁一一。
63 同上書，頁七—八。
64 「銷釋受記無相寶卷」，續刻破邪詳辨，頁八〇。
65 「古佛天眞考證龍華寶經」，破邪詳辨，頁九。
66 襄陽起義軍首領劉起榮攜帶的白蓮敎經咒，資料選編，第五冊，頁三。
67 「古佛天眞考證龍華寶經」，破邪詳辨，頁一五。
68 彭延慶，「當陽縣避難記」，起義資料，第四冊，頁二七九。
69 黎邦正，「白蓮敎與四川的農民起義——兼論宗敎在農民起義中的作用」。
70 何添壽供詞，明亮，德楞泰嘉慶二年十二月二十四日奏摺，資料選編，第五冊，頁四七五。
71 明亮、德楞泰嘉慶二年十二月二十九日奏摺，資料選編，第五冊，頁四七七。
72 朱翌清，埋憂集，卷六，「段珠」，起義資料，第五冊，頁三一五。
73 「平定敎匪誌喜聯句」，欽定剿平三省邪匪方略，清嘉慶十五年刊（臺北，成文出版社，民國五十九年），卷首，頁二五八。以下簡稱「方略」。
74 「張太史戊年二月九日出棧宿寶鷄縣題壁十八首」，趙雲崧，勘靖敎匪述編（臺北，成文出版社，據京都琉璃廠刋本影印），卷十二，「附述」，頁三四一。
75 德楞泰嘉慶六年六月初八日奏摺，方略，卷二六〇。
76 德楞泰嘉慶六年八月十二日奏摺，方略，卷二六九。
77 同治宜城縣志（清程啓安重修，張炳鏞等纂，清同治五年刋本，成文中華三三〇），卷十，雜類志，兵事，頁一〇二〇—一〇二一。

78 清，埋憂集，卷六，「段珠」，起義資料，第五冊，頁三一五。

79 朝鮮柳得恭，燕臺再游錄，起義資料，第五冊，頁三三一。

80 王茂壯之妻，楊曹氏及王劉氏等敍述，引自劉廣京，「從檔案材料看一七九六年湖北省白蓮教起義的宗教因素」，中國第一歷史檔案館六十週年紀念論文集，明清檔案與歷史研究，下冊（北京，中華書局，一九八八年五月），頁七九一。

81 周滕氏供詞，資料選編，第五冊，頁二三三。

82 汪新嘉慶二年三月二十二日奏摺，同上書，頁三七四。

83 永保、恒瑞等嘉慶元年六月二十八日奏摺，同上書，頁三一七。

84 四川傳教士特朗尚給紹孟的信，譯自：關于在中國及東印度傳教會傳教通信新集，起義資料，第五冊，頁三四三。

85 趙雲崧，勘靖教匪述編，卷十一，「雜述，士民死難」，頁二三三—二三四，作者訪諸投出難民所述。

86 彭延慶，「當陽縣避難記」，起義資料，第四冊，頁二七〇。

87 四川省代牧主教寄送給國外傳教會神學院院長等關於一七九八年四川省教會的記事，一七九八年九月十三日，譯自：關於在中國及東印度教會傳教通信新集，第三卷，起義資料，第五冊，頁三四二。

88 中國四川省教會傳教士杜弗萊斯給國外教會神學院院長德・紹孟的信，一七九八年九月二十六日，同上書，頁三四〇。

89 同治營山縣志（清翁道均增修，熊毓藩等纂，清同治九年刊本），卷十八，武備志。

90 趙雲崧，勘靖教匪述編，卷二，「蜀述」，頁五二。

91 咸豐開縣志（清李肇奎修，陳崑等纂，清咸豐三年刊本，成文華中三七一），卷二十三，紀亂，頁四六九。

92 同治營山縣志，卷十八，武備志。

93 道光城口廳志（清劉紹文修，洪錫疇纂，清道光二十四年刊本），卷十二，平定教匪紀略。

94 光緒歸州志（劉玉森纂，清光緒八年刊本，臺北，成文華北三三五，民國六十四年），卷五，兵防志・軍防。

95 嘉慶四川通志（清常明等重修，楊芳燦等纂，嘉慶二十一年刊本），卷一百七十三，人物志三十一，列女・義烈，頁五〇五二—五〇五五。

96 嘉慶四川通志，卷一百七十二，人物志三十，列女・義烈，頁五〇四一—五〇四五。

97 同上書，卷一百七十三，人物志三十一，列女・義烈，頁五〇七八—五〇八一。

98 趙雲崧，勘靖教匪述編，卷五，「蜀述」，頁一一三。

99 光緒合州志（清費兆鉞增修，程業修等纂，清光緒二年刊本），卷二，賊祲。

100 趙雲崧，勘靖教匪述編，卷十二，「附述」，頁二七五。

101 同上書，卷五，「蜀述」，頁一二一。

102 同上書，卷十一，「雜述」，頁二三二。

103 同上書，卷二，「蜀述」，頁四五。

104 如恒瑞、慶成嘉慶二年十一月初二日奏摺：「見西南村民避賊，扶老攜幼，絡繹在道」；恒瑞、慶成嘉慶二年九月十四日奏摺：「有無數民人男婦老幼，爭渡北岸避賊」，資料選編，第五冊，頁四五三，四四〇；又如教匪入當陽縣，「鎭民震駭，搖搖然欲兎奔鳥散」，許鯉躍，春池文鈔，卷十，「河溶鎭巡檢夏公吉庵墓表」，起義資料，第四冊，頁二五九；或「男婦攜子懷幼，曳豬牽牛，道經城外，絡不繹絕」，彭延慶，「當陽縣避難記」，同前書，頁二六一。

105 趙雲崧，勘靖教匪述編，卷二，「蜀述」，頁四五。

(106) 陳德本口供，起義資料，第五册，頁二九。

(107) 同治新寧縣志（清復成，周紹鑾，胡元翔等纂修，同治八年刊本），卷五，兵防志。

(108) 馮子聰口供，起義資料，第五册，頁一一〇。

(109) 道光城口廳志，卷十二，平定教匪紀略；又光緒太平縣志（清楊汝楷等纂修，光緒十九年刊本），卷五，太平縣教匪紀事本末，所記相同。

(110) 道光城口廳志，卷十二，平定教匪紀略。

(111) 咸豐開縣志（清李肇奎修，陳崑等纂，清咸豐三年刊本，成文華中三七一），卷二十三，紀亂，頁四六九。

(112) 趙雲崧，勘靖教匪述編，卷五，「蜀述」，頁九九－一〇〇。

(113) 大清仁宗（睿）皇帝實錄，（覺羅勒德洪等奉勅撰，華文書局，民國五十三年，影印本），卷三十九，四年二月辛卯條，頁四一〇。

(114) 羅恩擧，羅壯勇公年譜（臺北，廣文書局，民國六十年），頁一二六。

(115) 如五年二月，德楞泰與白蓮教冉添元戰於綿州，「奪回男婦之被擄者數千」（同治綿州直隸州清文棨纂修，同治十二年刊本，卷二十六，武功志）；四年四月，千總黃富國敗白蓮教於洵陽縣，「救出被裹難民千餘」（光緒洵陽縣志，清劉德全等續纂修，光緒二十八年刊本，成文華北二七六，卷十四，雜記）；三年七月，白蓮教敗於廣安縣：「解散脅從二萬餘」（光緒廣安州新志，清周克堃重撰，光緒三十三年刊本，學生方志一一一，卷三十六，兵戎志）；三年二月，明、德二帥敗高均德於洋縣，「散其脅從千四百」（民國續修陝西通志稿，楊虎城，吳廷錫等修纂，民國二十三年刊本，卷一百六十七，紀事一，平定教匪上）；五年四月，那彥成敗高二，馬五于文縣，「散脅從千餘」（同上）；四年六月，朱射斗與包正洪戰於〇縣一帶，散出難民三、四千人（趙雲崧，勘靖教匪述編，卷四，蜀述，頁八六）；六年二月，七十五、勒保、德楞泰等敗白蓮教於雲陽縣，「釋放難民三千餘人」，（同上書，卷六，蜀述，頁一三八）。

116 聶杰人口供，起義資料，第五册，頁二。

117 羅思舉，羅壯勇公年譜，頁八六—八九。

118 德楞泰撰，花沙納輯，德壯果公年譜，八册（臺北，廣文書局，民國六十年），册三，卷十二，頁一〇九九。

119 趙雲崧，勘靖教匪述編，卷二，「蜀述」，頁四〇。另清仁宗實錄，卷五十三，嘉慶四年十月甲午條，頁六五五四；方略，卷九十二，嘉慶四年三月十三日勒本奏，頁七三六一，同此述。

120 龔景漢，「撫議」，皇朝經世文編，卷八十九。

121 李登敎口供，起義資料，第五册，頁四三。

122 成自智口供，同上書，頁五二。

123 羅思舉，羅壯勇公年譜，頁一七四。

124 龔景瀚，「撫議」，皇朝經世文編，卷八十九。

125 羅思舉，羅壯勇公年譜，頁七一。

126 道光墊江縣志（清夏夢鯉修，黃承熙纂，道光八年刋本），卷六，紀亂。

127 羅思舉，羅壯勇公年譜，頁七一。

128 張效元口供，起義資料，第五册，頁一一五。

129 向瑤明，譚祺政等口供，起義資料，第五册，頁六及一五。

130 如周世紅口供，同上書，頁一六二，或勒保嘉慶八年四月五日奏內張揚與吳青揚供，起義資料，第二册，頁一八八—一八九；德楞泰嘉慶十年六月四日奏內王作經供，同前書，頁二一一九；德楞泰嘉慶五年閏四月十九日奏內何上達供，同前書，頁三八等。

131 趙雲崧，勘靖教匪述編，卷十一，「雜述・士民死難」，頁二三四，作者訪投出就撫者所說。

132 馬應祥口供，起義資料，第五册，頁一一七。

133 彭延慶，「當陽縣避難記」，起義資料，第四册，頁二七一。

134 湖北巡撫高杞嘉慶三年八月初一日奏，起義資料，第一册，頁三五三。

135 方積，「練兵修寨四事議」，皇朝經世文編，卷八十九。

136 瞿文青口供，起義資料，第五册，頁四二。

137 王廷詔口供，同上書，頁一二五。

138 白蓮教農民起義軍布告之二，資料選編，第五册，頁二。

139 清仁宗實錄，卷三十九，四年二月辛卯條，頁四一〇。

140 「平定教匪誌喜聯句」，方略，卷首。

141 民國棗陽縣志（梁汝澤等續修，王榮先等纂，民國十二年鉛印本，學生方志一八〇），卷二十，「武備志・兵事」附「棗陽御寇記」。

142 南漳縣志集鈔（清胡正楷原纂修，胡心悅增纂，清同治四年增刊嘉慶二十年刊本），卷二十三，魯懋登：「京畿健銳營右翼長巴圖魯援漳記碑」。

143 趙雲崧，勘靖教匪述編，卷十一，「雜述・長壽之破」，頁二三八。

144 同上書，卷五，「蜀述」，頁一〇〇。

145 道光墊江縣志，卷六，紀亂。

146 光緒太平縣志，卷五，太平縣教匪紀事本末。

147 道光忠州直隸州志（清吳友篪修，熊履青纂，民國二十一年翻印道光六年鉛印本，學生書局，方志二三五），卷七，兵事。

148 光緒梁山縣志（清朱言詩續纂修，光緒二十一年刊本，成文華中三七八），卷六，「武備志・防御・紀邪匪滋擾梁山事」。

149 續輯均州志（清馬雲龍等修，賈洪詔等纂，光緒十年刊本），卷九，「軍制志・兵事」。

150 趙雲崧，勘靖教匪述編，卷十二，「附述」，張太史戊午二月九日出棧宿寶鷄題壁十八首」，頁三三九，此處王、冉、高、徐分指教首三王槐、冉添元、高均德、徐添德。

151 續輯均州志，卷九，「軍制志・兵事」。

152 同治谷城縣志，卷八，紀事，起義資料，第四冊，頁二五五。

153 彭延慶，當陽縣避難記，「吊黃公」，及「教匪初至當陽縣城」，起義資料，第四冊，頁二八一及二七九。

154 德楞泰，「籌令民築堡御賊疏」，皇朝經世文編，卷八十九。

155 彭延慶，當陽縣避難記，「復至當陽縣城」，起義資料，第四冊，頁二八〇。

156 趙雲崧，勘靖教匪述編，卷十一，「雜述」，頁二二五。

157 大陸學者戎笙、龍盛運、何齡修等認爲，宗教在農民戰爭中之作用爲：一、是農民起義聚集力量的一種方式；二、是發動武裝起義的一種組織形式；三、宗教語言被用作進行宣傳鼓動的一種工具。就白蓮教而言，爲教若利用其教義（宗教語言）吸引、組織民衆，以聚集「起義」力量。戎笙、龍盛運、何齡修，「試論中國農民戰爭和宗教的關係」，史紹賓編，中國封建設會農民戰爭問題討論集（北京，三聯書店，一九六二年），頁三四七—三四九。

158 趙雲崧，勘靖教匪述編，卷十一，「雜述・士民死難」，頁二三一—二三二。

檄文的源流及其在軍事上的意義

——由陳琳的〈爲袁紹檄豫州〉談起

周益忠

一、前言

陳琳的〈爲袁紹檄豫州〉一文，見於昭明文選。這篇文章罵曹的淋漓盡致，再加上陳琳生平的出處遭遇。❶使得其人其文，在評價上有了分歧。譽之者，以爲此篇爲後世檄文之祖，且津津樂道於其能醫人病。❷而毀之者，則以爲他在絕交之德上，不免有虧。如《顏氏家訓》〈文章篇〉中卽道：

> 自春秋已來，家有奔亡，國有吞滅，君臣固無常分矣。然而君子之交，絕無惡聲，一旦屈膝而事人，豈以存亡而改慮。陳孔璋（琳）居袁裁書，則呼操為豺狼；在魏製檄，則目紹為虺蛇。在時君所命，不得自專，然亦文人之巨患也，當務從容消息之。

顏之推的這段話，正以陳琳爲反面教材，戒其子孫。但是若詳考陳琳爲曹製檄一文，見諸《檄吳將校部曲文》，❸而此篇文字，趙銘〈琴鶴山房遺稿〉以爲乃文選贋作三篇之一。且說：「此檄年月地理皆多訛繆。以荀彧之名，告江東諸將部曲，或死於建安十七年，而檄舉羣氏率服，張魯還降，夏侯淵拜征西將軍等皆二十、二十一年事。」❹如此說來，則陳琳此篇文章，根本可疑，自不能說其有違絕交之德。只不過據《魏志》云：「太祖並以琳、瑀爲司空軍謀祭酒，管記室，軍國書檄，多琳瑀所作也。」則琳他文或有類似的文章亦未可知。❺

此文的目標倒不不在探討其眞僞，而在於檄文中何以總要痛罵敵方首惡，且此等斥責的文字，何以每引起一代梟雄之矚目。如三國志魏志卷二十一云：

> 袁氏敗，琳歸太祖，太祖謂之：卿昔為本初移書，但可罪狀孤而已，惡惡止其身，何乃上及父祖邪？琳謝罪。太祖愛其才而不咎。

陳琳數落孟德的罪狀，併及父祖。曹操雖不滿，然而此等文才，委實難得，所以陳琳反倒受到重用。於此可知：孟德爲一世之雄，實在其來有自，更可以知道：兵馬倥傯之時，檄文實關係重要，所以此等人才的爭取，不容稍忽。❻這也是檄文值得探究所在。

二、檄文之起源及檄字的意義

《文心雕龍》〈檄移篇〉彥和有贊云：「三驅弛剛，九伐先話。」三驅弛剛，既是仁者之心，而網開一面、窮寇莫追之舉，其實也是智者之爲。❼至於「九伐先話」，則貴在戰爭前先聲討敵人的罪行，以期激勵我衆，打擊對方，並且爭取與國奧援，天下人心，形成一股沛然莫之能禦的氣勢，則更爲兵家之所必謀，所以檄文的功用、自然益形突出。

(一) 三代的誓文

當然，陳琳的《檄豫州文》並非檄文鼻祖。在此之前，檄文之作，已經過一段時間的演變。首先出現的是在尚書中的幾篇誓文：甘誓、湯誓、牧誓等。

《文心雕龍》〈檄移篇〉上道：

昔有虞始戒於國，夏后初誓於軍，殷誓軍門之外，周將交刃而誓之，故知帝世戒兵、三王誓師，宣訓我衆，未及敵人也。

雖然只是訓誓自己的軍隊，但是後世檄文的內容則大致已備。大抵這些內容不外暴露對方的罪惡無道，強調自己的順天應人。並且立誓信賞必罰，以約束人心，以堅定士氣。其中暴露對方罪行者，如〈甘誓〉的：

有扈氏威侮五行，怠棄三政。

〈湯誓〉的：

夏王率遏衆力，率割夏邑，有衆率怠弗協。曰：「時日曷喪？予及汝皆亡！」

〈牧誓〉的：

古人有言曰：『牝鷄無晨。牝鷄之晨，惟家之索。』今商王受，惟婦言是用。昏棄厥肆祀，弗荅，昏棄厥遺王父母弟，不迪。乃惟四方之多罪逋逃，是崇是長，是信是使，是以為大夫卿士，俾暴虐于百姓，以姦宄于商邑。

三篇斥敵的文字，可說愈後出者愈詳盡，尤以牧誓一篇，盡數商紂之罪，不遺餘力，後世檄文恐皆有得此。[8]

在強調自己的順天應人上，甘誓但云：

今予惟恭行天之罰。

湯誓則云：

有夏有罪，天命殛之，……予惟聞汝衆言。夏氏有罪，予畏上帝，不敢不正。……夏德若茲，今朕必往。

牧誓則文字如甘誓之簡要：

今予發，惟恭行天之罰。

至於堅定士氣、約束人心、信賞必罰方面：甘誓爲：

左不攻於左，汝不恭命，右不攻於右，汝不恭命；御非其馬之正，汝不恭命；用命，賞於祖，弗用命，戮於社。予則孥戮汝。

湯誓則爲：

爾尚輔予一人，致天之罰，予其大賚汝。爾無不信，朕不食言。爾不從誓言，予則孥戮汝，罔有攸赦。

牧誓則爲：

今日之事，不愆於六步、七步，乃止齊焉。夫子勖哉！不愆於四伐、五伐、六伐乃止齊焉。勖哉夫子！尚桓桓如虎如貔、如熊、如羆，於商郊；弗迓克奔，以役西土，勖哉夫子，爾所弗勖，其於爾躬有戮。

可知三篇文字的內容雖繁簡有別，唯已具備後世檄文的大概，只不過劉勰以為「三王誓師，宣訓我衆，未及敵人也。」則有可議的地方⑨。雖然誓師之作，未及敵人，然而對象並非就都是自己的部下。如牧誓一則言：「逖矣西土之人。」再則曰：「嗟！我友邦冢君，御事……及庸、蜀、羌、髳、微、盧、彭、濮人。」，因有西土諸盟邦在內，口脗也就不同。如此感性的語調，自有團結同盟諸侯的意味。而「友邦冢君」云云，可以知道爭取與國之衆心的必要。武王翦商，八百諸侯，會於孟津，然而更可以知道的是，此時周的勢力，猶不能與大邑商相抗衡⑩，所以爭取各國的同情與支持是必要的。如此文字自不能與湯誓的「格爾衆誓，悉聽朕言」但用命令的口氣相比。且這種文字的用心及處境，則更與後世的檄文相類。使得誓文與後世的檄文接上了關係。

(二) 春秋之時

文心又云：「至周穆西征，祭公謀父稱古有威讓之令，令有文告之辭，即檄之本源也。」以為祭公謀父之文，是檄文的本源。祭公謀父這段文字，見於《國語》〈周語上〉：

> 穆王將征犬戎，祭公謀父諫曰：……於是乎有刑罰之辟，有攻伐之兵，有征討之備，有威讓之令，有文告之辭。

文字與文心稍有差異，但是讀此段後，不能不認為：威讓之令，文告之辭，是針對敵衆而宣告的。與後世的最後通牒，實較為相關。推測彥和以之為後世檄文的本源之意，可能在檄文不應只是宣訓我衆，更且應訓及敵人。所以有此段話。然而一來祭公謀父只是平面的敘述其意。本在對穆王的進諫，強調征伐之前，應有這些程序，以饜人心。而且這種文字，與後世檄文重在爭取與國、策反對方等有別。劉勰所舉的「齊桓征楚，詰苞茅之闕。晉厲伐秦，責箕郜之焚」等春秋檄文之例其實都是這類文字。管仲責楚的文字，見於左傳僖公四年：「爾貢苞茅不入，王祭不共，無以縮酒，寡人是徵，昭王南征而不復，寡人是問。」堂堂之陣，侃侃之辭，敎楚人不得不續朝貢於周室。

至於晉厲公使呂相絕秦的文字，事在《左傳》成公十三年，晉國挾恃諸侯的支持，而宣暴秦人的忘恩及無道，特下戰書，以要脅對方。而有言道：

> 及君之嗣也，我君景公引領西望，曰：「庶撫我乎！」君亦不惠稱盟，利吾有狄難，入我河縣；焚我箕郜，芟夷我農功，虔劉我邊陲；我是以有輔氏之聚。……言誓未就，景公卽世，我寡君是以有令狐之會。君又不祥，背棄盟誓。
>
> 寡人帥以聽命，唯好是求。君若惠顧諸侯，矜哀寡人而賜之盟，則寡人之願也。其承寧諸侯以退，豈敢徼亂？君若不施大惠，寡人不佞，其不能以諸侯退矣！敢盡布之執事，俾執事實圖利之。

原篇頗長，今但摘錄其數秦君處，文中雖訴說兩國恩怨，總是秦負晉者多，晉負秦者少。不免有些強辭奪理，蓋欲先聲奪人，強調對方的無道且於理有虧，以期未戰而先瓦解其士氣。果然：「五月丁亥，晉師以諸侯之師及秦師戰於麻隧，秦師敗績，獲秦成差及不更女父。」很明顯的秦國自覺理虧，自然難有勝績。而左傳於此亦載孟獻子之言：「晉帥乘和，師必大有功。」晉國方面，團結一致，秦人則不免離心離德，魯國的孟獻子於戰前已發現。則呂相此文的功用可見，只不過呂相並未以此文爭取諸侯之心，反而挾諸侯的同情，以打擊秦國。如文中所云：

君有二心於狄曰：「晉將伐女。」狄應且憎，是用告我。楚人惡君之二三其德也，亦來告我曰：「秦背令狐之盟，而來求盟於我。昭告昊天上帝，秦三公，楚三王，曰：『余雖與晉出入，余唯利是視。』不穀惡其無成德，是用宣之，以懲不壹。」

假狄與楚之口，說秦之二三其德及唯利是視。可見狄、楚的立場已明。以此炫耀秦國，則秦人心理上的威脅之大，可想而知。此種文章的作用，實上承牧誓，且下啓後世最後通牒的先聲奪人，威脅對方。

(三) 檄字的意義

至於「檄」字首見，在於張儀爲文檄告楚相：

張儀旣相秦，為文檄告楚相曰：「始吾從若飲，我不盜而璧，若笞我。若善守汝國，我顧且盜而成。⑪

此事雖但個人恩怨，然而也牽涉到國家的安危，所謂一怒而諸侯懼，在此可知檄字的意義。本來不限於軍爭之事。所以彥和又說：

「檄者，皦也，宣露於外，皦然明白也。」

則檄字重在明白公開之意。一般書信長一尺，所以叫尺素，而檄書長尺二，難以緘封，「露布於外，或稱露布，播諸視聽也」（〈檄移篇〉）可見檄文貴在公開明白，與須加緘封的書信有別，也可以說後世的公開信。

戰國以前，檄字但一見於此，且當時有類似後代檄文性質者，也只在責讓對方，宣暴其罪，所謂「九伐先話」的用意而已，尚未有借著檄文爭取天下人心的意義。

三、漢以後檄文在軍事上的意義

秦亡漢興，初時以內外交迫，檄文乃大用於軍國，為求時效，更且插羽以示迅，而有「羽檄」之名，更可知檄文於此時之用⑫。《史記》〈韓信盧綰列傳〉載高祖之言：「吾以羽檄徵天下兵，未有至者。」《漢書》〈高帝紀〉亦有此話。陳豨反，高祖徵兵於天下，希望各地軍頭，派兵勤王。然而居然未有人至，可見高帝此時猶未能服天下之心，所以檄文的效果不彰。於此也可知後世以檄徵天下兵上的意義，為何不見於三代？三代之誓，但宣訓我衆，春秋之辭，雖在敵人，尚未及於其他，也可知天下尚未一統，各有打算，倘欲結盟，自當德能服人，利能施人，且有犧牲以歃血，因未能逕用此等文字來爭取輿援。所以秦漢一統之後，羽檄出現，或可想見此時頗有令出必行的意義。則其意又接近三代的誓師。只是要求的對象，在於四方。無法就近約束，雖然插羽示急，有時也未必能讓各地軍頭動心。高祖的羽檄不見效，可想而知，這也難怪後世之貴檄文的作者，實因此等人才難得，且檄文的功用不可等閒視之。在此舉三篇來探討。

㈠隗囂的〈移檄告郡國〉

先以隗囂欲起兵討莽，移檄郡國為例。此事見《後漢書》列傳第三。略謂隗囂既立，以方望為軍師，望敎以神道設教，囂「遂立廟邑東，祀高祖、太宗、世宗。囂等皆稱臣執事，史奉璧而告。祝畢，……遂割牲而盟。……既而薶血加書，一如古禮。事畢，移檄告郡國。」

則可見隗囂等欲有所受命，以見信於衆，所以須有此等儀式，以見自己已承天順民，如此方能移檄天下。且此篇文字果眞也達到了傾覆新莽的功用。當然王莽的敗亡，因素很很。唯隗囂移檄之後，卽進兵虜獲王莽的宗族王向，而長安城中亦起兵誅莽。⑬且隗囂此檄文內容亦頗足多道。如起首卽斥王莽之罪，頗有三代誓師的意味。宜其能風靡天下：

> 故新都侯王莽，慢侮天地，悖道逆理，鴆殺孝平皇帝，篡奪其位。矯託天命，偽作符書，欺惑衆庶，震怒上帝。反戾飾文，以為祥瑞。戲弄神祇，歌頌禍殃。楚號之竹，不足以書其惡，天下昭然，所共聞見。

然後又舉其逆天、逆地、逆人之三大罪。再則又指天時、審人事，以宣於四方：

> 是故上帝哀矜，降罰於莽，妻子顛殞，還自誅刈，大臣反據，亡形已成。大司馬董忠，國師劉歆，衞將軍王涉，皆結謀內潰；司命孔仁，納言嚴尤，秩宗陳茂，擧衆外降。今山東之兵二百餘萬，已平齊楚，下蜀漢，定宛洛，據敖倉，守函谷，威命四布，宣風中岳。興滅繼絕，封定萬國，遵高祖之舊制，修孝文之遺德。有不從命，武軍平之。馳使四夷，復其爵號。然後還師振旅，櫜弓臥鼓。申命百姓，各安其所，庶無負子之責。

此檄之能發揮功效，如彥和所云：「聲如衝風所擊，氣似欃槍所掃」。除宣暴王莽之自作孽，殺其子宇、臨等，衆叛親離且招天譴，致使義軍所向披靡外；另有兩點也很值得注意。

一則漢代獨尊儒術，董仲舒天人相應之說，實深植人心，是以隗囂言其逆天逆地逆人之三大罪，致有上帝哀矜，降罰於莽之事。對當時郡國人心之向背，想必起一定的作用。

再則隗囂亦知四夷之叛變所在，實因王莽的削其封爵，貶其名號。所以隗氏「馳使四夷，復其爵號」且提出「興滅繼絕，封定萬國，遵高祖之舊制，修孝文之遺德。」等更於籠絡四夷及天下各侯國的人心，有所助益，充分發揮檄文的功能，宜其能使各地望風景從，而隗囂亦爲一時人心之所繫。⑭

(二) 陳琳的〈爲袁紹檄豫州〉

及至漢末，天下亂象已成，檄文更是到處可見。三國志蜀志有「於時羽檄交馳」（費禕傳，卷四十四），魏志也有「又並馳布羽檄，稱陳形勢」（牽招傳，卷二十六）都可以知道當時檄書之大行，與時代實最爲相關。而官渡之戰前。陳琳的〈爲袁紹檄豫州〉一文，乃應世而出，雖不能爲紹立百代的功業卻也爲自己留下了千載的文名，因爲陳琳此篇，將檄文的內容，發揮備至。雖罵曹，卻深得曹心之理亦在此。

這篇文章不同於以往的，在於先議論，而後舉往事以資驗證。議論則：「蓋聞明主圖危以制變，忠臣慮難以立權，是以有非常之人，然後有非常之事，有非常之事，然後立非常之功。夫非常者，故非常人所擬也。」欲借此以說袁紹此舉之正當，擺脫以前但言天命的傳統，因而先以理服人，繼而舉史事：強秦之爲趙高宰制而亡，以無人敢正言故；漢祚不因呂氏專政而衰，以絳侯、朱虛興兵奮怒故，因言起兵誅夷逆暴的必要，此則上承制變、立權的議論，下接興兵討曹的正當性。

繼者言曹氏三代爲禍漢庭，以言無道之人，其來有自：

司空曹操，祖父中常侍騰，與左悺徐璜並作妖孽，饕餮放橫，傷化虐民；父嵩乞匄携養，因贓假位，輿金輦璧，輸貨權門，竊盜鼎司，傾覆重器。操贅閹遺醜，本無懿德，僄狡鋒協，好亂樂禍。……而操遂承資跋扈，肆行凶忒，割剝元元，殘賢害善。……則幕府無德於兗土之民，而有大造於操也。

貶斥之中，不忘說袁之有德於於曹，以言其忘恩，蓋仿呂相絕秦的字意。繼而又說操自立幼主後，獨裁亂法：

使放志專行，脅遷當御省禁，卑侮王室，敗法亂紀，坐領三臺，專制朝政，爵賞由心，刑戮在口，所愛光五宗，所惡滅三族，羣談者受顯誅，腹議者蒙隱戮，百寮鉗口，道路以目。

唯此，猶不能彰暴其惡，因更言其人神所共憤處：

又梁孝王先帝母昆，墳陵尊顯，桑梓松柏，猶宜肅恭。而操帥將吏士，親臨發掘，破棺裸屍，掠取金寶，至令聖朝流涕，士民傷懷。操又特置發丘中郎將，摸金校尉，所過隳突，無骸不露。身處三公之位，而行桀虜之態，汚國虐民，毒施人鬼。

所謂「發邱摸金，誣過其虐」者實在此，然亦變化自牧誓的責紂王「惟婦言是用」等，因欲突顯其敗德汚行，不容於世，故不免如此。他如「細政苛慘，科防互設，……是以兗豫有無聊之民，帝都有吁嗟之怨」「而操豺狼野心，潛包禍謀，乃欲摧撓棟樑，孤弱漢室，除滅忠正，專爲梟雄。」則更一一指出其豺狼之野心。說袁紹軍容之盛：

幕府奉漢威靈，折衝宇宙，長戟百萬，胡騎千羣。奮中黃育獲之士，騁良弓勁弩之勢……。雷霆虎步，並集虜庭，若舉炎火以焫飛蓬，覆滄海以沃熛炭，有何不滅者哉！

此外，更言曹軍之爲烏合之衆，乃招納亡叛而來，「覆亡迫脅，權時苟從，各被創夷，人爲讎敵」以言其土崩瓦解、不俟血刃。惜聖朝無輔，股肱無勢，無人討曹，此袁紹起兵的理由，也是忠臣烈士立功之會。並以「非常之功，於是乎著」，來呼應篇首。最後則懸賞操首，以振人心：

> 其得操首者，封五千戶侯，賞錢五千萬。部曲偏裨，將校諸吏，降者勿有所問，廣宣恩信，班揚符賞，布告天下，咸使知聖朝有拘逼之難。

如此文字，檄文的大體具在於此。難怪曹操折服之餘，不以爲忤，昭明太子更收入文選。然而，此篇雖佳，猶有可議之處。雖說不以成敗論英雄，唯此篇但享有盛名，實則較諸隗囂的〈檄郡國〉一文，則不免有些不如。

㈢ 隗陳兩篇的比較

首先王莽與曹操二人於兩漢原各有其功勳，而後才大權在握，只是隗氏起義時，王莽已行篡逆，其惡已顯，故隗囂但暴其罪即可，且舉其逆天、地、人之三大罪，更與漢代的風尚呼應，故能聳動人心。而上天降罰云云，更足以使天下信服，使衆人知王莽之氣數已盡。至於官渡戰前的曹操，雖權柄在握，然而尚未篡逆，袁氏之舉實不正不順，至於言操放志專行，專制朝政，則世人猶可以周公之佐成王目之。他如細政苛慘、苛防互設等等，實爲季世之政的共同特徵⑮，且天下自黃巾賊亂以來，尤須如此。是以言其亂政之處，恐未能折服人心。

次則言其敗德，罵其父祖，也未能引起共鳴，揭發其發丘摸金，人但覺「誣過其虐」，而所謂梁孝王先帝母昆之墓，只是前漢的外戚，時日已久，何能令人尊顯、肅恭？以此責其發丘摸金，如何能收人神共憤的效用⑯？不如隗囂之直言王莽「鴆殺孝平皇帝、篡奪其位」來得直接了當。

三則言操「豺狼野心、潛包禍謀」云云，此等誅心的論調，既不能明言操有叛亂之言行，反而可使操有討袁的藉口。

四則言紹有恩於操，則不免有予人二者乃一丘之貉，如今反目成仇的感覺。於此袁紹實不若隗囂之形象清新「素有名，好經書」⑰。

五則言袁紹之長戟百萬、胡騎千羣，則更予人擁兵自重，割據之雄的印象，而胡騎云云，於漢胡不兩立之時，恐亦不能悅人耳。

六則不忘爵賞，本是好事，可惜只提及得操首者，而未及其他，誘因不夠，而且也未在不從命者上，定出誅罰的準則，恐怕陳琳亦知袁紹此舉未能奉天承運，因而不敢責求於人。

七則通篇未見天命的文意，雖別出議論，欲以史事爲證，終不若三代誓文及隗囂天命等來得有效。

也難怪後世有以麤疏議之者，但這實因袁紹的敗形已具，戰略失當，致爲操所乘。⑱罪應不在陳琳此篇，且陳琳的見識，已見於先前勸諫何進之語。⑲只是何袁二人，未能有爲，其後爲操效命，所作檄符，也不見〈檄吳將校部曲〉這篇，則已辨於前，不再多談。

總之，陳琳此篇，雖膾炙人口，然較諸隗囂所作，實頗有遜色。就是和後來鍾會的〈檄蜀文〉相較，也不免有重加探討的必要。

(四) 鍾會的〈檄蜀文〉

拿鍾會的〈檄蜀文〉⑳和前人的同類作品相較，很明顯的有相當大的差異。因他所重的不在宣暴元凶之惡，只是策動對方反正，所以文字較爲理性、語氣也較平和，如在稱及劉備時道：

益州先生以命士英才、興兵新野。

不貶反褒，於檄文實爲特例，然鍾會雖只就地理形勢，分析歷史之必然，亦足夠動搖人心。所云：

巴蜀一州之衆，分張守備，難以禦天下之師，段谷侯和沮傷之氣，難以敵堂堂之陣。蜀侯見禽於秦，公孫述授首於漢。

因又言「九州之險，是非一姓，此皆諸賢所備聞也」。以強調天下一家，自古而然。因而以古人之行止動搖蜀人死守之心：

明者見危於無形，智者窺禍於未萌。是以微子去商，長為周賓，陳平背項、立功於漢，豈晏安酖毒，懷祿而不變哉。

且更以當世孫壹、文欽、唐咨等歸命之得盛寵，以言巴蜀賢知見機而作者，所得寵遇，定不止此。於是末段更描述歸順之後，巴蜀前景一片美好：

則福同古人，慶流來裔，百姓士民、安堵舊業，農不易畝，市不回肆，去累卵之危，就永安之福，豈不美歟！

若是不然，則將悔恨無窮，更以此要其自擇：

若偷安旦夕，迷而不反，大兵一發，玉石皆碎，雖欲悔之，亦無及已，其詳擇利害，自求多福。

此等策反的文字，重在以理服人不求誇耀，但鍾會也能就人不滿現實的心理，描繪出桃花源的未來，以廣招徠，所以雖然沒陳琳所作一樣傳誦千古，然而已影響巴蜀人心，間接促成了蜀漢舉國而降。亦可見此等文字的可貴，這也是檄文一體。

四、結　論

依時代的發展，來看檄文的演變。實不可不先提尙書的誓文。此等文字，宣暴巨憝之惡，強調自己的順天應人，進而訓戒兵衆，重在約束。只是對象在自己的部衆而已，其中牧誓因有同盟之國，語氣較爲感性，因而爲後世檄文所大力模仿。

至於祭公謀父之辭、管仲之言，以至於呂相絕秦之書，雖詳略有別，意義則與最後通牒近。張儀的檄書楚相，事爲個人恩怨，也在這層，可見三代以前猶未有跟後世相同的檄文。

秦漢之後，天下一統，有事則徵兵於天下，因而羽檄飛馳，唯初時猶如一般公文，尚未有文士經營之傑作。所以高祖困於陳豨，羽檄天下竟未獲回報。到了新莽之時，隗囂憑一檄文，凝聚當時人心，故能一舉而亡新莽，則檄文之妙用可見。而隗囂此等文字的內容亦上呼應牧誓，宣暴對方之惡，彰揚自己得天命等等，實亦合於彥和所謂「或述此休明，或敍彼苛虐，指天時，審人事，算彊弱，角權勢，標蓍龜於前驗，懸鞶鑑於已然。」因能成就一代功業。而陳琳的〈爲袁紹檄豫州〉雖名噪一時，且見諸文選，暴曹之惡，足以快後世夸言漢賊不兩立者之耳，但是在當時卻未能發揮應有的效果。或者所遇非人所致。而鍾會檄蜀一文，重在策反，所以用形勢、舉史實、力求以理服人。以求不戰而屈人之兵。此種檄文貴在「事昭而理辨」，與檄天下之貴在「氣盛而辭斷」者，稍異。

可以如此說：漢代以後的檄文，其要有三，一種爲軍中往來的公文，如高祖羽檄徵天下兵。此類但有格式的整齊，而不重文辭之是否動人。最爲平實，大概後世也成爲軍中緊急文書之通例。㉑其次則兩軍相抗，亟盼張揚對方爲元兇，力捧己方爲勤王，爲順天應民，以期爭取天下之人心者，如隗囂、陳琳之作。此等文字最爲難能，以其除文辭壯美之外，更須深察時勢，體會人心，乃能有功。

《御覽》卷五百九十七，引李充〈起居誡〉云：

檄不切厲則敵心陵，言不誇壯則軍容弱。

指的正是此類檄文，這種文字有似今日之廣告，文宣，內容若呆板平凡，固然無用，然言過其實，誇張已甚，也不能使第三者信服，而發揮爭取天下人心的功能，此等文字卽彥和所說「震雷始於曜電，出師先乎威聲」「雖本國信，實參兵詐。譎詭以馳旨，煒曄以騰說」。正如新產品要打廣告，皆有其爭取人心的目的，所以檄文實在也是用兵前不可忽視的一環。㉒

至於鍾會〈檄蜀文〉看似平實，不若一般的譎詭、煒曄。然而於動搖對方的人心上，亦能產生無比的作用，文字鋒芒直指敵方的陣營，這是第三類的檄文。當然此等文字一樣有軍事上的目的，若說前者是「伐交」，以爭取與國的話，則此等檄文，更是「伐謀」之佳作㉓，所謂不戰而屈人之兵者，較諸呂相絕秦的盛氣凌人，陳琳罵曹的「誣過其虐」，此等文字的冷靜平穩，洞明事理，實更得運籌帷幄的三昧。

要之，後世檄文與軍事的關係密切，如堅定自己的士氣，分化對方的軍心，爭取第三者的支持等，實可於兵法中得到印證。《孫子兵法》於〈始計篇〉道：

> 經之以五事，校之以計，而索其情：一曰道，二曰天，三曰地，四曰將，五曰法。

更且說：「凡此五者，將莫不聞，知之者勝，不知者不勝。」可知檄文，於聲討敵人時，以無道責之，述說自己總在順天應人，實其來有自。蓋「道」向爲兵家所重。孫子於此又言：

故校之以計而索其情：曰：主孰有道？將孰有能？天地孰得？法令孰行？兵衆孰强？士卒孰練？賞罰孰明！吾以此知勝負矣。

孫子以此知勝負所在，天下人亦然，知何者可勝，以求依傍，這也是順天應人，天下人人所關心的，準此，而可知文心言檄之通例：「或述此休明，或敍彼苛虐」必責元凶，實卽檄文之分析「主孰有道」者，「指天時，審人事」則强調在「天地孰得」上。「算强弱、角權勢」，則關係著「將孰有能」「法令孰行」「兵衆孰强」「士卒孰練」。至於彥和又謂「標著龜于前驗，懸鞶鑑于已然」，實也和「天地孰得」相關。只不過孫子兵法上有「賞罰孰明」爲文心所不載，然而不管是三代誓文，或後世檄文，結尾處總强調信賞必罰以作結，正可以想見檄文之作者亦不能不知兵法，如此方能於戰前，假借一篇慷慨之詞，凝聚士氣。分化對方，爭取天下之人心的認同，而贏取先機。㉔此亦文章的關係軍國大事者，也頗値得我們繼續來探討。

附註

❶ 後漢書卷七十四上，已收錄此文，但未載明作者。陳琳先仕於何進，而後仕袁紹，最後則歸順曹操。見魏志，卷二十一。

❷ 前者如陶宗儀《輟耕錄》所云：「遂謂檄起於琳」。醫人事見三國志，裴松之注引典略所云。（魏志，卷二十一）

❸ 昭明文選卷四十四有錄。

❹ 文見錢鍾書，《管錐篇》下六十八，頁一〇四一。

❺ 嚴可均所輯之《全三代兩漢三國文》中，陳琳所作，並未有此等文字。或顏氏所見，另有所本，唯今已佚。

❻ 《晉書》列傳第五十九易雄傳，言王敦反，「刺史譙王承既距王敦，將謀起兵以赴朝廷。雄承符馳檄遠近，列敦罪惡，宣募縣境，數日之中，有衆千人，負糧荷戈而從之。」惜後來力屈城陷，終爲敦所殺。可知檄文於此時有一定的影響力。而王敦之殺易雄，正見其識不如曹操。

❼ 圍師必缺，出《孫子》〈軍爭〉。錢鍾書《管錐篇》下，四，頁八六〇於此嘗有詳論。

❽ 《文心》宗經篇云：「紀傳銘檄，則春秋爲根」，唯詔策篇則云：「誓以訓戎」，且〈檄移篇〉則先舉「三王誓師」。（以下所舉劉彥和之言，並皆在此篇，不另注。）而《顏氏家訓》文章篇則云：「詔命符檄，生於書者也」較爲允當。

❾ 許錟輝先生，嘗徵引先秦典籍引尚書而稱誓者，凡二十三條，加以分析，著〈誓以訓戎辨〉言誓之爲用有三：「曰訓戎，曰禱神，曰誡政。」見《中國學術年刊》第十期。

❿ 許倬雲，《西周史》第三章〈克商與天命〉於商周勢力之消長嘗有詳言。（聯經）

⓫《史記》張儀列傳。

⓬《漢書》卷九十四，匈奴傳贊，引董仲舒之言曰：「夫賦斂行賂不足以省三軍之費，城郭之固無以異於貞士之約，而使邊城守境之民，父兄緩帶，稚子咽哺，胡馬不窺於長城，而羽檄不行於中國，不亦便於天下乎？」羽檄不行，乃天下人所盼望，然天下亂又非羽檄不行，於此可見。

⓭《後漢書》列傳第三隗囂傳。

⓮同傳又云：「及更始敗，三輔耆老士大夫皆奔歸囂。……由此名震西州，聞於山東。」

⓯《左傳》昭公六年載叔向使詒子產書曰：「夏有亂政而作禹刑，商有亂政而作湯刑，周有亂政而作九刑。三辟之興，皆叔世也。」可知雖三代之時，亦不免如此。

⓰操之有〈求賢令〉〈求逸才令〉等求才若渴，不計其德的文字，可見在亂世通權達變，已成共識，發丘摸金，也當如此看待，袁紹之責，不能見效，亦可見當時社會人心已慢慢在轉變中。

⓱同注⓬，隗囂正因此而爲衆人共推爲討新莽之上將軍。

⓲宮渡之戰雙方得失所在，三國志有多處言及，而《三國新志》〈軍備志〉，更有詳論。見鼎文書局《三國志附編》。陳琳箴疏，見《顏氏家訓》文章篇。

⓳見注❶。

⓴見昭明文選卷四十四。

㉑於此則檄同於移，《明會典》中有詳舉，《古今圖書》集成、文學典檄移部有錄，可參考。

㉒另一個明顯的例子，在於唐代駱賓王所撰〈爲徐敬業以武后臨朝移諸郡縣檄〉，堪稱檄文的壓卷之作，將檄文的妙處發揮已極，尤以揭武后之陰私，「殺姊屠兄，弒君鴆母」等較諸陳琳罵曹，不遑多讓，其後又動之以情——「宋微子之興悲、良有以也；袁君山之流涕，豈徒然哉。」曉之之以義——「言猶在耳、忠豈忘心，一坏之土未乾，六尺之孤何託？」更誇以情勢——「南連百越，北盡三河。」動以賞罰，——「凡諸爵賞，同指山河，坐昧先機之兆，必貽後至之誅。」可

見本文兼有隗囂與陳琳所作之優點，宜其能膾炙人口。也難怪武后讀此文，竟大驚失色，且以責宰相。其後徐敬業雖不敵武后大軍，爲其下王那相所殺，而未能一戰功成，但時隔二十年，乃有張柬之、楊元琰，慨然匡復之擧，而天下終又歸李氏，則此檄的深植人心，亦不無影響。

㉓ 《孫子兵法》〈謀攻篇〉：「故上兵伐謀，其次伐交，其次伐兵」則檄文乃在征伐之前所必行，且合於兵法，此又與祭公謀文之辭可相看。

㉔ 士氣的重要，《孫子》軍爭篇又云：「故三軍可奪氣，將軍可奪心。……避其銳氣，擊其惰歸，此治氣者也。以治待亂，以靜待譁，此治心者也。」近年出土的《竹簡兵法》，亦有〈延氣篇〉言：「合軍聚衆，務在激氣，復徙合軍，務在治兵利氣。」（河洛本）〈見威王〉又載「卒寡而兵強者，有義也，……戰而無義，天下無能以固且強者。」可知誓、檄之文爲鼓舞士氣，爭取人心，必著重於「主執有道」的理由。

胡風的『主觀戰鬥精神』

黎活仁

一、中國當代文學史上的胡風事件

一九四二年毛澤東（一八九三——一九七六）發表了〈在延安的文藝座談會上的講話〉這篇講話就是所謂中共的文藝政策。文藝政策頒布之後，隨卽展開整風運動，王實味（王詩薇，一九〇〇——四七）、蕭軍（劉鴻霖，一九〇七——八九）和丁玲（蔣偉，一九〇四——一九八六）因揭露延安黑暗面，違反描寫光明的黨性原則，首先遭受批判。延安這種整風運動，在中共建國（一九四九）之後從未間斷，在文革後，這些大批判運動都已全部平反。在中共建國之後，最早進行的大規模批判運動，是所謂「胡風反革命集團」事件，毛澤東在這次運動之中親自作了部署，事件終於在毛澤東死後才得到平反（一九八〇・九）。胡風和毛澤東的文藝思想都源自蘇聯馬克思主義，特別是無產階級文化，但無產階級文化的理論在不同的階段有不同的理論，這種不同程度的影響，終於令胡風與毛澤東的文藝政策產生磨擦，釀成悲劇。

二、福本主義的影響

胡風（張光人，一九〇二——八五）出身貧苦，十一歲才進鄉村學校，稍後（一九二〇）到武昌中學繼續學業，一九二三年（約二十一歲）進南京東南大學附中，其間受到了革命思想的影響，曾積極參加五卅學生運動（一九二五），一九二六年進清華大學英文系，數月後退學❶。一九二九年秋到東京留學，據胡風的自傳說，那時他雖然在慶應大學（英文科，一九三一·四——一九三三）就讀，但在接觸到無產階級文藝理論之後，精力全放在左翼的政治和文學運動，求學反成爲次要的目的❷。胡風當時參加了日本反戰同盟、日本共產黨和日本普羅科學研究新藝術學研究會等組織，又結交了江口渙（EGUCHI Kiyoshi, 1887-1975）和小林多喜二（KOBAYASHI Takiji, 1903-33）等著名左翼作家。

（一）盧卡契《歷史和階級意識》的影響

胡風留日時期（一九二九——三三），福本和夫（FUKUMOTO Kazuo, 1894-1983）已經離開日共組織。福本主義是在一九二四——二七年間風靡日本的，一九二七年被第三國際批判，福本其人跟著在日本被捕（一九二八，下獄凡十四年），在日共的政治領導地位結束，可是，福本主義在日本的馬克思主義思想史而言，卻有著非常重要的意義，因爲福本主義給日本引進盧卡契（György Lukàcs, 1885-1971）的思想方法。據盧卡契研究者池田浩士（IKEDA Hiroshi, 1940-的分析，福本主義無疑深受《歷史和階級意識》一書的影響，特別是關於階級意識、總體性的觀念❸。福本主義的其他特徵還有：(1)以「分離結合」爲前提的黨組織論；(2)反對「到大衆去」的政治學方法；(3)提倡組織以職業革命家爲核心的黨以領導革命；(4)強調理論鬭爭，同時又主張理論與實踐結合；(5)認爲資本主義已急劇沒落；(6)以上的理論，是有機的關係，如池田氏所指出的那樣，福本和夫從總體性作考察，把馬克思主義理論發展，放在整個革命運動歷史過程來研究分析（同❸）。作爲一種政治學理論，福本主義是自成體系的，在日本馬克思主義而言，也有劃時代的意義❹。

1.「現實」與「現象」的現實主義理論
——與「第三種人」的論戰以及盧卡契思想方法的引進

胡風當時的文藝思想，可說深受盧卡契《歷史和階級意識》一書的影響。一九三二年十二月至一九三三年初，胡風參加了「第三種人的論戰」（一九三一年底——一九三三年初，集中在一九三二年底）。「第三種人的論戰」是因爲一九三一年十月底，斯大林（Iosif V. Stalin, 1879–1953）發表了〈論布爾什維主義歷史中的幾個問題〉，批評了社會科學中的反列寧主義的傾向，於是蘇聯文史哲各領域展開了對普列漢諾夫（Georgii V. Plekhanov, 1856–1918）、弗理契（Valdmir M. Friche, 1870–1929）、德波林（Abram M. Deborin, 1881–1963）、布哈林（Ivanovich N. Bukharin, 1888–1938）、波格丹洛夫（Aleksandr A. Bagdanov, 1873–1928）的批判，藏原惟人（KURAHARA Korehito, 1902–）因此在同年十一月寫了〈藝術理論中的列寧主義鬭爭〉，魯迅（周樟壽，一八八一——一九三六）也曾馬上譯介這個突發性的大事（一九三二、一一發表）。這場論爭，在中國實際上演變成波格丹諾夫主義結合盧卡契總體性和無產階級意識理論，對普列漢諾夫和托洛斯基主義的鬥爭。在〈粉飾，歪曲，鐵一般的事實〉（一九三三、一）、〈現階段上的文藝批評之幾個緊要問題〉（一九三三、一）、〈關於現實與現象的問題及其他〉（一九三三、一〇）等一系刊文章❺，胡風無疑是援引《歷史和階級意識》一書第一章〈什麼是正統的馬克思主義〉的方法。

a. 盧卡契關於歷史過程的論述

在〈什麼是正統的馬克思主義〉一文，盧卡契引伸了黑格爾（Friedrich Hegel, 1770-1831）本質（現實）與現象的範疇，認爲：(1)只有把孤立的社會現象從歷史過程和作總體性的考察，才能認識現實❻；(2)黑格爾和馬克思的分別是黑格爾「不能認識歷史的眞正動力」❼，馬克思把感性世界、客體、和現實都理解爲人的感性活動，認爲人才是社會過程和歷史過程的主體和客體；馬克思主義是無產階級革命的理論，透過革命的實踐，無產階級成爲歷史過程的主體和客體，理論和實踐得到統一，所以對現實的理解和改造，不是兩個分割開來的過程❽。

b. 胡風的現實主義方法

胡風當時的現實主義方法，完全是盧卡契理論，而且應用於文藝批評。在〈粉飾，歪曲，鐵一般的事實〉一文，胡風對十二篇小說作了批評，現在就以評論杜衡（戴克崇，另一常用筆名是蘇汶，一九〇七——六四）的《懷鄉病》作一說明。《懷鄉病》的主角是一個世襲的船夫，他最大的希望是努力工作，爲兒子買一條船，可是自從汽車這種機械文明侵入農村之後，農民都不再坐船，船夫的希望落空了，他不得不把兒子送到城裏學做水泥匠，而自己也做了土匪。胡風的評論是認爲作者把機械與農村生活的衝突的這種「現象」所引起的悲劇，歸因「抽象的機械」文明，不明白這是資本主義化對農村的影響，不明白這是資本主義化和原有的封建剝削結合所造成的悲劇❾。在〈五・四時代底一面影〉（一九三五、四）一文，胡風把是否結合總體性的考察作爲現實主義的方法，例如批評胡適（胡洪騂，一八九一——一九六二）的「多談問題少談主義」到「好人政府」，是「只抓著現象問題而不能了解它在全體上的意義」❿。

（二）福本主義的影響

第三期創造社（一九二八——三〇）是以福本主義爲基礎展開革命文學活動的。第三期創造社代表人物包括成仿吾（成灝，一八九七——一九八四）、李初梨（李楚離，一九〇〇——）、彭康（彭堅，一九〇一——六八）、馮乃超（一九〇一——八三）等，在文藝理論方面，中國的福本主義者是以波格丹諾夫無產階級文化和無產階級意識結合起來，形成一九二八年以後的中國革命文學理論，這些革命文學理論，對胡風也有一定的影響。

1.方向轉換的年代（一九二七——一九二九）

中國的福本主義者認爲：一九二七年是「方向轉換」之年，所謂方向轉換是指從經濟鬬爭轉移至政治鬬爭。一九二七年四月十二日國民黨清黨，共黨遭受挫折，八月一日，周恩來（一八九八——一九七六）、朱德（一八八六——一九七六）、賀龍（一八八六——一九六九）、葉挺（一八九六——一九四六）、劉伯承（一八九二——一九八六）等在南昌發動「武裝鬬爭」。八月七日（「八七會議」），中共在第三國際的協助下，由瞿秋白（瞿懋淼，一八九九——一九三五）主持緊急會議，解除了陳獨秀（陳慶同，一八七九——一九四二）

的黨中央職務，決定在湘、鄂、贛、粵四省舉行「秋收起義」，並派遣毛澤東回湖南擔當領導工作，毛澤東在八月開始部署，九月九日開始軍事行動，提出「打倒國民政府」、「農民奪取政權」等口號，一度攻佔瀏陽、醴陵縣城。中國共產黨在這次事件首次建立自己的軍隊，同年十月，毛澤東帶領一支由工農組成的紅軍到井崗山，建立第一個革命根據地。與此同時，共黨在各地也組織農民暴動。同年十二月間，又有葉劍英（一八九六——一九八六）等領導的「廣州起義」，曾經成立「蘇維埃廣州公社」。上述由一九二七年八月一日以來的武裝鬪爭，到十月毛澤東在井崗山建立根據地的革命運動，依李初梨的分析，是武裝鬪爭帶動「方向轉換」（〈請看我們中國的 Don Quixote 的亂舞——答魯迅「『醉眼』中的朦朧」〉，一九二八、四）⓫。認爲資本主義急劇衰落，是福本主義特徵之一，福本主義在中國是在一九二八年開始流行的，一九二九年十月二四日，紐約股市暴跌，引起連鎖反應，形成經濟衰退（一九二九——三三），這一歷史性事件，在以歷史過程和總體性觀察問題的中國福本主義者而言，當然有著特殊意義。一九三五年五月執筆的〈張天翼論〉，胡風正是從這個世界性經濟恐慌爲前題，認爲這種「本質」上的變化，令到張天翼作品在一九二八至一九三一年間有了飛躍的進展⓬。在〈文學修業底一個形態〉（一九三六、五），胡風把轉變期改訂在一九二九年前後⓭，原因就是如此。

2. 把魯迅定性為人道主義者

一九三三年一月，胡風以日文發表了〈中國的普羅文學運動的發展〉（《普羅文學講座》，日文，一九三三、一），向日本介紹中國革命文學論戰情況，這篇文章最特別的是把魯迅視爲人道主義者⓮；胡風對魯迅這種評價，無疑是因爲魯迅當時傾向有島武郎（ARIS-

HIMA Takeo, 1878-1923)〈宣言一篇〉的觀點。《宣言一篇》的論點是說將來一定會出現第四階級的文學，但知識階級不能寫出第四階級的文學，福本主義者就此對有島武郎加以批判，說明無產階級意識是由知識階級所製造的，又因爲有島武郎還算同情第四階級，所以被稱爲人道主義者。中國福本主義者最早把魯迅定性爲人道主義者的是馮乃超（〈人道主義者怎樣地防禦自己？〉，一九二八、四）[15]，胡風無疑是追隨馮乃超的觀點。

(三) 小結

盧卡契〈什麼是正統的馬克思主義〉一文，實在是了解胡風一生所提倡的現實主義的鑰匙，胡風的現實主義，實際上不過是盧卡契的辯證法，胡風第九本論文集《論現實主義的路》（一九四八、九）就主觀與客觀對黑格爾的批判，以及發表舒蕪（方管，一九二二——）的〈論文觀〉（一九四五）[16]也是其中一個延續。

三、拉普及其解散所帶來的影響

福本主義在中國流行之時（一九二八），蘇聯的無產階級作家團體拉普正在支配世界左翼文藝理論，由於日本的納普（日本無產階級作家同盟，簡稱 MALP, 1929. 2-1934.2）和中國的左聯（一九三〇——一九三六年初）都接受拉普指導，所以中國福本主義文藝理論，也揉合了拉普的理論。有關二〇年代蘇聯的文藝理論研究，目前以葉莫爾拉耶夫（Herman Emoelave）《蘇聯的社會主義現實主義》（一九六三）[17]一書最負盛名，此書於一九八一年譯介到中國之後（收入《「拉普」資料滙編》上，一九八一、九）[18]，大大提高了中國現代文學研究者對二十年馬克思主義文藝流派的認識。中共的文學史家一直以來都以無產階級文化等同馬克思主義，以無產階級文學等同馬克思主義文學，這種文學史觀與一九三二年四月前的斯大林主義文藝政策近似。列寧（Vladimir I. Lenin, 1870-1924）對無產階級文化基本上持否定的態度，他認爲不必要爲文化水準極低的無產階級另造一種文化。曾是列寧左右手的托洛斯基（Lev D. Trotskii, 1879-1940）又認爲一種文化的形成要百年以上的時間，而無產階級專政的過渡期不會很長，所以不必要也不可能在短期內創造一種文化，因而也否定了無產階級文化的理論。列寧去世（一九二四、一）後，無產階級作家仍然不斷要求蘇共承認他們的領導地位，蘇共因此先後召開兩次文藝政策論辯會議，第一次是在一九二四年五月召開的，主席雅科夫列夫（Ivan Y. Yakovlev, 1848-1930）謹守列寧的立場；在決議中聲明任何文學流派和團體，都不能站出來代表黨。第二次的討論是在一九二五年三月，斯大林爲了鬪倒托洛斯基，忽然支持蘇共中的無產階級文化派，令蘇共正式承認無產階級作家。無產階級作家團體在二〇年代的重要發展，是在一九二四年四——五月成立了拉普（俄羅斯無產階級聯合會，簡稱 RAPP, 1924-32.4）。一九二八——三二，拉普及其領導人成功地控制其他作家團體，並透過第三國際對國際無產階級組織作出理論的指導。

（一）辯證唯物主義的創作方法

波格丹諾夫本來就強調辯證法，到了一九二八年五月，拉普領袖阿維爾巴赫（L. L. Averbakh, 1903-1939）提出「辯證唯物主義的創作方法」的口號，取代了現實主義，當時中國的左聯也把辯證唯物主義的創作方法當作綱領[19]。辯證唯物主義的創作方法介紹到日本幾個月之後，在蘇聯就被批判了，這當然是很尷尬的事情。作爲文學理論，辯證唯物主義的創作方法當然是不正確，但一九三二年中國左聯對這一口號的批判，也不見得是認眞的，因爲辯證唯物主義的創作方法的原則，仍然是黨對作家的要求。辯證唯物主義的創作方法要求：⑴先掌握辯證法才成爲作家；⑵作家的從屬於黨的政治路線，即所謂黨性；以上兩種條件，不見得因辯證唯物主義的創作方法受到批判就取消。辯證唯物主義的創作方法的罪名是取代了現實主義，這點在胡風而言是尤其可笑的，因爲他的現實主義就是盧卡契辯證法。伴隨辯證唯物主義的創作方法提升爲口號「撕下一切假面具」，要求作家揭現實的本質，這一點與盧卡契（〈什麼是正統的馬克思主義〉一文）於現實與現象的討論，也是極其相似的[20]。

（二）黨的文學的主張

波格丹諾夫提出「藝術無目的性」的主張，以擺脫蘇共的束縛[21]，但是波氏以後的無產階級作家如列列維奇（L. G. Lelevich, 1901-1945）卻正反過來爭取蘇共對無產階級文化派的支持（〈黨在藝術方面的政策〉，一九二二），於是引用普列漢諾夫「一切政權對藝術都持功利主義」之論，認爲蘇共應該承認意識形態與黨相符的無產階級文化的絕對地位[22]。到一九二八年，拉普接受蘇共指揮，負責執行蘇共的政策。據栗原幸夫（KULIHARA Yukio, 1927-）《無產階級文學及其時代》的總結是這樣的：在一九二八年以後，繼福本和夫之後領導日本左翼政治和文學思想的是藏原惟人（KURAHARA Korehito, 1902-），藏原惟人當時的文藝思想大都是從拉普引進過來的，在〈納普藝術家的新任務——共產主義藝術的確立〉（一九三〇、四）一文，藏原惟人開始提出黨的文學的主張，稍後發表的〈藝術方法隨想〉（一九三一、九—一〇）一文，又就「主題積極性」（寫什麼題材，又如何去寫）作了進一步的說明，其中原因是當時蘇共把列寧〈黨的組織和黨的出版物〉誤譯爲〈黨的組織和黨的文學〉㉓，因而認爲列寧也有「黨的文學」的想法，這個想法與拉普當時藝術從屬於政治原則是一致的。一九三三年一月，胡風又發表了〈現階段的戰爭的文藝批評的二三個重要的問題〉一文，也強調文學從屬於政治，認爲政治任務和藝術任務完全可以用辯證法加以統一，又就主題積極性作了引述，從日本回國後，又寫了〈關於「主題積極性及與之相關的問題」〉（一九三四、五），再作補充㉔。

（三）拉普的解散與兩個口號的論爭

一九三二年四月，拉普被解散，辯證唯物主義的創作方法也遭到批判，社會主義現實主義的口號也在一九三二年提出，用以代替無產階級現實主義。社會主義現實主義的提出，是爲配合斯大林經歷一九二八年以來的土改運動的政治觀點，斯大林在稍後（一九三六）頒佈的憲法中認爲「社會主義已經建成」，蘇聯再沒有階級鬥爭，無產階級專政的過渡期已經結束，所以也就不需要無產階級文藝，蘇聯今後要建立的是社會主義現實主義。可是，日本的納普和中國的左聯，都是參照拉普的組織和理論而建立的，拉普的解散，對當時尙在革命途中的日本和中國左翼文藝運動，無可避免地出現理論上的矛盾。正如拉普作家不贊同蘇共解散無產階級作家組織的政策一樣，中國的作家也大都不願追隨蘇共的路線而繼續主張無產階級文學，如所周知，到一九五三年爲止，毛澤東的文藝政策仍然是無產階級現實主義。拉普的解散，因此形成左聯內部的矛盾。一九三三年春，胡風因組織留學生成立左翼抗日文化團體被捕，七月初驅逐回國。胡風這時的文藝觀點，與正在主持左聯的周揚（周起應，一九〇八——八九）並不一致。周揚當時有意識地追隨斯大林的路線，一九三三年十一月，周揚發表了長文（〈關於「社會主義現實主義與革命浪漫主義」——「唯物辯證法的創作方法」的否定〉，《現代》四卷一期），報導了蘇聯的新動向，內容主要有幾點：1.是認爲世界觀與創作方法並不等同；2.是肯定藝術是用形象思維，並爲形象思維恢復名譽；3.再者，又把革命浪漫主義納入社會主義現實主義的文藝政策之中，重新肯定㉕。這篇文章在文革之中曾再度受到批判，因爲文革重新強調類似拉普的路線。

1.文革後於兩個口號論爭的解釋

當時第三國際和中共的政策，都因爲客觀形勢而起了變化，以至中共忽然暫時放棄無產階級文化的階級觀點，接納類似社會主義現實主義的立場。據文革後官方的解釋是這樣的：一九三五年七、八月間（七、二五——八、二〇），第三國際在莫斯科召開第七次代表大會，季米特洛夫（Georgiĭ M. Dimitrov, 1882-1949）在會上號召組織起來反法西斯，提議集中力量，在一國之內及在國際上組織統一戰線。中共駐莫斯科的代表王明（陳紹禹，一九〇四——七四）也在會上發言，表示支持，又命令他的部下蕭三（蕭子暲，一八九六——一九八三）寫信回國，叫左聯解散，另組統一戰線；蕭三在一九三五年八月寫了一封信，傳達王明的指示，結果導致左聯的解散㉖。與此同時，中共在長征途中剛巧也有了統一戰線的構想。一九三五年八月一日，中共發表了〈八一宣言〉，號召成立抗日民族統一戰線，要求停止內戰，共禦外侮。一九三六年六月，周揚結合了王明的發言以及〈八一宣言〉的精神，發表了〈現階段的文學〉一文，首先提出要用國防文學作爲文藝界統一戰線的口號㉗。抗日統一戰線的策略應用於文藝的結果，是文藝暫不再提階級的問題。

2.魯迅、馮雪峯、胡風與民族革命戰爭的大衆文學的口號

「兩個口號」論爭之二

一九三六年四月，中共的特使馮雪峯（馮福春，一九〇三——七六）在長征途中離開瓦窰堡，到上海傳達政策；馮雪峯因爲與周揚不和，所以到上海後沒有馬上找周揚，而與魯迅、胡風等商議，在國防文學之外，另立「民族革命戰爭的大衆文學」的口號；在魯迅的同意下，胡風在發表了〈文學修業底一個基本形態〉（一九三六、五）一文，首次公開了這個口號，終於引起了所謂兩個口號的論爭[28]。這個論爭，在文革中成爲批評周揚的主要罪證之一。大衆文學是有明確的階級的觀點的，與第三國際和中共的組織統一戰線的精神並不一致。一九三四年七月，穆木天（穆敬熙，一九〇〇——七一）在上海遭國民黨政府逮捕，九月廿五日《大晚報》刊出穆木天等人脫離左聯的聲明。穆木天在轉向獲釋之後，跟其他左翼作家說胡風是國民黨的特務，左翼作家內部不禁對胡風起了戒心，唯獨魯迅以此事出於轉向者之言，不肯相信。一九三六年八月，魯迅終於發表了題爲〈答徐懋庸並關於抗日統一戰線問題〉的公開信，把左翼作家內部矛盾公之於世[29]。

3.文革期間於「兩個口號」論爭的評論

「民族革命戰爭的大衆文學」這一口號，就性質而論，與毛澤東在一九四二年所制定的文藝政策是一脈相承的。對於兩個口號的論爭，毛澤東一直沒有固定的看法，據吳黎平（吳亮平，一九〇八——八六）的回憶，在一九三七年，毛澤東曾表示國防文學更爲適合當時的形勢，那段談話還紀錄在當時出版的一本書裏面[30]。毛澤東這種想法，與八一宣言的精神是一致的，可是，在一九四三年十月底蕭三直接向毛澤東滙報左聯解散始末之時，毛澤東又認

爲解散左聯和解散共產黨差不多㉛。然而，到了文革期間，國防文學忽然進一步成爲了反革命的罪行；一九六七年五月，在毛澤東審閱下發表了〈林彪同志委託江青同志召開的部隊文藝座談會紀錄〉（《紅旗》，一九六七、五）一文，指責國防文學是王明、劉少奇（一八九八——一九六八）一伙叛徒的資產階級口號，是投降主義路線㉜。

（四）典型問題的論爭，一九三五——一九三六

一九三二年四月，與拉普的解散的同時，蘇共發表了恩格斯（Friedrich Engels,1802-1985）寫給英國女作家哈克奈斯（M. Harkness, 生卒不詳）的信，信的內容有兩個要點：⑴現實主義應該塑造「典型環境中的典型人物」；⑵巴爾札克（Honoréde Balzac, 1799-1850）政治思想反動，但能違反自己的階級，寫出偉大的現實主義作品㉝。自此以後，蘇聯和中國都就典型人物作了長期的探索，並多次引起論爭。異型人物應該是個性和共性（普遍性）的辯證統一，中蘇兩國都花了不少時間在共性的問題上，由於自拉普以來就強調文藝的階級性，所以後來的典型論爭，大都集中在於共性是否相當於階級性的問題上，李希凡（李錫範，一九二七——）和何其芳（何永芳，一九一二——一九七七）的長期論爭就是如此（一九五六——七九）。文革後，中共透過對青年馬克思的認識，不再否定共同人性的存在，所以共性不能相當於階級性，已續漸演變爲約定俗成的看法。胡風提倡的「民旅革命戰爭的大衆文學」中的所謂「大衆文學」，是相當於無產階級文學。在〈現實主義底一「修正」〉（一九三六、二）一文，胡風強調把典型的共性等同永恒的人性或者是國民性都是錯的㉞，現在看來，胡風的觀點與李希凡接近。巴人（王運鏜，字任叔，一九〇一——七二）認爲這次典型論爭反映了兩個口號論爭的觀點，胡風當時是以階級觀點出發，周揚當時則是以民族觀點

出發（《文學初步》㉟）。

（五）小結

拉普對胡風的影響，並未因解散而消失，有幾點是胡風的現實主義所堅持的：⑴是始終沒有放棄無產階級文化；⑵始終沒有放棄無產階級立場；⑶實際上仍然以辯證法代替現實主義。這幾點也是中國左翼文藝思想所共有的，如所周知，十年文革是無產階級文化及拉普理論的具體實踐。唯一的是胡風此後不再強調黨性，原因是他對辯證法的解釋，與中共中央出現矛盾。

四、民族形式的論爭，一九三八——一九四一

——與毛澤東文藝政策對立的第一階段

一九三七年七月七日，抗戰爆發，胡風先後流亡到漢口、重慶、香港和桂林等地。胡風在辯證法的解釋，逐漸走到與毛澤東思想對立的地步。首先是有關民族形式問題的論爭。民族形式問題論爭開始於一九三八年，其後由延安伸展到重慶、香港等地，是一個相當大規模的論爭，論爭中取得共識部分後來寫進毛澤東的文藝政策。

（一）民族形式論爭的背景

——大衆文學論爭及辯證法論辯的延續

民族形式論爭是一場關於文學大衆化的論爭，是繼左聯於這個問題爭論後的第二回合的討論，這次討論有兩個重要的意義：⑴是討論到如何評價以及承繼五四文學遺產；⑵是對辯

證法於大衆化過程的應用作了深入的探討。自二十年代崗位派以來，無產階級作家一直主張要掌握辯證唯物主義，把辯證法應用到每一方面去，到了一九二八年，無產階級作家還提出辯證唯物主義的創作方法以代替現實主義。一九三二年四月拉普解散，這一口號被否定，但不等於無產階級作家就因此放棄辯證唯物主義，正如趙紀彬（趙濟焱，另一筆名是向林冰，一九〇五——八二）所說：民族形式論爭正是哲學上辯證物主義論爭「在文藝理論上的直線延長」，「尤其和內容形式問題，本質與現象問題，根據與條件問題，以及知識份子與人民大衆在社會變革上的作用與地位的評介——主導與從屬的史觀問題，有直接而緊密的聯繫」㊱。

（二）毛澤東有關民族形式的論述

民族形式論爭的源起，據郭沫若（郭開貞，一八九二——一九七八）說是受蘇共文藝政策的影響的，斯大林對民族形式問題曾作兩次講話。一九二五年五月十八日，斯大林在演講中有「內容是無產階級的，形式是民族的」的話（〈論東方各民族大學的政治任務〉㊲），一九三〇年六月廿七日所作的〈聯共（布）中共中央委員會向第十六次代表大會的政治報告〉又有「社會主義的內容和民族形式的文化」㊳之語；郭沫若又認爲：蘇聯的民族形式是說參加蘇聯共和國各個民族對於同一的內容可以自由發揮，發揮爲多樣的形式，目的是以內容的普遍性棄民族的特殊性。在中國被提起的民族形式，意思卻有不同，相信不外是中國化或大衆化的同義語，目的是要反映民族的特殊性以推進內容的普遍性，云云。（〈「民族形式」商兌，一九四〇、六〉㊴。一九三八年十月，毛澤東在黨六中全會作了〈中國共產黨在民族戰爭中的地位〉的報告，其中〈學習〉一節，提出要把國際主義的內容和民族形式結合起來」，創造爲老百姓「喜聞樂見」的「中國作風和中國氣派」㊵，這就是說要把馬克思主義中國化。一九四〇年一月，在〈新民主主義論〉又說「中國文化應有自己的形式，這就是民族形式[41]。

（三）胡風與延安派理論家於辯證唯物主義理解的分歧

一九三九年初在延安的民族形式討論，接觸到舊文學、民間文學，以至五四以來的新文學如何批判地承繼的問題。一九四〇年在重慶文藝界展開討論之時，出現了兩種對立的觀點：1.是向林冰的看法，他認爲應以民間形式爲中心源泉，又否定五四以來的新文學；2.是以葛一虹（葛曾濟，一九一三——）爲代表的一派，堅決維護五四新文學，與前者對立。葛一虹認爲新文藝不能普及，是因爲老百姓知識程度低下之故，這就引起普及與提高的問題。

趙紀彬當時以筆名向林冰參與民族形式的論戰，他在〈論「民族形式」的中心源泉〉（一九四〇、三）一文認爲據「存在決定意識」「內容決定意識」的政治學上的決定論認爲「形式可以被揚棄被改造」；據辯證法：「新質發生於舊質的胎內，通過了舊質的自己否定過程而成爲獨立的存在」，因此而推論新文學應以民間文學爲中心源泉，再由民間形式起革命思想，產生高級形態的新形式。所以「現實主義者應該在民間形式中發現民間形式的中心源泉」云云[42]。向林冰的論點，得到大批身在延安的理論家如潘梓年（一八九三——一九七二）、以羣（葉元燦，一九一一——六六）、羅蓀（孔繁衍，一九一二——）、胡繩（一九一八——）、黃芝岡（黃衍仁，一八九五——一九七一）以至與他持對立觀點的葛一虹的同意[43]。

1.民粹主義傾向的批判

——胡風於趙紀彬辯證法否定之一

趙紀彬的民間文學中心源泉說，結果是把五四文學革命所打倒的舊文學恢復過來，中國是小農經濟的的國家，農民佔大多數，恢復民間文學，以小農爲大衆文學的對象，於是又把波格丹諾夫以工人爲主體的無產階級文化還原爲民粹主義，民粹主義的其中一個特徵是以農民爲革命的主體。如所周知，列寧的建黨思想是以知識分子爲革命主體，波格丹諾夫無產階級文化是以工人爲革命主體，並排斥農民，但是毛澤東的無產階級文化是以農民爲革命主體的，中國革命經常帶有民粹主義傾向，是衆所周知的事實[44]。趙紀彬把中國文學的將來寄託給民間文學的辯證發展，在胡風看來，是一種民粹主義，從歷史過程分析，也缺乏向前發展的觀念[45]。

2. 相類社會基礎移入說

——胡風於趙紀彬辯證法否定之二

在《民族形式的問題》（一九四〇）一書，胡風引用了一些馬克思主義理論家的名著，以否定趙紀彬以「內容決定形式」的辯證法解釋文學形式。胡風首先引俄國馬克思主義之父普列漢諾夫《論一元歷史觀之發展》爲根據，在這本名著之中，普列漢諾夫認爲文學形式是具備「相類社會基礎移入」的[46]。

3. 盧卡契有關歷史過程的必然性

——胡風於趙紀彬辯證法否定之三

與普列漢諾夫「相類社會基礎移入」說相配合的，是盧卡契〈敍述與描寫〉（一九三六）於文學形式的看法。盧卡契認爲文藝現象是「由生活裏面出來」，「決不是由於藝術形式本身固有的辯法而發生的」[47]。伊格爾頓（Terry Eagleton, 1943-）《馬克思主義與文學批評》（《Marxism and Literary Criticism》，1976）一書認爲：盧卡契在未成爲馬克思主義之前，已經認爲文學形式是意識形態，俄國馬克思主義者之中，唯托洛斯基《文學革命》一書的看法與盧卡契接近，其他俄國馬克思主義者一般是把內容與形式看作一種辯證的關係[48]。

4. 五四革命文學運動與自然生長說
——胡風與毛澤東於五四運動評價的分歧

胡風從總體性的角度評價五四運動，結果在日後也引起堅持毛澤東思想的理論家的不滿。胡風在民族形式論爭之中，以市民說解釋五四運動。毛澤東對五四運動的評價主要見於：⑴在一九四〇年一月發表的〈新民主主義論〉，毛澤東在該文認爲五四運動以後的文化是由馬克思主義者領導下形成的[49]；⑵在一九四九年六月發表的〈論人民民主專政〉，又進一步說「十月革命一聲炮響，給我們送來了馬克思列寧主義[50]」，把五四運動看作十月革命所引起的世界革命的一環。胡風則把五四文學定爲「自然成長的新文藝」，「自然成長」是列寧《怎麼辦》一書的術語，也是福本主義者常用的術語，用以解釋過去的左翼文藝形成過程。《怎麼辦》是列寧闡述建黨思想的文獻，列寧在該書認爲社會意識可在智識階級中自然成長，馬克思和恩格斯本來都是資產階級知識分子，自發的工人運動不可能形成社會意識，社會意識還是需要有豐富學識的、參與革命運動的智識階級創造出來[51]。依胡風看來，這種自然成長的社會意識成就了「相類社會基礎」，而其間領導五四運動的是並未帶有階級立場的市民，市民們移植了西方的現實主義的而形成五四革命文學運動。值得注意的是胡風認爲「市民」才是五四文學革命運動的領袖[52]。

(四) 小　結

在民族形式論爭之中，胡風差不多把毛澤東爲首的延安派馬克思主義理論家作爲批判對象，胡風的論點包括：⑴否定藝術形式是由本身固有的辯證法產生的說法；⑵對以農民爲革命主體的民粹主義傾向作了批判；⑶在毛澤東〈新民主主義論〉之外另立市民說，以解釋五四文革命運動性質。胡風的無產階級文化理論很少提及黨性原則，無疑是因爲他和延安派的黨理論家無法取得共識之故。

五、「主觀戰鬥精神」的論戰

胡風不但在民族形式論爭之中引用盧卡契〈敍述與描寫〉（一九三六）的觀點，而且依據這篇論文所強調的作家主觀精神作用，再度結合他青年時代所接觸到的盧卡契主客體辯證法，建立起後期的文藝學理論，即所謂主觀戰鬥精神。以下撮引伊格爾頓《馬克思主義與文學批評》於〈敍述與描寫〉的介紹作一說明：⑴在這篇論文，盧卡契的主要批評概念是：整體、典型性和歷史過程；⑵隨著資本主義的異化，一般和特殊、概念和感覺、社會和個人之間分裂，只有偉大的作家和藝術作品能夠與這種異化和分裂作鬥爭，展示人類的整體現象，這樣的藝術叫做現實主義；⑶一八四八年的歐洲革命運動失敗，階級鬥爭凍結，資產階級把社會看作自然的事實；其間描會人類與異化鬪爭的小說家是巴爾札克，但巴爾札克的後繼者如左拉（Emile Zola, 1840-1902），只是照相式再現社會現象，未能揭示現象背後的本質，心理學或生理學代替歷史，成爲典型人物行動的因素；作家從歷史的、積極而主觀的參與者，一變而爲冷靜的旁觀者；(4)透過人與環境關係的描寫，特別是人與環境的鬪爭的描寫，現實主義作品中的典型人物展示了巨大的力量；(5)在形式主義作品之中，人剝奪了自已的歷史，與現實隔離，與自然主義一樣，把人變成一件零件，一個狀態，一幅靜物畫，這正是資本主義的異化現象（同[48]）。胡風就是根據〈敍述與描寫〉的理論，以分析抗戰期的中國文藝現實。據胡鑄的研究，胡風在〈今天，我們的中心問題是什麼？〉（一九四一、一）一文首先提出主觀戰鬪精神的觀念[53]。〈敍述與描寫〉一文在一九四〇年有呂熒（何佶，一九一五——六九）的中譯，發表在胡風主編的《七月》（六集一、二期）[54]。這種主觀戰鬪精神的辯證法似乎未獲延安派理論家的同意，一九四五年一月，胡風在自已主編的雜誌《希望》發表了舒蕪〈論主觀〉一文（同[16]），結果引起軒然大波，黃藥眠（黃訪，一九〇三——八七）、何其芳、邵荃麟（邵駿運，一九〇六——七一）、胡繩等從反映論對胡風作了批判，認爲是反馬克思主義[55]。

六、《胡風對文藝問題的意見》(1955)

——與毛澤東文藝政策對立的第2階段

爲了解決胡風思想的問題，一九五二年十二月，文協召開「胡風文藝思想討論會」，《文藝報》一九五三年二、三月號分別刊登了林默涵（林烈，一九一三——）和何其芳對胡風批判的論文，認爲胡風是反現實主義的。胡風爲反駁林、何等的觀點，寫了萬言書交給中共中央，這篇萬言書後印成《胡風對文藝問題的意見》，附於《文藝報》一九五五年一、二號派發。一九五五年五月三日至六月十日，《人民日報》發表了三批〈關於胡風反革命集團的材料〉，附有序言和案語，在文革期間證實是毛澤東親自寫的。同年五月廿五日，文聯召開大會，開除胡風的會籍，撤銷一切職務。《胡風對文藝問題的意見》引用了不少蘇聯共黨在建國之後各個時期對文藝問題所作的決定，這些決定，由於配合不同時期的需要，所以綜合在一起之時，不免自相矛盾。《胡風對文藝問題的意見》最值得注意是對黨性的否定。

（一）世界觀與創作方法可以不一致論

—— 否定黨性的理論根據之一

世界觀與創作方法可以不一致之論，應該回溯拉普解散時所出現的問題。一九三二年四月，即拉普解散的同月，蘇共發表了恩格斯兩封談文藝的信，信裏談到兩個問題：其一，是有關典型的，前面已討論過，玆不贅；其二，是認爲「世界觀與創作方法」可以不一致，恩格斯認爲巴爾札克是保皇黨，政治上反動，但他能夠違反自己的世界觀，寫出偉大的現實主義作品。恩格斯這個經典論述，直接打擊了辯證唯物主義的創作方法，辯證唯物主義的創作方法是要求作家一定要以唯物辯證法武裝，才能寫出好的作品。巴爾札克世界觀問題在蘇聯引起討論之時（一九三二——三四），各方見解可分爲三派：⑴是認爲世界觀與創作方法之間有衝突或矛盾——羅森塔爾（Mark M, Rozental', 1906–1975）、阿爾特曼(I. Atman)持此說——賴於派；⑵是創作方法可違背自己世界觀——盧卡契與李夫希茨（Mikhail A. Lifshits, 1905–83）持此說——違背派；⑶把創作方法與世界觀等同起來——努西諾夫（I. Nusinov）[56]。一九五二年十二月，文協召開「胡風文藝思想討論會」，《文藝報》一九五三年二、三月號分別刊登了林默涵和何其芳的批判論文，對胡風用違反論解釋世界觀與創作了批判，認爲胡風是反現實主義的。胡風則反指林默涵、何同芳仍然停留在拉普的觀點[57]。

（二）馬林科夫的一九大報告與寫眞實的口號

——否定黨性的理論根據之二

《胡風對文藝問題的意見》也曾經借用馬林科夫(Georgii M. Malenkov, 1902–1988)的一九大報告。一九五二年十月，馬林科夫在蘇共一九大報告中提及典型人物的問題（中譯：一九五二年十一月，《文藝報》[58]），這個報告以「反無衝突論」，提倡寫眞實著名，是爲解凍期的前奏；此外報告中也談到典型問題，不過，一九大報告後來證實是有問題的。斯大林於一九五三年去世，馬林科夫繼位，不久就被赫魯曉夫（Nikita S. Khrushov, 1894–1971）取代，赫魯曉夫在蘇共二〇大（一九五六、二、一四——二五）批判斯大林，蘇聯解凍期（一九五三——一九六六）也正式進入較明朗的階段。一九五五年九月，蘇聯《共產黨人》雜誌（一八期）發表了典型專論（中譯，一九五六年二月《文藝報》，《學習譯叢》），批評了馬林科夫一九大報告中有關典型論述（一九五五年十月，中譯見於同月的《文藝報》）。馬林科夫的報告無疑有三點主要的錯誤：⑴把塑造典型看作是政治問題，即文藝從屬於政治，這一點跟十九大報告反無衝突論的精神也是背道而馳的；把典型看作是「黨性在現實主義藝術中都表現的基本範疇」；這點不對之處，可舉巴爾札克爲例，巴爾札克塑造了不少典型人物，但他沒有後來所謂強調的黨性；⑶把典型看作是「和一定社會——歷史現象的本質相一致」，這一點的錯誤，是不了解科學與文藝對現實認識方法的不同，不了解文藝特殊性[59]。胡風引寫眞實之論，是用以反對世界觀與創作方法必須一致的拉普辯證唯物主義的創作方法的口號[60]。如所周知，毛澤東的文藝政策在黨性方面與拉普主張沒有分別。

(三) 蘇聯一九二四年文藝論辯決議的引用

——否定黨性的理論根據之三

在《胡風對文藝問題的意見》，胡風還引用了雅科夫列夫等人在文藝政策論辯第一回合的決議（參第三節〈拉普及其解散所帶來的影響〉）。謹守列寧對文藝流派處理態度的雅科夫列夫不贊成無產階級文化理論，並否決無產階級文學作家對蘇共所作的要求，決議中聲名任何文學流派和團體，都不能站出來代表黨。在《胡風對文藝問題的意見》，胡風是以無產階級作家，支持不贊成無產階級文化的雅科夫列夫的決議，當然難以爲毛澤東所接受，毛澤東的文藝政策就是要建設無產階級文化。

七、結論

胡風和毛澤東的文藝思想其實沒有太大的分歧，以下幾點都是兩者所共有的：⑴目的都是爲了建設無產階級文化；⑵都強調階級鬪爭；⑶都獨尊現實主義；⑷都把無產階級文化等同大衆文化；⑸毛澤東也講實踐，所以在辯證法的方法上差別不大。所不同者是：胡風在理論上對民粹主義態度不一樣，但他不見得經常強調；兼且胡風由於對馬克思主義辯證法的解釋與延安派不一致，導致最後對黨性持否定態度。文革後西方馬克思主義流行，胡風當年對辯證法的理解也漸爲人所接受。胡風的悲劇是令人深感遺憾的，可是他的文藝理論，目的還是無產階級文化，與毛澤東的文藝政策分歧不大。經過文革對無產階級文化的實驗之後，中國的評論家不應該只考慮胡風個人的悲劇，而應該參考文革的悲劇，對主觀戰鬪精神作出審愼的評價。

（在資料蒐集過程中，得到鈴木正夫教授、田件一成教授、黃耀堃教授，以及港大同學白雲開先生、梁敏兒女士的幫助，謹此致以萬二分的謝意）。

附注

❶ 馬蹄疾（一九三六—）：《胡風傳》（成都：四川人民出版社，一九八九）。

❷ 〈我的自傳〉，《新文學史料》一九八一年一期，一九八一年二月，頁一〇一。

❸ 參《論爭・歷史と階級意識》（《論爭・歷史和階級意識》，池田浩士編，東京：河出書房新社，一九七七），〈解說〉部分，頁三五一—三七，此書網羅包括日本在內的、有關《歷史和階級意識》所引起的論爭文獻。

❹ 拙稿〈福本主義對魯迅的影響〉（《魯迅月刊》一九九〇年七期，一九九〇年七月，頁一二一—二一）對福本主義理論作了綜合的介紹，內容包括：⑴日語有關福本主義的文獻；⑵福本主義的特徵；⑶中國福本主義者的理論；⑷中國革命文學論戰與福本主義的關係；⑸魯迅如何接受了福本主義。

❺ 《三十年代「文藝自由論辯」資料》（吉明學、孫露茜編，上海：上海文藝出版社，一九九〇）a.〈粉飾，歪曲，鐵一般的事實〉，頁二五八—二七六；b.〈現階段上的文藝批評之幾個緊要問題〉，頁二七七—二八〇，這只是節錄而已，原文刋《現代文化》1卷1期，一九三三年一月，頁一～二六；c.〈關於現實與現象的問題及其他〉，頁四七一—四九一。這本書還收錄了關於這

次論爭的論文目錄以及轉錄了若干篇文革後發表的重點論文，不過這些論文都是以肯定無產階級文化爲前題寫的，也沒有提及盧卡契《歷史和階級意識》一書對胡風的影響。

❻❼ 《歷史和階級意識——馬克思主義辯證法研究》（喬治・盧卡奇著，張西平譯，重慶：重慶出版社，一九八九），頁一〇，二一。

❽ 並參徐崇溫（一九三〇—）：《西方馬克思主義》（天津：天津人民出版社，一九八二），第二章第二節，頁八七。

❾ 參❺a.，頁二六六。

❿ 《文藝筆談》（上海：文學出版社，二版，一九三七），頁一九〇。

⓫ 收入《「革命文學」論爭資料選編》（中國社會科學院文學研究所現代文學研究室編，北京：人民文學出版社，一九八一），上册，頁二八九，原刊《文化批判》四號。

⓬ 同❿，頁五二，四〇。

⓭ 《密雲期風習小紀》（香港：海燕出版社，一九四〇），頁六八。

⓮ 近藤龍哉（KONDO Tatsuya, 1946–）：〈胡風研究ノート(1)——その理論形成期についての傳記的考察〉（〈胡風研究札記——有關早期的經歷及其理論〉），《東洋文化研究所紀要》七五册，一九七八年三月，頁三七五。

⓯ a.參❹；b.參⓫，頁三〇一—三〇五。

⓰ 《文學理論史料》（《國統區抗戰文學研究叢書》），成者：四川人民出版社，一九八八），頁五五六—五九六。

⓱ 《Soviet Literary Theory, 1917-1934: The Genesis of Socialist Realism》(Berkeley: California UP, 1963).

⓲ 張秋華、彭克巽、雷光編選：北京：中國社會科學出版社，一九八一。

⑲ 張大明：〈「辯證唯物主義的創作方法」在中國〉，《三十年代文學札記》（天津：天津人民出版社，一九八六），頁二六六—二七九。

⑳ 參⑱，頁三七八。

㉑ 〈無產階級的詩歌〉，《無產階級文化派資料選編》（白嗣宏編，北京：中國社會科學出版社，一九八三），頁二三。

㉒ 普列漢諾夫：《藝術與生活》，收入《普列漢諾夫美學論文集》（曹葆華〔曹寶華，一九〇六—七八〕譯；北京：人民文學出版社，一九八三），頁八三〇；b.《「拉普」資料滙編》，參⑱，頁八四—八五；c.〈「拉普」——從興起到解散〉，參⑱，頁三三四；此文是（《Soviet Literary Theory, 1917-1934》一書的中譯）。

㉓ 《プロレタリア文學とその時代代》（《無產階級文學及其時代》，東京：平凡社，一九七一），頁一三八—一三九，一七八—一七九。

㉔ a.參⑭，頁三八六—三八九；b.《綜合》創刊號，一九三四年五月，頁七三—八四。

㉕ 《周揚文集》（北京：人民文學出版社，一九八四），卷二，頁一〇一—一一四。

㉖ 〈我爲「左聯」在國外作了些什麼？〉，《左聯回憶錄》（中國社會科學院文學研究所《左聯回憶錄》編輯組，北京：中國社會科學出版社，一九八二），頁一七五—一八一。

㉗ a.唐沅：〈關於一九三六年「兩個口號」論爭的性質問題〉，《文學評論》一九七八年三期，一九七八年六月，頁一一；b.吳黎平：〈關於三十年代左翼文藝運動的若干問題〉，《文學評論》一九七八年五期，一九七八年十月，頁一三。

㉘ 張順發：〈「民族革命戰爭的文衆文書」公開提出時間及文章〉，《J3中國現代當代文學研究》（人民大學複印報刊資料）一九八六年三期，出版月份缺，頁二六（原刊《貴州大學學報》〔社科版〕，一九八五年四期）。

㉙《且介亭雜文末篇》，《魯迅全集》（北京：人民文學出版社，一九八一），卷六，頁五二六—五三八。

㉚參㉗，頁一一。

㉛參㉖，頁一四八。

㉜《紅旗》一九六七年九期，一九六七年五月，頁一六。

㉝《文學理論學習參考資料》（北京師範大學文藝理論組編，北京：高等教育出版社，五版，一九五七），頁三七一—三七二。

㉞參⑬，頁三三。

㉟《文學初步》（上海：新文藝出版社，三版，一九五二），〈第七篇・二・新文學發展的階段〉，頁四二五。

㊱〈抗戰三年來的中國哲學論爭〉，《趙紀彬文集》（河南：河南人民出版社，一九八五），頁四八〇。

㊲《斯大林全集》（北京：人民出版社，二版，一九六四），卷七，頁一一七。

㊳同上，一九五五年，卷一二，見〈黨內事務的領導問題〉，頁三一九。

㊴《民族形式討論集》（胡風編，重慶：華中圖書公司，一九四一），頁一五三。

㊵㊶《毛澤東著作選讀》（北京：人民出版社，一九八六），册一，頁二八八，三九八。

㊷參㊴，頁九七—九八。

㊸《民族形式問題》（重慶：學術出版社，二版，一九四一），第三章，頁二〇。

㊹莫里斯・邁斯納（Meisner, Maurice J. 1931-）：a.《李大釗與中國馬克思主義的起源》（《Li Tai-chao: The Origin of Marxism of China》，中共北京市委黨史研究室編譯組譯，北京：中共黨史資料出版社，一九八九）；b.《Marxism Maoism and Utopianism》

（《馬克思主義・毛澤東主義・烏托邦主義》，London: The U of Winconsin P, 1982)。

㊺ 同㊸，第五章，頁四九；第六章，頁六七。

㊻ a.參㊸，第三章，頁二五；b.博古（秦邦憲，一九〇七—四六）譯，上海：新華書店，一九四九；第五章，〈現代唯物論〉，頁二八二—二八五。

㊼ a.參㊸，第三章，頁二一；b.〈敍述與描寫——爲討論自然主義和形式主義而作〉，《盧卡契文學論文集》（北京：中國社會科學出版社，一九八〇），卷一，頁四八。

㊽ 《馬克思主義與文學批評》（文寶譯，收入《西方馬克思主義美學文選》（陸梅林，桂林：漓江出版社，一九八八），頁六八〇—六九〇。

㊾㊿ 參㊵，頁三五五，六七七。

(51) 《怎麼辦》（《列寧全集》，中共中央馬克思恩格斯列寧斯大林著作編譯局編譯，北京：人民出版社，一九六三年，三版），卷五，頁三四三。

(52) 參㊸，第四章，頁三九。

(53) 胡鑄：〈論胡風的主觀戰鬪精神〉，《蘇州大學學報》總四四期，一九八三年八月，見「其一：關於創作與生活的小感」一節，頁六六。

(54) 胡風：〈重慶前期——抗戰回憶錄之十〉，《新文學史料》一九八七年三期，一九八七年八月，頁九八。

(55) 《中國現代文學史》（唐弢〔唐端毅，一九一三—〕、嚴家炎（一九三三—）編，北京：人民文學出版社，一九八〇），册三，〈關於現實主義問題的討論和對「論主觀」的批評〉，頁三九八—四一二。

(56) a.波斯彼洛夫（Pospelev, G. N., 1899-）：《文學理論》（王忠琪等譯三：北京，聯書店，一九八五），頁三八一—三八四；b.吳元邁（一九三四—）：〈三十年代蘇聯的文學思想〉，

57 《蘇聯文學史論文集》（北京：外語教學與研究出版社，一九八二），頁九九—一二二。

58 《胡風對文藝問題的意見》，〈關於第六個論斷〉頁二〇，三二—三九。

59 〈蘇聯共產黨（布）中央委員會書記馬林科夫在蘇聯共產黨（布）第十九次代表大會上所作「蘇聯共產黨（布）中央委員會的報告」中關於文學藝術部分的摘錄〉，《文藝報》一九五二年二一號，一九五二年十一月，頁五—六。

a.廷超譯，《學習譯叢》一九五六年二期，頁一—一〇；b.周若予譯，《文藝報》一九五六年二月，頁四—五一；c.吳元邁：〈五、六十年代蘇聯文藝思潮簡論〉（《五、六十年代蘇聯文學》吳元邁、鄧蜀平編，北京：外語教學與研究出版社，一九八四），頁二〇—二二。

60 參57，第一及第二基本論斷，頁八—一三。

61 參57，〈作為參考的建議・第二部分・文學部分的方法〉，頁一四四。

本篇原以〈胡風的文藝思想〉發表，經作者更定後改為〈胡風的「主觀戰鬥精神」〉。

墨子與孟子對戰爭之態度

高柏園

一、引　論

戰爭是人類社會中極爲特殊的現象，它一方面代表了人類的墮落，因爲戰爭正是人類不完美的表現之一；另一方面，它又象徵著人類追求理想的執著，人不惜通過如此慘烈的手段來達到理想的實現。也就由於戰爭一方面是人類魔性的表現，一方面又是人類神性的象徵，因此，人類在面對戰爭時所採取的態度，也就成爲人類非常根本而重要的態度。我們可以說，人類對戰爭的態度，其實也反映了人類的價値觀與世界觀。

本文之主要目標，卽在試圖通過對墨子與孟子對戰爭態度之比較，展示其中反戰及主戰之理由，並進一步予以評析。同時，這樣的比較與評析，也提供了吾人進一步討論戰爭意義之理論基礎與論說方向，進而對戰爭有較深入之討論。

二、戰爭的時代背景與理論意義

在正式解析墨子及孟子對戰爭態度之前，先讓我們說明二義：

㈠**戰爭對時代背景之反映**——

戰爭既是人類文化現象中極爲重要的表現之一，因此，對戰爭的態度其實也就反映了當時的時代背景。易言之，在一個戰爭頻仍的亂世，戰爭所造成的傷害及痛苦自是非常深刻，因而也就吸引了當時思想家的熱切討論。

此義落在先秦諸子之時代尤其明顯。即就孔子而言，當時戰爭顯然已經成爲諸侯所關心之對象，如《論語，衞靈公》即載：

衞靈公問陳於孔子。孔子對曰：俎豆之事，則嘗聞之矣。軍旅之事，未之學也。[1]

由衞靈公的軍事關懷，即可見當時戰爭已然是重要問題之一，而孔子其實也頗爲重視。

子之所慎，齋、戰、疾。《論語・述而》

子曰：善人敎民七年，亦可以即戎矣。《論語・子路》

子曰：以不敎民戰，是謂棄之。《論語・子路》

由以上引文看來，孔子一方面不願多談軍事戰爭，但是另一方面卻也正視了戰爭的問題，唯其所論畢竟較少。而當我們將焦點轉到道家的老子時，便發現老子書中對戰爭之描寫則顯然生動、深刻而慘烈：

> 以道佐人主者，不以兵强天下，其事好還。師之所處，荊棘生焉，大軍之後，必有凶年。〈三十章〉❷
>
> 夫佳兵者，不祥之器，物或惡之，故有道者不處。君子居則貴左，用兵則貴右。兵者，不祥之器，非君子之器，不得已而用之，恬淡為上。勝而不美，而美之者，是樂殺人。夫樂殺人者，則不可以得志於天下矣。吉事尚左，凶事尚右，偏將軍居左，上將軍居右，言以喪禮處之。殺人之衆，以哀悲泣之，戰勝以喪禮處之。〈三十一章〉
>
> 天下有道，却走馬以糞，天下無道，戎馬生之郊。〈四十六章〉

誠如王邦雄先生的分析：「連母馬也在沙場馳騁，而耕夫盡出徵調入伍，是以農村幾無勞動馬力與人口，是以災荒連年。」❸戰爭之慘烈如此，莫怪乎老子要以兵者爲不祥之器，而以喪禮對待戰爭了。卽使不幸要戰爭，也必須是一種不得已的做法：

> 以正治國，以奇用兵，以無事取天下。〈五十七章〉

關於此章，成克鞏注曰：

聖人柔遠能通，無意於用兵，唯不得已，然後有征伐之事，故治國必以正，用兵方以奇。❹

用兵既是不得已之事，是以甲兵最好備而不用，甚至根本廢棄之，此卽其小國寡民之理想國：

小國寡民，使有什伯之器而不用，使民重死而不遠徙。雖有舟輿，無所乘之，雖有甲兵，無所陳之；使人復結繩而用之。〈八十章〉

由此看來，在孔子之後的墨子與孟子，其所以對戰爭有如此強烈的反應，其實是可以由其時代背景中找到線索的。卽就墨子而言，墨子爲了阻止公輸般爲楚建造雲梯以攻宋，十日十夜而至於郢，此卽見當時戰爭之常見；另一方面，《墨子》書中亦論及守城之法，此皆顯示墨子時代背景與戰爭關係之密切。❺至於孟子亦然。如：

孟子見梁惠王。王曰：叟！不遠千里而來，亦將有以利吾國乎？〈梁惠王〉

朱子注曰：「王所謂利，蓋富國疆兵之類。」❻

一見面即以利國之策求之，此見對戰爭感受之迫切。又如梁惠率自述其戰敗之事，亦反顯當時時代之實況：

> 梁惠王曰：晉國，天下莫強焉，叟之所知也。及寡人之身，東敗於齊，長子死焉；西喪地於秦七百里；南辱於楚。〈梁惠王上〉

又，孟子見梁襄王亦描寫了當時的慘況：

> ……不嗜殺人者能一之。……今天下之人牧，未有不嗜殺人者也，如有不嗜殺人者，則天下之民皆引領而望之矣。〈梁惠王上〉

又，《孟子，公孫丑上》載：

> ……且王者之不作，未有疑於此時者也；民之憔悴於虐政，未有甚於此時者也。……當今之時，萬乘之國行仁政，民之悅之，猶解倒懸也。故事半古人，功必倍之，惟此時為然。

由「不嗜殺人者能一之」以及行仁政之事半功倍，再再顯示孟子時代之混亂，也激發孟子強烈的反戰思想。

㈡ 戰爭態度的理論意義——

對戰爭時代背景之掌握，誠然可以提供吾人更爲寬廣之背景來掌握墨子與孟子的戰爭態度。然而值得注意的是，時代背景的掌握並不能取代理論意義的解析。因爲時代之背景容或相似，然而不同的思想家對相似的問題，卻也能提供不同的理解與說明。因此，理論意義的解析乃是戰爭態度必有之討論內容。同時，人的思想必然有其統一性，否則不足以成一家之言，因此，某思想家對戰爭的態度卻也不是孤立的，而根本是其整個理論系統的必然發展罷了。易言之，戰爭態度乃是與其整個思想系統息息相關的，吾人一方面可以由其理論系統，而推測其戰爭態度；另一方面，吾人也可以由戰爭態度，而逼顯其理論系統之特色，此中實乃是相互決定的。

由此看來，吾人由戰爭的時代背景，可見其當時的社會文化變動之種種，而由戰爭的理論意義，則可了解當時思想家對時代所做出的種種回應。即就理論意義而言，墨子與孟子都是先秦諸子中著名的反戰思想家，也都在某一種意義下保留了戰爭的合理性。值得注意的是，墨子與孟子雖然同爲反戰者，然而其中反戰之理由卻大異。此中，墨子乃是以功利主義之態度反對戰爭，以戰爭爲大不利而反對之；而孟子則是以道德實踐的優先性之態度反對戰爭，以戰爭直接違背了道德原則而反戰。然而也在同時，墨子及孟子都保留了弔民伐罪的必要，而肯定了義戰的必要性與合理性。只是墨子之所謂「義」，仍是以利定之，而不同於孟子之以道德界定「義」也。❼

三、墨子對戰爭之態度

(一)墨子思想中的功利主義特色

如果聖人、仁人在墨子心目中，乃是最高人格之表現，那麼，吾人由其對聖人、仁人之描述中，實即可掌握其心中的基本問題所在。易言之，聖人、仁人正是能圓滿解決此種基本問題者。《墨子·兼愛中》云：

> 仁人之事者，必務求興天下之利，除天下之害。

又，〈兼愛上〉云：

> 聖人以治天下為事者也，必知亂之所自起，焉能治之。……故聖人以治天下為事者，惡得不禁惡而勸愛。故天下兼相愛則治，交相惡則亂。故子墨子曰：不可以不勸愛人者此也。

由此引文可知，仁人、聖人之事，不外在興天下之利，除天下之害，也就是要能治天下。而天下之所以亂，則在天下人之不相愛而相賊，是以墨子乃以兼相愛、交相利代之，此〈兼愛中〉云：

> ……既以非之，何以易之？子墨子言曰：以兼相愛交相利之法易之。然則兼相愛交相利之法，將奈何哉？子墨子言：視人之國，若視其國；視人之家，若視其家；視人之身，若視其身。

如前所引，墨子以利害言治亂，本已是重功利主義之態度，今更以兼相愛、交相利之法具體落實，則功利主義之要求更為明顯，何以故？蓋兼相愛只是相對於儒者之「別愛」、「等差之愛」的原則，其眞實而具體之內容，則在「交相利」上。易言之，兼相愛不是空頭的理念，它根本是落實在交相利的現實關懷裏。因此，兼愛毫無疑問是墨學思想之中心所在，至於天志雖然是兼愛之為合理的價值根源所在，然而它畢竟是由對兼愛之關懷而後提出的，並不是墨子思想眞正之用心所在。

時代之動亂，表示了當時社會秩序的崩解，相對墨子的時代而言，也正是所謂「周文疲弊」的時代，而如何回應周文疲弊也正是先秦諸子共同的課題。❽而墨子正是以功利主義的態度回應時代，如牟宗三先生所言：

> 墨子的那一套思想是以功利主義的態度來看周文，所以主張非儒、非樂、節葬……等。因此荀子批評墨子說「上功用，大儉約而慢差等」（非十二子篇）。上功用是說墨子以功用為上，大儉約而慢差等，是以儉約為大而慢那個親親之殺、尊尊之等。❾

肯定了墨子思想中的功利主義特色，那麼墨子對戰爭之態度，也就得到了根本的理論基礎。易言之，墨子對戰爭之態度正是以功利主義之角度決定之。

(二) 墨子〈非攻〉篇中的主要論證

有關墨子在〈非攻〉篇中對戰爭之論證，可歸納爲以下四類：

1. 攻戰爲不義

〈非攻上〉云：

> 今有一人，入人園圃，竊其桃李，衆聞則非之，上為政者得則罰之。此何也？以虧人自利也。至攘人犬豕雞豚者，其不義，又甚入人園圃竊桃李。是何故也？以虧人愈多，其不仁茲甚。……殺一人，謂之不義，必有一死罪矣。若以此說，往殺十人，十

重不義，必有十死罪矣。殺百人，百重不義，必有百死罪矣。

依墨子，虧人以自利爲不仁、不義，同時，此不仁、不義之程度，亦以其虧人之多寡爲準。今戰爭之虧人千萬倍於個人之不義，是以攻戰之爲不義，亦屬必然。

2. 攻戰爲不利

墨子在〈非攻中〉首先指出攻戰不利，以勸人止戰：

……今師徒毋興起，務行恐寒，夏行恐暑，此不可以冬夏為者也。春則廢民耕稼樹藝，秋則廢民穫斂，今唯毋廢一時，則百姓飢寒凍餒而死者，不可勝數。

攻戰既然有如此大之損失，爲什麼又有人願意攻戰呢？理由有三：

(1)貪伐勝之名及得之利：戰爭固然有損失，但是只要能從戰爭獲取更大的利益，則此損失依然可取。關此，墨子反駁曰：

子墨子言曰：計其所自勝，無所可用也。計其所得反不如所喪者之多。……今盡王民之死，嚴下上之患，必爭虛地，則是棄所不足，而重所有餘也。為政若此，非國之務者也。〈非攻中〉

依墨子，攻戰只是以較有利的換取較無利的，所謂「棄所不足，而重所有餘也」。因此，攻戰並無利可圖。

(2)攻戰可擴張土地、人口，以稱霸於當世：關此，墨子首先以天下人之利實較少部分之利更値得重視而反對戰爭；其次，墨子又指出攻戰不必然能達到擴張土地、人口而稱霸之目的，反而會有亡國之危險與不利。〈非攻中〉舉莒、陳、蔡等諸國之事，皆因攻戰而亡國，以此說明攻戰之不利。「故子墨子言曰：古者王公大人，情欲得而勿失，欲安而惡危，故當攻戰，而不可不非。」

(3)技術問題的克服：針對墨子以上的反駁，主戰者也提出更進一步的理由，此卽利用技術上的努力，克服攻不一定勝的缺陷，由是而能由戰中獲利。〈非攻中〉云：

> 飾攻戰者之言曰：彼不能收用彼衆，是故亡。我能收用我衆，以此攻戰於天下，誰敢不賓服哉？

易言之，只要能充分掌握人力，自然不愁戰爭的勝利。關此，墨子乃舉吳王闔閭及晉之智伯之例，以說明技術之不可恃。由是而結論道：「今以攻戰爲利，則蓋嘗鑒之於智伯之事乎？此其爲不吉而凶，旣可得而知矣。」（〈非攻中〉）

3. 手段與目的之背反：

主戰者認爲，其攻戰乃是爲義、爲德，其云：

> 我非以金玉子女壤地為不足也。我欲以義名立於天下，以德求諸侯也。〈非攻下〉

然而，誠如墨子所言，以戰爭爲手段，直接背反於其求義、求德之目的。是以眞正求義、求德之方法，乃在止戰。此墨子曰：

今若有能以義名立於天下，以德求諸侯者，天下之服，可立而待也。夫天下處攻伐久矣。譬若傅子之為馬然。今若有能信效，先利天下諸侯者，大國之行不義也，則同憂之；大國之攻小國也，則同救之。小國之城郭之不全也，必使修之，布粟之絶則委之，幣帛不足則共之。以此效大國，則小國之君說。人勞我逸，則我甲兵強。寬以惠，緩易急，民必移。易攻伐以治我國，攻必倍。量我師舉之費，以爭諸侯之斃，則必可得而序利焉。督以正，義其名，必務寬吾衆，信吾師，以此授諸侯之師，則天下無敵矣。〈非攻下〉

4. 戰爲聖人之所爲，所以戰爭爲合理：

主戰者舉禹征有苗、湯伐桀、武王伐紂之例，以說明聖人亦戰，而認爲戰爭爲合理。根據墨子功利主義的理論基礎，攻戰之爲不義乃在其不利於天、鬼、人，今聖人之戰乃是爲利天下而爲之，同時也能達到利天下之目的，此卽爲利、爲義，而此戰卽不謂「攻」，而謂「誅」。墨子在此保留了戰爭的合理性基礎，而不是一味地反戰也。

總之，墨子乃是以功利主義之標準，反對戰爭之存在，而其最終目的，不外在爲天下百姓找尋最大的利益罷了。此〈非攻下〉之所云，正明此義：

今且天下之王公大人士君子，中情將欲求興天下之利，除天下之害。當若繁為攻伐，此實天下之巨害也。今欲為仁義，求為上士，尚欲中聖王之道，下欲中國家百姓之利，故當若非攻之為說，而將不可不察者此也。

㈢墨子非攻論證的得失

墨子認清了戰爭的殘酷，而通過種種理由加以駁斥，其濟世之用心是值得肯定的。然而，墨子非攻的論證卻也同時顯露出值得討論的問題。

1. 以功利角度反戰，此實不易收反戰之效。

一如前論，墨子反戰的論證只能消極地證明攻戰不必有利，但是卻也無法積極地肯斷攻戰必然無利。易言之，攻戰是否有利初乃不易確定者，是以人才會選擇攻戰以求利。此時墨子自救之道，或在舉歷史之例以明攻戰之不利。然而，吾人固然可以在歷史之中找到攻戰不利之例，但是，我們也可以找到攻戰有利之例以說明攻戰爲有利。卽使吾人之歷史只有攻戰爲不利之例子，也無法保證此次之攻戰爲必無利。因此，歷史之例並不堅強，實不能做爲反戰之充分理由，至多只能強化反戰之氣氛罷了。此外，墨子亦可以攻戰或可利個人，但卻無法利天下人，由此而反戰。唯問題是，吾人既以利爲優先之考量，則吾人又有何理由必以天下人之利較個人之利爲優先？由此卽逼顯出另一問題，此卽反戰之價値根源爲何？

2. 墨子反戰之價値根源不足以言反戰。

依墨子，反戰之理由乃在其爲不利、不義，而最利、最義必以天下之大利爲標準。何以故？以天下之大利爲天志之內容，天志之內容積極地說卽在兼相愛、交相利，消極地說，卽在去除攻亂。如〈天志上〉云：

順天意者，兼相愛、交相利必得賞。反天意者，別相惡、交相賊，必得罰。

而〈天志中〉

然則天之將何欲何憎？子墨子曰：天之意，不欲大國之攻小國，大家之亂小家也。强之暴寡，詐之謀愚，貴之傲賤。此天之所不欲也。

今姑且不論天志如何被證成，天志之爲一外在之權威則無疑，以此外在之權威做爲反戰之價值根源，則顯然是不充分的。首先，人並沒有充分的理由非接受天志不可。既然人不必然非接受天志不可，則人之接受天志與否當由人之主體加以決定。果如此，則價值根源便由外在的天志，轉爲內在的個人心性主體，此卽與墨學理論不同。今墨子依天志而以利爲義、而反戰，完全不重個人心性主體之自覺，而此時仍能貫徹天志之可能，便在其共同之宗敎信仰或是政治權威的輔助了。此則一方面可能造成不同宗敎信仰之衝突，同時也使得其反戰根源落在政治勢力之輔助，從而喪失了超然而公正之立場，亦使其反戰之理想終歸失落。

四、孟子對戰爭之態度

(一) 道德實踐在孟子思想中的優先性

聖人是孟子心目中人格圓滿之實現者，而聖人之爲聖人又是以其德性爲標準，由此卽可明顯地看出道德實踐實在是孟子思想所優先關懷的對象，同時，也是孟子認爲最有價值、意義的生命內容。如〈盡心上〉云：

孟子曰：君子有三樂，而王天下不與焉。父母俱存，兄弟無故，一樂也。仰不愧於天，俯不怍於人，二樂也。得天下英才而教育之，三樂也。君子有三樂，而王天下不與存焉。

君子之所樂，實卽人之所樂，而王天下之政治地位卻「不與焉」，此見政治地位並非優先。而三樂之中，又實以俯仰無愧爲重心。唯其能在德上俯仰無愧，才能眞正掌握父子兄弟之親情，也才能安立歷史文化理想的傳承。正是基於道德實踐的優先要求，孟子才會與告子論性，才有人禽之辨、王覇分辨。

卽就人性論而言，告子以「生之謂性」爲論性原則，而以「食、色，性也」爲生命之內容，其實並不是一種錯誤。問題是，根據「生之謂性」與「食、色，性也」的原則，吾人實在無法充分說明人的道德實踐與價値要求之人性基礎何在。易言之，孟子對告子人性論之批判，固然有其哲學上之種種理由，然而其以道德實踐爲主要之用心，卻是十分明顯的。〈告子上〉云：

告子曰：性，猶杞柳也；義，猶桮棬也；以人性為仁義，猶以杞柳為桮棬。孟子曰：子能順杞柳之性，而以為桮棬乎？將戕賊杞柳，而後以為桮棬也？如將戕賊杞柳而以為桮棬，則亦將戕賊人以為仁義與？率天下之人而禍仁義者，必子之言夫！

此中明顯看出孟子乃是基於道德仁義之實踐要求，而反對告子的人性論。既不以告子之性爲性，則孟子對人性之態度又何在？〈盡心下〉云：

> 孟子曰：口之於味也，目之於色也，耳之於聲，鼻之於臭也，四肢之於安佚也，性也，有命焉；君子不謂性也。仁之於父子也，義之於君臣也，禮之於賓主也，智之於賢者也，聖人之於天道也，命也，有性焉；君子不謂命也。

誠如楊祖漢先生所言：

> 從孟子此章，我們便可知道，孟子對於告子所謂的「生之謂性」是有了解的，孟子亦承認生理官能種種欲求是人性，但為什麼孟子又不肯以人的這些自然之性為性呢？因為他認人之所以為人的意義與價值，並不定在此處。在人生命活動中並不是只有自然之性的作用的。⑩

既不以食色之自然生命爲性，則其以仁義禮智爲性，顯然是一種道德實踐的關懷下而有之論，此卽其道德實踐在其人性論中之表現。由道德實踐之重視，因此，義利之辨、人禽之辨及王霸之辨卽可順勢推演而出：

> 孟子見梁惠王。王曰：叟！不遠千里而來，亦將有以利吾國乎？孟子對曰：王何必曰利，亦有仁義而已矣。〈梁惠王上〉

又，

> 孟子曰：人之所以異於禽獸者，幾希。庶民去之，君子存之；舜明於庶物，察於人

倫，由仁義行，非行仁義也。〈離婁下〉

又，

孟子曰：以力假仁者霸，霸必有大國；以德行仁者王，王不待大——湯以七十里，文王以百里。以力服人者，非心服也，力不贍也；以德服人者，中心悅而誠服也，如七十子之服孔子也。〈公孫丑上〉

今義優於利，人勝於獸，仁高於霸，此無不是基於道德實踐而後有之論。而政治乃吾人文化之一部分，戰爭又爲政治實體間之衝突，是以政治必須以道德爲其價值之根源，而戰爭之存在亦必須由道德價值判定其是非。此孟子由不忍人之心而有不忍人之政，既不忍人，又如何能接受戰爭之大不忍呢？⓫此義既明，則孟子對戰爭之態度亦隨之明顯，此卽是以道德爲其終極之判準，而反對戰爭之存在。然而，當吾人不得不訴諸武力以解決暴虐之時，孟子也同意武力之使用。

(二) 孟子反戰的理由及其得失

孟子反戰思想之理由大分有二：其一，是對「以利爲反戰理由」之駁斥，其二，則是由戰爭之不義而反戰。

1. 對「以利爲反戰理由」之駁斥

宋牼將之楚，孟子遇於石丘。曰：先生將何之？曰：吾聞秦楚構兵，我將見楚王，說而罷之；楚王不悅，我將見秦王，說而罷之。二王我將有所遇焉。曰：軻也，請無問其詳，願聞其指，說之將何如？曰：我將言其不利也。曰：先生之忌則大矣，先生之號則不可。……是君臣、父子、兄弟，終去仁義，懷利以相接，然而不亡者，未之有也。〈告子下〉

孟在此段引文中，明顯地表明反戰之態度，但是卻不願以利的名義或理由來反戰。唯此文並未進一步說明以利反戰之可能的缺陷畢竟何在，關此，當人可在〈梁惠王上〉中找到解答：

孟子對曰：王何必曰利，亦有仁義而已矣。王曰何以利吾國？大夫曰何以利吾家？士庶人曰何以利吾身？上下交征利而國危矣。萬乘之國弒其君者，必千乘之家；千乘之國弒其君者，必百乘之家。萬取千焉，千取百焉，不為不多矣。苟為後義而先利，不奪不饜。未有仁而遺其親者也，未有義而後其君者也。王亦曰仁義而已矣，何必曰利？

依孟子，人所求的利益本來可無限膨脹，因此人與人之間必有其利害之衝突。果如此，則人間之衝突必不斷，而戰爭亦不免矣。此所以「上下交征利而國危」。因此，以利為反戰之根據，不但不能遏止戰爭，反而會引發更多的衝突。即就此義而言，孟子只是指出以利止戰在利益上及目的上的失敗，但此亦僅只是說以利止戰為無利，然孟子則更進一步要指出戰之無義，而以義做為止戰之終極根據所在。

2.由戰爭之不義而反戰

一如前論，孟子乃是以道德實踐做爲人性眞實與否之標準，而人也正是以其有是非善惡之道德自覺爲其特質。至於生命的其他內容，也只是在吾人成德歷程中被肯定，也就是做爲價值對象與意義對象而被肯定。此卽孟子必以內聖而論外王，外王不過是內聖之延長或客觀化罷了。今旣以德爲準，則人的地位自然較國家社稷爲高，以國家社稷只是吾人成德歷程中的種種結構表現。此孟子曰：

> 民為貴，社稷次之，君為輕。是故，得乎丘民而為天子，得乎天子為諸侯，得乎諸侯為大夫。諸侯危社稷，則變置。犧牲既成，粢盛既絜，祭祀以時；然而旱乾水溢，則變置社稷。〈盡心下〉

社稷犧牲尙且應爲民而變置，又怎能爲利而趨民以戰呢？《孟子·告子下》載：

> 孟子曰：不敎民而用之，謂之殃民。殃民者，不容於堯舜之世。一戰勝齊，遂有南陽，然且不可。……徒取諸彼以與此，然且仁者不為，況於殺人以求之乎？君子之事君也，務引其君以當道，志於仁而已。

又，

> 今之所謂良臣，古之所謂民賊也。君不鄉道，不志於仁，而求為之强戰，是輔桀也。由今之道，無變今之俗，雖與之天下，不能一朝居也。

此中之引文，一方面駁斥殺人以求土地之不仁，另一方面也說爲戰而不以義，即使能得天下亦不能一朝居之，更何況是不義的呢？此孟子所以說：「春秋無義戰」〈盡心下〉。易言之，戰爭原本是爲求得正義、滿足仁心而不得已設之，今卻以利爲之，其爲價值之顚倒者，亦莫甚於此矣。例如：

孟子曰：不仁哉，梁惠王也！仁者以其所愛及其所不愛，不仁者以其所不愛及其所愛。公孫丑曰：何謂也？梁惠王以土地之故，靡爛其民而戰之，大敗，將復之，恐不能勝，故驅其所愛子弟以殉之，是之謂以其所不愛及其所愛也。〈盡心下〉

又，

孟子曰：有人曰：「我善為陳，我善為戰。」大罪也。國君好仁，天下無敵焉。……征之為言正也，各欲正己也，焉用戰？〈盡心下〉

征之爲言正也，用正與義而反戰，但是此也只是由戰之不義、不正而反之，今若以正、以義，則戰爭依然是被孟子所肯定的：

孟子對曰：取之而燕民悅，則取之。古之人有行之者，武王是也。取之而燕民不悅，則勿取。古之人有行之者，文王是也。〈梁惠王下〉

此文說明征伐之根據在於民心之向背。依孟子，人皆有良知四端之心，是以民心之向背一方面顯示生活之安頓程度，另一方面也顯示國家政權之是否有價值。也因此桀紂之暴，之爲不仁、不義，不僅是其不能安頓百姓之生活，而更是因百姓其生活之無靠，而使百姓生命意義與價值不得發展也。此孟子所以支持革命之說：

齊宣王問曰：湯放桀，武王伐紂，有諸？孟子對曰：於傳有之。曰：臣弒其君可乎？曰：賊仁者，謂之賊；賊義者，謂之殘。殘賊之人，謂之一夫。聞誅一夫紂矣，未聞弒君也。〈梁惠王下〉

總之，孟子之基本態度是反對戰爭的，但是，孟子乃是根據其義與否爲標準，因此，一方面排斥了以利反戰之態度，另一方面則保留了革命的合法性。至於此中之得失，則在孟子能清楚地拒絕了以利止戰的方法，從而正本清源地指出止戰之根據乃在仁義道德，此即其進於墨子純就功利角度言止戰。唯另一方面，則由於孟子首重在人格道德之修養與實踐，是以其對戰爭內容之解析及現實戰爭之掌握皆過簡。此其雖亦主戰以求仁求義，然其畢竟罕言爭戰之事。較之墨子，則墨子對現實戰爭內容之掌握，如備城門及戰陣之事，此則較孟子更爲精詳而細密矣。今吾人若能守孟子反戰之大本，而輔以墨子對現實戰爭之掌握，當更能獲致兩家互補的積極性結論。

值得一提的是，在孟子反戰思想中，實已預設了二點：1.人會要求道德；2.有道德卽可以止戰。然而問題是：

1.「人會要求道德」是一個實然的陳述，而孟子雖能從人的良知良能而說人會要求道德，然而人畢竟有氣質生命之限制，因此，人有良知良能並不能保證現實的人，都如君子般地會要求道德。其次，由「人會要求道德」的實然陳述中，似乎也推演不出「人應該道德」的應然命題。易言之，道德與功利之間的優先性問題在此必須有進一步的說明。關此，孟子誠然可以通過人之有愛之甚於生，惡之甚於死，以及不食嗟來食等現象，說明人的道德及價值要求，有更勝於現實功利之意義與價值。[12]然而，這似乎也只是停留在「印證」（Confirmation）階段，而非「驗證」（Verification）[13]。易言之，我們可以由此說明有些人乃是以道德爲優先，但無法由此肯斷所有人都以道德爲優先。此時，吾人或許可以通過種種形上學之詮釋，重新肯定道德的優先性，但是，此種形上學之詮釋也只能就理上說、就價值上說，而落入現實，則此中之理由皆不必有實效。而戰爭又是如此現實之物，是以純就道德優先之立場，並不易眞正解決戰爭之現實存在也。

2.即使吾人能暫時接受道德的優先性，然而人的良知並不是以良知本身呈現，而必須在一現實生命中呈現。因此，同樣的良知，在不同的生命中即可能有不同的要求與表現。果如此，則吾人雖無法在世上找到完全客觀的功利標準來做爲止戰之依據，然而，吾人似乎也不易在世上找到絕對而客觀的道德標準來做爲止戰之標準。是以吾人固然在理上或更能同情於孟子的立場，然而就孟子立場而言，似乎也不易安立一止戰的客觀標準也。

五、戰爭意義之解析與反省

(一) 戰爭在形上學之根據

戰爭之發生固然有其種種現實原因，然而吾人亦可暫時擺脫其種種之現實原因，而直接探討其中的形上理由。

毫無疑問地，戰爭乃是由人發動，亦由人加以解釋。因此，對戰爭之形上根據之討論，實即是對戰爭之發動者及解釋者——人之形上性格之說明。簡言之，戰爭之衝突實源自人與人之衝突，而人之所以會彼此衝突，此中至少預設了二點：

1.人的有限性：因爲人是有限的，因此才能有「他人」做爲衝突之對象。另一方面，人的有限也表現在人的價值觀、重要感之差異，由是而有觀念上之衝突的可能。反之，如果人是無限的，則人既不可能有與之相對之對象存在，亦不會受制於其特有之價值觀與重要感。因此，人的有限性乃是戰爭所以可能的必要條件。

2.人的自由性：人雖有限，但是並不表示人是完全被決定的，反之，人是有自由與選擇的可能的。如果人是完全被決定的，那麼人卽無法避免其中的必然衝突，則此必然衝突似乎也不再是戰爭，而只是一種純粹的自然現象罷了。蓋戰爭顯然是一種人文現象，其中具有相當程度的自覺程度。因此，人的自由性自然也是戰爭所以可能的必要條件之一。

人的有限性及人的自由性，既然只是戰爭所以可能的必要條件，則戰爭之成立尙須有其他條件使之充分，此中，現實條件之種種正是使之充分的內容所在，諸如：現實利益、民族、宗敎、歷史文化等等，皆是戰爭成立的條件之一。此義說明，則吾人似乎卽有更淸楚的背景來討論「如何避免戰爭」的問題。

㈢如何避免戰爭

如前所論，戰爭之所以可能之條件，包含有人的有限性及自由性，以及現實條件之種種，是以吾人避免戰爭之方式，正可由此處下手。易言之，取消了戰爭所以可能的條件，則戰爭自然消除而被避免。

首先就人的有限性及自由性而言，孟子的學說可以提供非常寶貴的參與啓發。蓋孟子正是要吾人「充立其大」，以自由自主的心靈精神，主導有限的自然生命。⑭很顯然地，孟子並不是要求取消吾人的有限性，反之，他更要吾人通過有限性而展現無限的意義，此卽其所謂之「踐形」⑮。依孟子，人通過修養工夫，卽可保住人的自由性，進而轉化人的有限性，並使人獲致更爲圓滿的生命意義。然而眞正令人困擾的問題是：我們都能接受人應該修養，應該創造更爲圓滿的生命，只是我們又似乎缺乏較爲客觀而明晰的修養方法及對圓滿生命的界定。易言之，我們都願意接受道德（Moral），但是此中之詳細而客觀之德目（morals）似乎更值得我們當代人深思。⑯

其次，就戰爭之現實利益問題，墨子思想亦能有甚佳之回應。墨子所強調之利顯然是公利而非私利⑰，因而它隱然地提出了一種客觀的利益標準，藉此消彌彼此在利益的衝突。問題是，墨子似乎也如孟子一般，只是提出了公利的大體方向，卻沒有提供更進一步如何達到公利的方法，也沒有將公利進一步地規範與界定。簡言之，我們也不排斥公利的主張，但是公利如要落實，則必不能只以此種高度抽象的觀念實現，而必須有相當的次級原則加以支持，而墨子所缺乏之者，正是此種次級原則的分析與建立也。

㈢ 我們對戰爭的可能態度

本文於前已經原則地說明了避免戰爭的方法，然而，此中似乎仍可有二個更深之問題可說：

1. 戰爭能避免嗎?

卽就人的存有論性格而言，人是旣自由又有限的，此義似乎無法取消；同時，人的時代背景及其他種種現實條件亦爲一無限複雜之存在，亦同樣無法取消。就此而言，則戰爭似乎是永遠無法避免的了。吾人所能做的，或許只是降低戰爭之頻率及其範圍罷了。更確實地說，是我們不必只將心思著力於戰爭能否避免上，而更可將心思用在一旦戰爭發生如何降低其傷害，以及降低戰爭發生的機率上。

2. 戰爭應該避免嗎?

我相信，一般人都會主張戰爭應該避免。只是我們更可將此問題轉化爲「戰爭何以應該避免」的討論上。因爲這樣的討論才會切實發現應避免戰爭的理由，從而建立人類的了解與共識，進而消彌世間的戰爭。

六、結　語

根據本文的討論，我們發現了墨子與孟子對戰爭之態度，皆提供了吾人在面對戰爭問題時的極佳參考。而從本文的討論中，筆者希望透顯的，除了墨子與孟子的戰爭態度外，更希望吾人今後而據此而進一步展示其中具體的次級原則，否則若只停留在最高原則之討論，固然有其價值，然其畢竟不能完全滿足當代人更切實的原則之需求。而吾人今後對切實原則之開發，當是對先賢思想必有之調適上遂也。

附註

❶ 本文所引用之四書內容，乃是以朱熹注之《四書章句集註》（臺北：鵝湖出版社，民國七十三年九月）爲主要依據。

❷ 本文所引用之老子內容，主要依《老子王弼注》（臺北：河洛圖書出版社，民國六十三年十月）

❸ 王邦雄，《老子的哲學》（臺北：東大圖書公司，民國六十九年九月），頁五一。

❹ 間引自潘栢世，《老子集註》（臺北：龍田出版社，民國六十六年九月），頁九六。

❺ 墨子救宋之事，見《墨子，公輸》。此外，有關守備之事，見諸〈備城門〉、〈備梯〉、〈備穴〉、〈備蛾傅〉、〈迎敵祠〉、〈旗幟〉、〈號令〉、〈雜守〉等篇。又，本文所引用之墨子思想內容，以孫詒讓，《墨子閒詁》（臺北：商務印書館，民國六十年二月）爲主。

❻ 參見同❶，頁二〇一。

❼ 《墨子，經上》：「義，利也。」

❽ 參見牟宗三，《中國哲學十九講》（臺北：學生書局，民國七十二年十月），頁六十：「所以我在前面之所以說儒墨道法這四家是相干的，就是因爲這四家有一共同的特點，也就是說，他們是針對周文疲弊而發。」

❾ 同前註，頁六十三。

❿ 楊祖漢等著《孟子義理疏解》（臺北：鵝湖出版社，民國七十二年一月），頁六十二。

⓫ 〈公孫丑上〉：「人皆有不忍人之心，先王有不忍人之心，斯有不忍人之政矣。以不忍人之心行不忍人之政，治天下可運之掌上。」

⓬ 〈告子上〉：「是故，所欲有甚於生者，所惡有甚於死者；非獨賢者有是心也，人皆有之，賢者

能勿喪耳。一簞食，一豆羹，得之則生，弗得則死。嘑爾而與之，行道之人弗受；蹴爾而與之，乞人不屑也。」

⑬ 例如，要驗證「所有人都會笑」一命題，則必須窮盡所有的人；而印證「所有人都會笑」，則只要有人會笑卽可成立。參見 John Hospers，《An Introduction to Philosophical Analysis》，(Prentice-Hall, INC., Englewood Cliffs, New. Jersey, 1967 2nd ed)，臺北：馬陵出版社影印，頁二六〇——二七四。

⑭ 〈告子上〉：「體有貴賤，有小大；無以小害大，無以賤害貴。養其小者爲小人，養其大者爲大人。」

⑮ 〈盡心上〉：「孟子曰：形色，天性也。惟聖人然後可以踐形。」

⑯ 此義乃由黃慶明教授提供。黃教授認爲當代新儒家不應該只停留在道德（Moral）的要求，而更要開展德目（morals）的具體內容與原則。

⑰ 參見蔡仁厚，《墨家哲學》（臺北：東大圖書公司，民國六十七年三月），頁七〇：「所以墨子之義雖卽是利，但必須加上『功益』這個狀詞加以界定。又，頁七十一：「墨子所說之『利』，又必須加上『公的』這一狀詞來說。而公與私對，『私的』一面，是指『己的』『主觀的』而言；而『公』的一面，則指『他的』『客觀的』而言。」

征戰與女人

——試論傣族英雄史詩

鹿憶鹿

一、前言

中國廣大的漢族地區，由於某些原因，浩瀚的文獻中既罕見有系統的神話，也未流傳創世史詩或英雄史詩。而北部和西部的少數民族，雖至今未見到有創世史詩，卻以英雄史詩聞名於中外，如藏族的《格薩爾王傳》、蒙古族的《江格爾》、柯爾克孜族的《瑪納斯》，被譽爲中國的三大史詩[1]。蒙藏民族有英雄史詩似乎不足爲怪，因爲反映了游牧民族或騎馬民族的生活現象。倒是一向以農耕爲主，產生創世史詩羣的西南民族竟也流傳著英雄史詩，相當引人矚目。而西南民族中目前所能見到的只傣族有英雄史詩，比較著名的包括《召相勐》、《章响》、《蘭嘎西賀》、《厘俸》、《粘巴西頓》等，可惜最後一部史詩筆者尚無緣讀到。

學者認爲，在史詩裏，人們從對神的崇拜轉爲對英雄的崇拜，從對神的權威肯定轉爲對人類自己力量的肯定，並把神的力量和本領轉嫁給英雄❷。本來帶神性的英雄慢慢有了主導地位，擺脫神的掌握，變得有人性，神在史詩中已遠不及英雄重要。《詩經》中的〈公劉〉、〈生民〉諸篇，可以視爲雛形的史詩，卻未能演成史詩傳統，學者認爲其中的關鍵在：它不是全民熱情和英雄崇拜的凝煉體，只是周室一家一姓的氏族英雄傳說。中國上古時代缺乏眞正堪稱史詩的作品，其根本原因在於家族的祖先崇拜過於發達。史詩，大抵有一個超越家族系統的民族神話英雄，作爲其中核心人物。他能行奇事，他能激發全民的熱情和崇拜，他爲整個民族獻身，而不只是某個家族或傳說中王朝的保護神，或某個特定家族的「祖先」❸。傣族即有多位這樣的民族神話英雄，才造成英雄史詩的盛行。

王松先生以爲，「史詩」是泛指那些有歷史意義的歌頌英雄業績的詩，或者說是反映一個社會的大變動中的英雄業績。因此，用詩的形式去塑造出一個英雄時代，創造偉大的英雄業績的作品，都稱爲英雄史詩❹。英雄史詩除了英雄業績外，還須英雄時代。傣族英雄史詩到底是從什麼時代背景產生的呢？

《泐史》記載西元一一八〇年，西雙版納出現了一個「景龍金殿國」也就是「泐國」，是一個叫「叭眞」的傣族部落首領所建，他是第一代「召片領」。叭眞先是征服景洪附近各部落而成爲一個地區性的大酋長，以後又經過十年戰爭，用結盟的方式統一西雙版納全境。

> 叭真戰勝北方各地之後，蘭那、猛交、猛老，皆受統治。時天朝皇帝為共主。有猛交酋名那刺毗朗瑪、景隴酋名蒙猛、蘭那酋名菩提暹閣哨者，以及刺槐、金占、哨崖、埭臘、琺湳、崆岢等各酋長，俱來會商勸進，舉行加冕典禮，推叭真為大首領。❺

除了《泐史》所記載，經過長期的戰爭，得以產生西雙版納的最高統治者「召片領」，元朝封爲「徹里總管」，明清兩代封爲「車里宣慰使」，也有許多傳說說明爲了爭奪地方統治權，傣族與布朗族、哈尼族都曾不斷發生過戰爭❻。在族與族、部落與部落間的兼併戰爭外，佛教傳入傣族地區也經過了幾百年反覆戰爭，《叭阿拉武後二十七代的傳說❼》及《論寨神勐神的由來❽》就記載佛教和原始宗教的對立抗爭，而在衝突中就難免和部落戰爭結合起來，愈演愈烈。

戰爭，是古代傣族社會的家常便飯。因此傣族長詩中總是說森林中有一百零一個國家，即傣語所說的「勐」(地方)，這一百零一個所謂的國家當然只有互相侵略、兼併。例如《召相勐》中就寫到勐荷傣、勐維扎、勐瓦蒂、勐巴堅達、勐窩董等，各勐之間動輒宣戰。長期處於戰亂當中，激發人們對英雄的憧憬，英雄史詩是長期戰爭後的產物。英雄是爲戰爭而生的。

印度史詩《摩訶婆羅多》(Mahabharata)寫兩房堂兄弟之間漫長而血腥的紛爭衝突，潘達閥五兄弟 (Pandava brothers) 和庫拉閥 (Kauravas) 一百位兄弟，爲了誰該統治國家爭吵不休，導致全印各國大戰十八天，所以此書或譯爲《大戰書❾》。何止《摩訶婆羅多》可譯爲《大戰書》，幾乎每一部英雄史詩都是戰爭史詩。英雄在戰場上展現他超凡的神性，戰爭成就英雄。

英雄既要在戰爭中表現勛跡，就必需具備凡人所無的智慧異禀，因而英雄必有神性，必是神的後裔，有神的血統，如此才能負起身爲王子或國王的統治大業，其實神的血統也說明英雄獲得王權的必然性。在英雄史詩的戰爭中，女人通常是導火線，女人和征戰有某種程度的連帶關係，英雄爲了領土、部落兼併征戰，一部分原因也是爲了女人。長期征戰的結果，有些英雄的命運是死亡，在爲戰爭而生的那一刻，英雄的悲劇早已注定。戰爭的悲劇是英雄的悲劇。

二、英雄與神

傣族的阿鑾類型敍事詩據說有五百五十部，講佛祖成佛前五百五十代經歷[10]。阿鑾被賦予類似英雄的角色，詩中通常有不平凡的降生情事。我們在層出不窮的感生神話上，見到星孕降生的阿鑾，也有夢寶石、夢象、夢鷹、夢白老鼠，或喝虎尿、喝象腳印水而孕生的阿鑾，以初民的星辰崇拜、動物崇拜或石頭崇拜，來說明阿鑾超凡的一面。敍事詩極力強調其輪廻轉世觀念，阿鑾是神投胎轉世，下凡人間，即使身爲人，也帶有濃厚的神性。中國的史詩似乎也繼承了這個染有印度色彩的英雄系統，《格薩爾王傳》中，格薩爾是白梵天王的兒子，格薩爾的哥哥是下凡的黃金蟾，弟弟是下凡的綠玉蟾，王妃珠牡是天上的白天女、聖白度母的化身，馬竟是天上的白雪神，馬是天上的赤兔馬[11]。一些學者就論述《格薩爾王傳》明顯受到《羅摩衍那》影響[12]，就像《蘭嘎西賀》也有《羅摩衍那》的影子。印度英雄史詩中英雄的神性也是他所以超凡的關鍵。

印度的兩大史詩《羅摩衍那》(Ramayana)、《摩訶婆羅多》的英雄都是神的化身。前者寫十首魔王羅波那(Ravana)得到創造之神大梵天(Brahma)的恩典，任何天神也弄不死他。大梵天只好建議諸天神請保護之神毗濕奴(Vishnu)下凡爲人去滅妖魔。毗濕奴於是投身爲十車王(Dasaratha)的兒子羅摩(Rama)，而爲羅摩助戰的猴子也是諸天神所生，猴王哈努曼（Hanuman）則是風神之子。《摩訶婆羅多》的英雄幾乎全有神譜，黑天（Krishna）是毗濕奴在人間另一次化身，潘達閥五兄弟是潘度（Pandu）國王之妻孔悌（Kunti）、瑪德麗（Madri）各和風神、雷神等所生，迦那（Karna）則是孔悌婚前和日神所生⑬。在投胎轉世成爲征戰英雄的神性上，中國史詩似乎受了印度史詩深遠的影響，《摩訶婆羅多》也提供了另一項英雄不凡的證明，英雄是人神結合所生，英雄具備神的血統。

傣族史詩中的英雄也都有神譜世系。《召相勐》寫王子相勐一生的英雄勛業，相勐前世的名字叫阿念達，因爲他轉世來到人間時身上帶有寶石，摩古拉就根據八字取名「相勐」，相勐是寶石地之意。相勐的出生活脫就是《紅樓夢》賈寶玉的翻版。而史詩中另一位反面人物勐瓦蒂的貌舒萊王子則是公虎轉世投胎⑭。

《章响》中，天神叭英的妻子婻舒扎臘投生到人間，於是勐章响國王的妻子莫香夢見大青樹而生下公主婻西里罕，公主婻西里罕和天神蘇里雅底夢遇而生下天神丢尾投生的王子蘇領達，蘇領達是天神之子⑮。這部英雄史詩中的英雄不只有投胎轉世的輪廻觀念，更強調了英雄身上原也流有神的血液，他英雄式的一生當然是充滿傳奇色彩。

《厘俸》，意即俸改的故事，實際上是寫海罕國王征討俸改的英雄事蹟。海罕、桑洛都是天神的子孫，而俸改是天神的姪兒，他們三人之間的恩怨在天上就開始了。俸改在天庭裏到處惹事生非，總是勾引天神們的妻子。有一次，他帶著桑洛的妻子娥并到處玩，遇見海罕和婻崩。俸改被婻崩的美貌吸引，就撇下娥并而追求婻崩。海罕大怒，便與他打了起來。桑洛得知俸改拐走娥并，也追趕了來，三人打得難解難分，於是，天神將三人貶罰人間。在因爲違犯天規被天神貶罰才降生爲人這一點上，似乎說明帶有神性的英雄他的下凡緣由贖罪，並非自己情願。俸改降生在勐景罕國王家裏，一生下來，身披鎧甲，手握仙笛，身背寶刀，胯下騎著一匹有九節膝蓋的飛馬，才三歲就當了國王。桑洛降生在勐景短國王家，娥并生在與他毗鄰的一個國家，二人後來又結爲夫妻。海罕和婻崩降生在勐景哈，海罕的降生極爲奇異，天神將海罕放在一個蛋殼裏，讓海裏的龍王孵化，但九條母龍孵了九年，海罕仍未出生。天神將蛋丟入勐景哈大河，被一個洗衣服的女人撿去吃了，因而懷孕。滿十個月，海罕就用叭英送他的寶刀撬開母親的肋骨，鑽了出來。海罕後來被丟到牛廐中，由金牛哺育長大，海罕的意思就是「金牛王」。海罕娶了勐景哈公主婻崩而當上國王，並且蒙受天神贈送一面仙鼓，敲仙鼓即能獲天神援助[16]。在這部英雄史詩中，英雄不但由天神投胎轉世，而且有不平凡的出生，有天賦異稟，有天神所送的寶物寶刀、仙笛、仙鼓等，寶物象徵神性，也象徵王權。英雄的征戰中，天神們也參與其中。

《蘭嘎西賀》，叭英指派一仙女到勐蘭嘎的王后身上投胎，於是降生公主婻古皮提拉。漂亮的婻古皮提拉長大以後不願結婚，也不願繼承王位，她到森林中和僧人帕拉西修行。瑪哈捧天神到公主身邊，要公主向他求子。因此公主向瑪哈捧敬獻了三次芒果，第一次獻給天神十個洗得很乾淨的芒果，第二次獻給天神一個忘記洗淨的象牙芒果，第三次又獻了一個洗淨的金芒果。天神吃完芒果，就在公主胸前撫摸三下，答應賜給她三個兒子。於是，公主生下了十頭的捧瑪加，又生下漆黑的滾納帕和聰明的比亞沙。另一方面，天神波提亞也下凡到人間，投生做勐塔打臘達王后蘇米達的兒子；波提亞帶著三個弟弟下凡投胎，成了王子召朗瑪和臘嘎納、帕臘達、沙達魯嘎，而下凡的三億六千八百萬羅漢天兵是天神爲召朗瑪準備的隊伍，他們成了保護召朗瑪的各種猴類[17]。召朗瑪和十頭王的戰爭，不只是人間英雄的競技，甚至也是神祇之間或人神之間的鬪法。

在這些英雄史詩中，英雄都是神的後代，或是流著神的血液。而和阿鑾敍事詩不同的是，史詩中的人物卽使是反面角色，也可以找出他的神性系譜來，血統的顯赫甚至使天上的神也奈何不了地下的人。阿鑾敍事詩則善惡分明，神性的人全是良善的化身，神性就有了道德判斷，只有阿鑾才配有天神投胎轉世的權利，或者是嫁給阿鑾的公主或仙女才能有感生的條件。而史詩中，俸改和捧瑪加到處掠奪美女，做的全是傷天害理之事，可是卻仍流著神的血液，有神性血統。英雄史詩中的神性有人格化傾化，英雄的神權被賦予，卻也說明他要下凡到人間來主持正義，甚至試煉、流血，比較起來，阿鑾似乎像佛祖化身，不像史詩中的英雄有神性血統，卻是人間英雄。

在荷馬的《伊利亞特》裏繼承了人爲神子的觀點，衆多英雄都是由神繁衍而來，他們是神的子孫後代，身上有神的血統，這也就是英雄具有超越常人智慧、才能、武功而居於領袖地位的基礎[18]。按照荷馬的敍述，希臘人和特洛伊人中傑出的英雄，都屬於神的血統。希臘聯軍首領阿葛曼農（Agamemnon）和海倫的丈夫斯巴達國王米奈勞斯（Menelaus）都是坦特勒斯（Tantalus）的後裔，是萬神之王宙斯的第四代子孫。足智多謀，用木馬計攻陷特洛伊城的奧德賽斯（Odysseus）所以比別人更具智慧，因爲他是宙斯的第三代子孫。勇猛無比的亞吉力斯（Achilles），連神都有些畏懼他，因爲他是海洋女神佘蒂斯（Thetis）的兒子。希臘聯軍的其他英雄戴歐米德斯（Diomedes）、米利色特斯（Melicertes）、尼奧普托勒莫（Weoptolemus），身上也都流有神的祖先的血液。而引起特洛伊戰爭的全希臘最美麗女人海倫，是宙斯和麗妲（Leda）所生。特洛伊人的英勇善戰主將赫陀（Hector）和他的幾十個兄弟，也都是宙斯的第七代後裔⑲。人們利用神來塑造英雄，神的血統是英雄足以傲人的重要理由。

三、英雄與王權

史詩中的英雄都是神的後代，帶有神性，身上流有神的血液，有不平凡的降生，有天賦異稟，因此有勛蹟。身爲神子的英雄爲了降魔伏妖，爲了到處征戰，統一四處林立的部落，在塵世的身分必是顯貴的。英雄史詩中的主角通常降生即爲王子，如果出身貧賤，長成也必定爲王，王權才能和超凡的能力結合，建立戰功勛蹟。

《章响》，勐章响公主和天神夢遇而生下兒子蘇領達，蘇領達是天神之子。國王卻以女兒未婚懷孕將公主放在筏上飄流，成爲棄兒飄流的神子被森林中的僧人收留，並傳授武藝，這是習見的世界飄流型棄兒神話傳說。《蘭嘎西賀》裏，十頭王怕自己的女兒婻西加長大復仇，遂將她綁在筏子上，丟進大海企圖淹死她。《摩訶婆羅多》中，孔悌婚前和日神生子迦那，迦那也曾爲飄流棄兒。蒙文本《羅摩衍那》也有將預言會覆滅國家的女嬰盛入盒子投海的情事。蕭兵和胡萬川兩先生對這點有精闢的探討⑳。蘇領達被棄飄流應是在說明：英雄需要經歷一連串的磨難和考驗才能建立勛業。後來，他回國接掌外公的王位，也娶了龍女和勐西丙公主婻江達蘭西爲妻。

《召相勐》，相勐一出生就是王子，可是他是小國勐維扎的三王子，上面有大王子召朗瑪繼承王位，又有二王子召曼塔帶領五個勇士。召相勐雖然「寶刀能劈開山峰，神劍能穿過針眼，學問淵博，勇敢而又善良。」但是王權和他似乎無緣。史詩中的相勐覺得宮廷的生活太沉悶，就離開了勐維扎，他並未有明確的目標和理想。英雄在無意中（或者應歸為神意）救出身陷魔窟的勐荷傣公主婻西里總布，兩人產生愛情，最後他當上強大的勐荷傣國王，擁有王權，完成霸業。

《厘俸》，史詩中俸改降生在勐景罕國王家，前面我們提到他一生下來就身披鎧甲，手握仙笛，身背寶刀，騎著飛馬，才三歲就當上國王。他騎著飛馬在天空游來游去，要周圍的小國獻給他美女、金銀和大象。俸改一生下來除了具備不平凡的神性外，就擁有王權。海罕生下後成了棄兒，卻藉著和婻崩公主的婚姻當了勐景哈國王。另一位英雄桑洛也生爲王子，順利繼承王位。擁有王權的英雄將天上的衝突延伸到人間的戰爭，國和國的長期激戰成就英雄勛業。

《蘭嘎西賀》，十頭的捧瑪加是公主和天神的兒子，他繼承外祖王位成了勐蘭嘎國王。召朗瑪降生在勐達塔臘塔國王家裏，經過流放生涯後仍然當了國王。即使是擁護召朗瑪的哈努曼也貴爲猴王，能帶領猴國參與戰爭。這情節和印度史詩《羅摩衍那》如出一轍，羅摩降生爲十車王之子，擁有王室血統，被放逐後，兄弟婆羅多不願繼承王位，而將羅摩的鞋子放在王座上，鞋子是王權標記，羅摩的王權是無論如何不能替代的。在猴國的幫助下，羅摩終於滅亡十首魔王羅波那。英雄必定擁有王權，羅摩的鞋子是最好的證明。草鞋放在王座上，當大臣們解決問題時，如果問題決定錯了，鞋子互相敲擊，他們就重新裁決；如果裁決正確，鞋子靜止不動。這個鞋子情節也被《蘭嘎西賀》所襲用。

《格薩爾王傳》中格薩爾是白梵天王之子，降生在人間一個棄婦家，母親在懷孕時就被逐出家門。格薩爾一出世就被叔父埋在土坑裏，但格薩爾帶有神通，自己從土坑跳出來，此後十五年一直和母親過著窮苦的生活，後來他和小頭人的女兒珠牡結婚，並由天神助力，當上嶺國大王，尊稱格薩爾王。格薩爾的王權完全是由天神賦予，他毫無當王的條件。而格薩爾能下凡爲王，其中自有因緣。因爲下界人間的妖魔鬼怪到處橫行，殘害百姓，觀世音菩薩同白梵天商量，派兒子到下界投生，降妖伏魔，抑強扶弱，當人間君長。《摩訶婆羅多》所以會成爲《大戰書》，因爲潘達閥兄弟和庫拉閥兄弟全是王子，整個王宮家族爲了誰該統治國家爭鬪不休，而以一場激戰來了結恩怨。王權的爭奪有時又成爲人或神間戰爭的關鍵，而英雄的悲劇是，英雄必和王權結合，注定逃脫不了戰爭的命運。

特洛伊戰爭起因溯源於三位女神的爭執，她們要求王子巴黎士裁定誰是「最美的女人」，可以得到金蘋果。當巴黎士評斷之前，三位女神各將英雄最喜歡的東西呈現出來賄賂他，赫拉（Hera）答應讓他當歐洲和亞洲的主宰，雅典娜（Athena）答應讓他領著特洛伊人征服希臘人，將希臘完全毀掉，阿芙柔黛蒂（Aphrodite）要給他全世界最美的女人。巴黎士被譏爲懦弱，他選了最後一項，將金蘋果給了愛神阿芙柔黛蒂[21]。王權、征戰勝利的滿足、女人這三項都是由神主掌的，巴黎士選了美女而被譏爲懦弱，似乎說明英雄該選擇王權或戰爭。具備王權的英雄才有參與戰爭的權利，爲了海倫，所有希臘的王子，國王全參加了爲期十年的特洛伊戰爭，能爲海倫一戰，正代表他們的高貴出身。在英雄史詩中，王權似乎是英雄爭取或追求的目標。

四、征戰與女人

在傣族的阿鑾敍事詩中，戰爭是相當重要的環節，阿鑾會爲了一個善良美麗的公主或仙女去面對戰爭，而在遭遇危險或致命後，總會出現僧人帕拉西或天神坤西迦幫助脫困或讓阿鑾起死回生。戰爭是阿鑾故事中的重要環節，而眞正作戰的似乎總是僧人或天神，充其量，阿鑾不過是代替神祇執行法術或使用咒語罷了。在巫術咒語往來之間，戰爭很快就了結，阿鑾馬上獲致勝利，娶得美女。阿鑾是戰爭中神所指揮的傀儡，戰爭只是一場點綴而已。而眞正的英雄史詩則不然，例如《伊利亞特》中，寫特洛伊和希臘軍歷時十年的戰爭，具體描述戰況只集中在四天激戰，篇幅卻佔了全書一半。法國英雄史詩《羅蘭之歌》寫查理大帝出兵西班牙，征討阿拉伯，經歷七年的戰爭，而最後征服薩拉哥撒的戰役更是筆力萬鈞。藏族《格薩爾王傳》被譽爲東方的《伊利亞特》，在書中就有幾十場戰爭，先極力誇大敵人的力量，再展現格薩爾一一降服的不凡。蒙古族英雄史詩《江格爾》則寫勇士遵從江格爾命令，爲保衞寶木巴而踏上征途，遭遇無數激烈戰爭場面。戰爭是英雄史詩的主幹，抽離戰爭，無異宣判史詩中英雄不存在。英雄是爲戰爭而生的。而傣族的英雄史詩中，英雄的征戰都是爲了女人。

《召相勐》中勐荷傣王子沙瓦里爲勐瓦蒂的十萬大軍，要將妹妹婻西里總布嫁給勐瓦蒂王子，而相勐王子爲了娶婻西里總布，和勐荷傣展開一場激戰。「荒野的草木枯了，河邊的花朵謝了，戰火繼續燃燒了三個月，相勐的心像在火上煎熬。」「每棵樹都有刀槍的痕跡，每片葉子都染著鮮紅的血，河流裏泡著剛剛倒下的屍體，斷刀殘箭丟滿一地。雙方的戰象都很勇猛，染血的長鼻像火柱一樣紅。……」戰爭的描寫約佔全詩的三分之一。征戰是因爲女人，而戰爭的獎賞也是女人，沙瓦里就以美人來鼓勵部下奮勇向前。

《章响》中蘇領達已娶了龍女爲妻，又向勐西丙公主婻江達蘭西求婚。勐西丙王子桑哈不同意將妹妹嫁給小國勐章响的王子，於是蘇領達的部下決定將公主偷來，因而引起勐西丙和勐章响的十年戰爭，勐西丙死傷殆盡，十分淒慘。而桑哈自始至終都不投降，堅持用盡一箭一刀爲止。最後當然勐西丙也歸爲勐章响所有。

《厘俸》，俸改搶了海罕和桑洛的妻子，引來一場大戰，「桑洛騎著大象，直往勐峨的隊伍衝去，他揮刀所到之處，勐峨的兵將都紛紛從象背上滾落下來。」「岡曉蹬著大象衝在前面，擺中大象鼻子左右亂甩，象牙直往人羣裏戳。勐景罕的兵將像擋不住洪水的籬笆，一堵一堵地倒下……」海罕敲起仙鼓，太陽神和天兵天將也下來助陣，然而，太陽神被俸改殺得落荒而逃。俸改以宮中最美的女人誘惑將士立功，而海罕在將士攻下岡桑等地時，設宴慶賀：「把岡桑的大女兒送給桑洛，二女兒送給渾赫婻，三女兒送給岡曉。」另外在迎接一個立功的小將臘暖波時，海罕也允諾要賞賜給他妻子，和《召相勐》中的情形一樣。

《蘭嘎西賀》中，召朗瑪的妻子西拉被十頭王捧瑪加搶走，召朗瑪率領猴國兵將渡海攻打勐蘭嘎，將十頭王殺掉後，救回西拉。情節仍是沿襲《羅摩衍那》，羅摩因爲悉多(Sità)被十首魔王羅波那刼走，因而和羅波那展開一場大戰。

《伊利亞特》所描寫的特洛伊戰爭也是因爲美女海倫引起，希臘各國的王子、國王都甘心情願爲搶回海倫而命喪沙場。心愛的女人被刼是英雄的權威受了挑戰，英雄不惜爲此作殊死戰；而女人是戰利品，爲戰爭而贏得美人，是英雄的戰功彪炳。特洛伊戰爭發生的原因似乎是英雄的正義感使然，英雄爲了踐履諾言而齊赴戰場。戰爭成就英雄，英雄或許喜歡戰爭吧？

《召相勐》中相勐從妖魔手中救回公主，而後求婚被拒導致戰爭，《章响》中則是蘇領達爲了搶走公主而引發戰爭，同樣是因爲女人而有戰爭，情況並不相同。這其中隱約透露出：英雄主動引來戰爭。

不管爲哪一種原因身陷戰爭，我們似乎見不到英雄有遲疑或後悔的跡象。英雄是爲戰爭而生，身爲英雄，就免不了一場又一場的大戰。

英雄爲了女人不惜長期征戰，目的在追求王權或是表現他的英雄行徑，絲毫牽扯不上愛情。傣族英雄史詩中的英雄似乎並無情愛可言。英雄的母親都未經歷人世間的婚配就生偉大、超人的兒子，如《章响》中的蘇領達，《厘俸》中的海罕，《蘭嘎西賀》中十頭王三兄弟都屬感生而孕，在沒有愛情過程中被生下的英雄也不懂愛情，他們爲了王權或爲了表現英雄行徑搶人之妹，奪人之妻。謝選駿先生就認爲《天問》中羿射瞎河伯的眼睛並奪取他的妻子雒嬪女神，不過是「顯出英雄本色」，只有行爲意義，而非深情表露。奪取敵人的配偶，在古代並算不得一種愛情表露，只是在行使對戰利品的支配性權利而已㉒。所以傣族英雄史詩中殺敵有功的將士也總會獲得女人當妻子，甚至可以有許多女人。

希臘的宙斯和衆多的妻子情婦都有浪漫的愛情，而參與特洛伊戰爭的英雄也不乏深情癡心的男人。經過十年征戰，海倫重回丈夫懷抱，米奈勞斯國王欣然擁抱她。而《蘭嘎西賀》中的朗瑪經過十二年長征，和妻子西拉一見面，他就擔心西拉被十頭王暗地侮辱過，當場要西拉走進熊熊烈火中，證明她的貞節和淸白。接著她又懷疑西拉迷戀十頭王，下令殺死妻子。妻子被朗瑪的兄弟暗地釋放而流落森林，最後她又拗不過朗瑪的請求，兩人和好如初。朗瑪從未表現出什麼憐愛深情，爲了怕別人的流言有損他英雄的形象，毫不考慮地犧牲他征戰十二年才救回的女人，這女人於他不過代表戰爭的勝利而已。謝選駿先生曾將中國古籍中的女神喩爲沒有愛情的雕像。他認爲對於一個男性主導的社會來說，異性之間狂熱的愛，會起到疏離男性友誼與間隔男性忠誠的作用，因此被視同卑賤罪惡，而有作爲的男人摒棄愛情㉓。英雄當然要摒棄愛情，中國史詩英雄的人性部分是比較薄弱的，表現的是超凡的神性。英雄爲了女人而征戰，爲了女人不代表爲了愛情。希臘神話中的宙斯有許多妻子，他對每一個都「專一」，因爲一再和美女發生愛情所以他一再娶妻。而《蘭嘎西賀》中的天神叭英也有好幾個妻子，她們各自住在一座寶殿裏，叭英和妻子規定，隔七天相會一次，這些女人表現的並非愛情，而是道德或賢良，而《厘俸》中的俸改動輒有三百個妻子，那三百個妻子是他的財產，而非談愛情的對象。他又不停地去勾引娥并和婻崩，因爲她們是英雄桑洛和海罕的妻子，勾引她們意謂向二位英雄宣戰，這也不是爲了愛情，是爲了競賽彼此的英雄本色。

蕭兵先生說英雄與英雄之間的衝突以及英雄死亡悲劇之中每每要出現一個「邪惡」或「淫蕩」的女人，（有時英雄間的衝突還以英雄與魔怪搏鬪的改編出現，這時婦女的命運就有好有壞），可以說是最原始的「禍水論」。而有些學者也都認爲英雄鬪爭之間每有女人及其陰謀的參與。《呂思勉讀史札記》早就敏銳指出，純狐、女歧們的出現，是因爲「野蠻時代，十口相傳之說，理亂興亡之事，必以一女子爲之經緯。」㉔

女人是戰爭的導火線，英雄爲女人去征戰，他們不是爲了愛情，而是爲了在戰爭中成就英雄勛業。爲什麼英雄如此欣然應戰?

希臘神話中的英雄赫拉克里斯（Hercules）正在思考自己命運前途時，遇見兩位仙女。豔麗動人的仙女說英雄如果選擇她爲友的話，她答應「你走最平坦安適的路。那裏沒有你嚐不到的快樂，也沒有你不能避免的不幸。你將不參加任何戰爭和決鬥。你將不用心思，只是享受豐盛的飲食和美酒，極耳目視聽之樂，極身體和肉感的滿足，睡著柔軟的牀榻，這些享受都不要費事也不要費力。……」仙女說她的朋友叫她「幸福」，而敵人卻侮辱她稱她名字叫做「墮落的享受」。另一個仙女也要和他爲友，「你將成爲一切善良與偉大的事業中的卓越人物，但我沒有怠惰的快樂來賄賂你。假使你願意收穫，你必須耕種。假使你想戰鬥得勝，你必須學會戰鬥的技術。……」英雄選擇後者，願意面對磨難艱辛的人生戰場，終其一生流汗流血㉕。

蕭兵先生說：「英雄的一生必然是苦難和克服苦難的一生。他時刻生活在緊張、奮鬥和種種嚴酷的考驗裏。這不但是他生存的需要，也是他性格的要求。英雄的命運必然是：痛苦，折磨，危險，燒煉，戰鬥，貢獻和犧牲。但是他不但安之若素，而且甘之如飴，流汗流血而不流淚，帶著傷口和歡笑去戰勝一切困難險阻，直到奉獻出生命，都在追求人性的『復歸』和人格的『超越』㉖。」因爲征戰，英雄才寫下不朽的名字。

五、英雄的悲劇

英雄是下凡的神，超凡的人，神子的特殊身分使他們輕易地擁有王權，要抗爭一切障碍，積極參與戰爭。而積極參與戰爭的結果，使英雄的個性充滿悲劇精神。

尉天聰先生認爲古代所謂的神實際上是「人」的擴大，也就是說，他們都是發揮人的「力」以克服各種災害的英雄。例如夸父追日的「不量力」，正是面對困境時不屈服的奮鬪精神，這種精神有人稱之爲「悲劇精神」，是一種從苦難之中孕育出來的力量[27]。

蕭兵先生也說明英雄的本質是人以「超人」的行爲克服「神」（自然）和自我（人）所造成的種種障碍，從而超越自己的存在，促進人類自我的自由能動本質的實現。塞爾格葉夫論盜火的普羅米修斯（Prometheus）悲劇云：「他的奮鬪當中往往碰著一些不能克服的因素，譬如，氏族的、地區的、宗教的以及其他的各式各樣的傳統和偏見，用古代悲劇作者的話來說，這一切就是所謂命運。普洛米修斯的形象，乃是反抗過去的、褊狹的、自滿的、無理的一切的戰爭[28]。」

《召相勐》中相勐是神祇下凡轉世，他遇難時天神出面搭救，而執意和相勐抗爭的沙瓦里王子最後當然只有失敗的命運。神意是不能違抗的，神子也是。《厘俸》中俸改曾迎戰天神派下凡的太陽神，太陽神節節後退，人神之戰的初期，神遇到挫敗，而最後俸改仍然死了，被神子英雄海罕所殺。《蘭嘎西賀》中，十頭王捧瑪加接受了天神父親所賜的超凡本事和生命之弓，但是父親又殷殷告誡他有三樣不能戰勝的東西：「第一是天神的化身，世上最有福氣的、善良正直的王子；第二是天神賜給人類的神弓，你無論如何挽不動它；第三是森林裏的白猴，切莫去惹它，惹它只是自找麻煩。」做爲神子的捧瑪加身上的叛逆因子注定他的悲劇命運，他和天神的化身召朗瑪發生大戰，又任性地去挽神弓，而且和森林中的白猴哈努曼有了爭鬪，因爲碰上不能違背的這些天條，捧瑪加終於被召朗瑪射死。神既讓英雄有超凡的能力，爲何又預設天規來鉗制他，這是否意謂著：凡是英雄，就要有英雄不能掙脫的悲劇命運。

身爲靈智英雄的神猴哈努曼原本是風神的兒子，他從小任性，甚至爲了要啃吃太陽，被天神叭英的閃電打塌了下巴。風神父親治好了他的病，而且又傳授他超凡本領，可是神猴的傲慢無禮又得罪僧人帕拉西，他受到詛咒，而且得了重病。《羅摩衍那》中也有同樣的情形，躺在搖籃的嬰兒羅摩竟要拿月亮當玩具。樂蘅軍先生就說，這些和自然神靈爭勝的英雄是上擬於天，他們以至尊的天威爲模擬對象。他們通過失敗、死亡，通過憤怒和固執，而將內心的意念無休止地展露在天地之間。這些代表民族集體心靈的早期悲劇英雄，卻是一種未完成的憾恨，一種待償足的渴盼㉙。

北歐神話中的英雄西格爾（Sigurd）原就降生在一個預先佈置好的結有世仇的家族中，生命的任務就是殺掉他母親的丈夫；印度《摩訶婆羅多》中的英雄也分別降生在永不和解的，愈戰愈烈的兩大家族，希臘神話更使他的英雄在神祇們喜怒無稽的安排下，面對崎嶇的人性難題。中國古神話中的英雄刑天、共工、夸父並未有複雜糾葛的人世命運，卻全然地表出「一個欲求戰勝自然威靈的行動」㉚。傣族史詩中的英雄似乎比較接近印度或希臘神話中的英雄，他們將天上的宿仇延伸到人間來解決，英雄一下凡出生，就注定永世的悲劇。

戰爭的悲劇就是英雄的悲劇，悲劇是死亡、毀滅。

戰爭的結局從未有勝利，《蘭嘎西賀》中朗瑪殺死了十頭王，救回西拉，而西拉要證實她的清白，走進烈火中。後來朗瑪仍懷疑西拉的貞節，他要用懲罰邪惡的寶劍來殺死妻子。西拉和兩個兒子隱居森林，朗瑪在森林裏，卻被兒子的神箭射死。朗瑪後來雖在神的仙水下復活，可人間他已死亡過，而且是被親生兒子射死的。朗瑪要求西拉回宮時，她說：「您的妻子西拉，她早已不活在人間，她的靈魂已變成野鬼，她在您的刀口下已葬身多年。今天倖存下來的西拉，再不是朗瑪的妻子。」英雄朗瑪在戰後仍飽嚐家破人亡的悲劇。西拉死過，朗瑪死過，而在戰爭中死亡毀滅的英雄更是不計其數。英雄本來屬於戰場，而從戰場功成身退的英雄就只有在塵俗淪落，失褪他的超凡和光輝。

英雄注定悲劇，如果沒有戰爭，他們就只有亘古的深沉孤寂。

六、餘論：《蘭嘎西賀》的印度成分

在已經翻譯整理出版的傣族敍事詩中，《蘭嘎西賀》是篇幅最長的一部作品，全詩近四萬行，二十二章。大部分的學者認爲它來自西元前四、三世紀的印度史詩《羅摩衍那》，主要根據是，兩部作品中的地名、人名是相似的，而情節也幾乎沒有兩樣。《蘭嘎西賀》中十頭王的領土勐「蘭嘎」與《羅摩衍那》中的「楞枷」都是指古代的斯里蘭卡，泰文的斯里蘭卡就音譯爲勐「拉嘎」，王子朗瑪和羅摩，王后西拉、息妲或息達，而神猴哈努曼、哈奴曼，發音幾無二致。情節的相近前面已略提及，不再贅述。當然《蘭嘎西賀》和《羅摩衍那》的雷同問題，不是筆者此文深入討論的重點，只是要說明，傣族英雄史詩有濃厚印度色彩。

有些學者或者不太願意承認《蘭嘎西賀》照搬《羅摩衍那》，不惜花費精力分析前者實經過傣族的再創造，具有傣族風格特點，因此他們「有很大的不同」[31]。然而，說兩者有不同的許多證據都顯得薄弱，語意含混模糊，仍舊不能肯定《蘭嘎西賀》具有傣族的風格特點。

只能說，傣族經過長期的部落戰爭，類似《羅摩衍那》這樣的史詩適合傣族社會，才產生照搬情事，出現雷同的《蘭嘎西賀》。或許，就像漢族史詩長久以來的空白，西南民族也不太有產生英雄史詩的環境或條件。就像傣族創世史詩有《聖經·創世紀》中伊甸園的情節，傣族英雄史詩也有太多的異質成分，並不只具備傣族風格特點，而染有濃厚的印度英雄史詩色彩。

附註

❷《中國三大史詩結構之比較》，姚寶瑄、謝眞元著，《民族文學研究》一九八九年二期。
《論伊里亞特和格薩爾王傳中的神與英雄》，聶珍劍著，《中國民族文學與外國文學比較》收錄，中央民族學院出版社，一九八九。

❸《神話與民族精神》，謝選駿著，頁四〇六，山東文藝出版社，一九八六。

❹《傣族詩歌發展初探》，王松著，頁一七二—一七四，中國民間文藝出版社（雲南版），一九八三。

❺《泐史》，李拂一譯，頁一，臺北復仁書屋，一九八三。

❻《傣族史》，江應樑著，頁一七八—一八〇，四川民族出版社，一九八三。

❼《傣族社會歷史調查》（西雙版納之三），頁一三—二五，雲南民族出版社，一九八三。

❽《論寨神勐神的由來》，岩溫扁譯，中國民間文藝出版社（雲南版），一九八一。

❾《印度兩大史詩》，糜文開譯，臺灣商務印書館，一九六七。

❿阿鑾是傣族民間流傳的敍事詩中的主人公，他並非某一個人的名字，而是泛指那些貧寒，或雖出身貴族，但總是因爲家庭或社會原因，脫離家庭，從小受盡折磨，不畏艱難險阻，最後得到勝利的人。也有認爲阿鑾這個詞來自印度梵文，指很有學問的聖者，或者可以說就是英雄的意思。又有人認爲阿鑾是超凡的人，是下凡的神，是介乎人神之間的形象，是欲濟蒼生於塗炭，而最後還是自己從苦海中先登彼岸的天之使者。阿鑾是天神册定的，是佛祖的化身，阿鑾故事所以有五百五十部，是因爲要講述佛祖釋迦牟尼成佛前五百五十代經歷的。王松、刀保堯、曹成章諸先生對阿鑾的定義都曾加以詮釋過。

⑪《中國少數民族文學》（上），毛星主編，頁四二四—四四六，湖南人民出版社，一九八三。

⑫《格薩爾與羅摩衍那比較》，潛明茲著，《格薩爾研究集刊一》收錄，中國民間文藝出版社，一九八五。

⑬《羅摩衍那》，蟻垤著，季羡林譯，人民文學出版社，一九八〇。

《摩訶婆羅達》（劇本），法・尚克勞德・卡里耶爾著，林懷民譯，臺北時報出版公司，一九九〇。

《臘瑪延那　瑪哈帕臘達》，孫用譯，人民文學出版社，一九七八。

⑭《雲南民族文學資料集》第三集，雲南大學中文系少數民族語言文學教研室編。

⑮《雲南民族文學資料集》第一集，雲南大學中文系少數民族語言文學教研室編。

⑯《厘俸》，刀永明、薛賢、周鳳祥翻譯整理，雲南民族出版社，一九八七。《傣族民間故事選・厘俸》，傅光宇等編，上海文藝出版社，一九八五。

⑰《雲南少數民族文學資料》第四輯、第五輯、第六輯，蘇達萬著，曼章領、波帕應抄，岩溫扁翻譯，一九八一。《蘭嘎西賀》，刀興平、岩溫扁等翻譯整理，雲南人民出版社，一九八一。

⑱同註❷。

⑲《希臘羅馬神話故事》，愛笛斯・赫米爾敦（Edith Hamilton）著，宋碧雲譯，臺北志文出版社，一九八六。

⑳《中國文化的精英——太陽英雄神話比較研究》，蕭兵著，頁三四三—三六一，上海文藝出版社，一九八九。又見《中國的江流兒故事》，胡萬川著，《漢學研究》一九九〇年六月。

㉑同註⑲，頁二一五。

㉒㉓《中國古籍中的女神》，謝選駿著，王孝廉、吳繼文所編《神與神話》收錄，臺北聯經出版公司，一九八八。又見《民間文學論壇》一九八八年一期。

㉔ 同註⑳，頁九六四—九六六。

㉕ 《希臘的神話和傳說》（上），德·斯威布（Gustav Schwab）著，楚圖南譯，頁一五〇—一五二，人民文學出版社，一九八八。

㉖ 同註⑳，頁四六七。

㉗ 《中國古代神話的精神》，尉天聰著，古添洪、陳慧樺所編《從比較神話到文學》收錄，臺北東大圖書公司，一九七七。

㉘ 同註⑳，頁八四九—八五〇。

㉙㉚ 《古典小說散論·悲劇英雄在古神話中的造象》，樂蘅軍著，臺北純文學出版社，一九七六。

㉛ 《傣族文學簡史》，岩峰、岩溫扁、岩林、秦家華、王松編著，頁二八六—二八七，雲南民族出版社，一九八八。

清初反映民族血淚的戲曲
——千忠戮傳奇

楊振良

靖難忠臣，仲彬史氏，翰林程濟英豪。金川門獻，削髮共潛逃。十族孝孺忠烈，億萬命、淚灑空霄。荆黔界牛吳代死，忠義實堪褒。滇南逢震直，擒君囚解，義責餐刀。迨榆川遭變，重返宮寮。解網團圓骨肉，明哲士天際飄搖。千忠錄，淋漓慷慨，聊以續離騷。

——《千忠錄》·第一齣「開場」·滿庭芳

一、時事劇之興盛

明末清初的戲曲小說資料，極多可爲歷史之助，其中雖多神鬼傳奇，亦有涉及古代人物或又改竄者，未能一一置信，但寫作背景足以代表當時社會情形。小說部份馮夢龍的《三言》所收「閒雲庵阮三償冤債」（喩世明言）以宋代爲背景；「范巨卿鷄黍生死交」（喩世明言）以東漢爲背景，並是當時社會寫照，餘如《金瓶梅詞話》、《黑白傳》、《五精八魂記》❶，觀其寫作素材，不難發現明代社會的若干線索，無需辭費，而前人研究並皆有詳細陳述。

另在衆多的戲曲中，也同樣可披檢出反映現實生活的作品：自宋代雜劇《二聖環》、《三十六髻》、南戲《王魁》、《趙貞女》、元雜劇《竇娥寃》、《救風塵》，是戲曲發展中耳熟能詳的例子。此類反映現狀的作品，謂之「時事劇」，明人初彪佳《曲品》又列舉衆多戲曲說明內容，約略勾勒這個觀念❷，譬如：

〔錢神〕直刺時事，毫無忌諱，遂有以縉紳大老橫罹粉墨者。

〔中流柱〕傳耿楪公强項立節，而點綴崔、魏諸事……覺他人傳時事者，不無散漫矣。

〔冰山〕傳時事而不牽蔓，正是鍊局之法。但對口白極忌太文，便不脫學究氣。

〔孤忠〕聊述魏璫時事，雖不妨翻實為虛，然如此不倫，終涉惡道。

「時事劇」的編寫，除必須充份反映時代，所謂「直刺時事，毫無忌諱」，於關目上亦要做到簡潔：「傳時事而不牽蔓」，但爲了劇情的發展合乎美的觀點，藻飾成型，所以「不妨翻實爲虛」。究其寫作目的，誠如范世彥《磨忠記》自序所云：「是編也，舉忠賢之惡，一一暴白，豈能盡罄其概，不過欲令天下村夫、婺婦、白叟、黃童睹其事，極口痛罵忠賢」、「共抒天下公憤」❸。這類作品犖犖可觀者，有：《大刀記》、《去思記》、《蓮囊記》、

《籌虜記》、《三節記》、《賜劍記》、《龍劍記》、《灌城記》、《萬里圓》、《鳴鳳記》、《六惡記》、《飛丸記》、《犀軸記》、《廣爰書》、《秦宮鏡》、《中流柱》、《清涼扇》、《請劍記》、《不丈夫》、《冰山記》、《鳴冤記》、《過眼浮雲》、《磨忠記》、《孤忠記》、《百子圖》、《喜逢春》、《雙眞記》、《瑞玉記》、《清忠譜》、《回天記》、《萬民安》、《蕉扇記》、《鐵冠圖》……等[4]，在當日戲曲風格中獨樹一幟，突破狹隘的男歡女愛題材，演來賺人心魄，就因爲能揭露奸佞和殘酷的現實，並將貪婪凶殘的「大人先生」種種罪惡，透過實例供天下人鞭撻批判，人物有血有肉，所以其中的一些折子盛傳劇壇，迄今不衰。

至於若干明代遺民，入清不仕，亡國悲憤，發爲文章，也一如上述轉向時事的慨嘆褒貶。戲劇與文學有關，一時頗多有名學者兼作劇本，往往於字裏行間流露出對往日王朝的憑弔，借題發揮，如王夫之的《龍舟會雜劇》，內容雖是唐人謝小娥的復仇之事，卻明顯批判貳臣厚顏事敵，其劇第三折〔煞尾〕有云：

> 這賊呵：仗凶威自占了潯陽一霸，殺將來全不消八陣六花，輕輕的掃盡妖氛剛半霎。定不爭差，何須驚詫。列位看官們！你休道俺假男兒洗不淨粧閣舊鉛華，則你那戴鬚眉的男兒元來是假！

其餘如吳偉業（梅村）《通天臺雜劇》第一齣〔寄生草〕：

> 可憐俺病維摩誰點趙州茶，眼看他啄皇孫砍做了潯陽鮓。

嵇永仁《續離騷》開宗〔滿庭芳〕：

> 沅芷重新，湘蘭再茂。三閭舊調堪倫。如聞澤畔，騷語咽風塵。況值干戈滿地，怎當得涕淚沾巾。填憂憤，英雄百折，抱義叫天閽。知己千秋僅。以身圖報，鐵骨嶙峋，笑涉灘逾嶺，夢也艱辛。撇下文章粉飾，惟留取血性天真。漫揮筆，今今古古，都是斷腸人！

撰作之意，激昂慷慨，情見乎詞，則「似不能以平常衡文斠律的眼光來看」❺流風所及，後來的《長生殿》、《桃花扇》傳奇亦屬此類寓寄弦外之音的作品❻，新奇可傳，並達到懲創人心的社會教育目的，更在國事蜩螗之際，提供世道人心一個對理想不斷的開展。而戲曲中種種評論，並不是絕望，反而是在沒有辦法可想的情況中，以自己現在歷史的經驗作根據，提供後世更能掌握、開拓未來世界的奮鬬方法，在個人告別從政生涯之後，選擇選述戲曲，期以對整個民族作更有效的貢獻。無疑的，這種借古諷今的戲劇不但給予一般百姓憤懣的宣洩，更放寬了知識分子的歷史視野，有其特別的文化意義。

二、家家收拾起，戶戶不隄防

在這樣一個社會環境中，《千忠戮》傳奇有其產生的歷史背景因素，也因爲這齣戲的含意深遠，對親身經歷明末兵荒馬亂動盪歲月存活下來的人民，更有一種緊扣靈魂的愴惻回憶。在《長生殿》傳奇誕生之後，民間流傳著「家家收拾起、戶戶不隄防」的俗諺，正說明戲曲藝術的深入人心，無可移易！

所謂「收拾起」，是《千忠戮》中「慘覩」❼一齣〔傾盃玉芙蓉〕曲牌首句「收拾起大地山河一擔裝」；另一首「不隄防」則指《長生殿》·「彈詞」的〔一枝花〕曲牌首句「不隄防餘年值亂離」。《千忠戮》取材明初「靖難之役」故事，敍述建文帝即位之後，實施「削藩」，其中握有軍權的燕王朱棣發動政變，戰爭歷四年之久（一三九九——一四〇二），奪得皇位，以致建文帝朱允炆出亡。而燕王即位之後，對異己大肆屠戮，株連無辜。

這部作品，出自清初蘇州戲曲作家李玉的手筆。按李玉，字玄玉，別號蘇門嘯侶，又號「一笠庵主人」，其生平概見吳偉業《北詞廣正譜序》內：

> 李子玄玉，好奇學古士也，其才足以上下千載，其學足以囊括藝林，而連厄於有司。晚幾得之，仍中副車。甲申以後，絕意仕進，以十郎之才調，效耆卿之填詞，所著傳奇數十種，即當場之歌呼笑罵，以寓顯微闡幽之旨。

李玉生平所作戲曲，總稱《一笠庵傳奇》，據高奕《新傳奇品》、黃文暘《重訂曲海總目》《曲海總目提要》諸書記載，該有卅七種，唯今日完整保存者十八種，分別爲：《一捧雪》、《人獸關》、《永團圓》、《占花魁》、《清忠譜》、《千忠戮》、《眉山秀》、《牛首山》、《萬里圓》、《兩鬢眉》、《太平錢》、《麒麟閣》、《意中人》、《五高風》、

《昊天游》、《風雲會》、《七國記》、《一品爵》，殘本傳世者三種：《連城璧》、《埋輪亭》、《洛陽橋》❽，其中《一捧雪》、《人獸關》、《永團圓》、《占花魁》四部，號稱「一人永占」盛演不衰❾。

而上述作品中的《清忠譜》是反映天啓六年（一六二六）蘇州地區人民與地方政府爲東林黨人周順昌被逮捕之事抗爭，與李玉另一部失傳的《萬民安》，反映萬曆廿九年，蘇州百姓抗議稅監孫隆剝削，工匠葛成挺身承擔打死官府爪牙罪行，後又得獲赦免，雖史有其事，僅爲蘇州地區家喻戶曉的民間故事。

三、《千忠戮》傳奇時代背景

《千忠戮》卻不同，整個故事鋪敍的雖是「靖難」，事實卻反映一個炎黃子孫遭異族統治的血淚記憶——「揚州十日」、「江陰三日屠」與「嘉定三屠」，所以此齣戲曲劇情並未按照史籍《奉天靖難記》、《靖難功臣錄》的歷史情節，甚至最後燕王被方孝孺索命而死（《索命》），建文帝重返朝廷，與史實大相違背。作者其實是透過劇中燕王的殘酷殺戮、建文帝的流離顚沛，建文諸臣的反對殘暴，強烈控訴清兵大肆屠殺的殘忍，也在曲詞之中幽咽傳達一段民族的不幸與亡國之痛。

這裏最主要的因素，是李玉本人爲蘇州人，自明代中葉以來東南沿海逐漸人口繁榮、發展迅速的局面，因南明政權的覆亡，清兵的揮軍直下而徹底崩潰，按李玉生於明萬曆二十四年（一五九六）左右，卒於康熙十五年（一六七六）❿在一六四五年「揚州十日屠」時，李玉時年爲五十歲，這一場戰爭帶來的浩劫，皆親眼目覩，而寫進了曲詞之內。

「揚州十日屠」發生於一六四五年四月，其時寧南侯左良玉以「清君側」討伐馬士英、阮大鋮，率軍由武昌沿江東下，史可法奉旨南援，尚未與左兵遭遇，左良玉已病死軍中，左軍又潰於采石，明軍經此內訌，元氣大衰，隨後，史可法再奉命往揚州抵抗清兵，自四月十七日至廿五日，與揚州軍民英勇抵抗，戰至人盡矢絕，清兵付出代價極大，城破，乃下令屠城十日，縱兵搶劫屠殺，當時約八十萬軍民遇害。旋因揚州棄守，南京攻陷，蘇州、杭州、紹興相繼淪入敵手，而長江下游的江陰十餘萬百姓，頑強抵抗清兵八十天，城破之日，清兵屠城三日，殺十七萬餘人，全城僅有老小五十三人倖免，此爲歷史上之「江陰三日屠」。

除此，亦有一六四五年七、八月，清兵在嘉定的屠殺行動，所謂「嘉定三屠」[11]皆鐵證如山，深烙印象，屠殺之後景象蕭條，更甚者爲社會人心的恐怖，與接踵而至亡國奴的喪失尊嚴，江南地區的經濟破產，人民流離失所，劇名之所以稱爲《千忠戮》，意謂千千萬萬忠臣烈士横遭殺戮，然因忌諱太大，故一再改名《千忠會》、《千忠錄》、《千鍾粟》、《千鍾祿》、《琉璃塔》，甚且今日流傳之劇本殘缺，或因上述緣故使然。[12]

傳奇《千忠戮》見存於《古本戲曲叢刊》三集，爲程氏玉霜簃舊藏抄本，以不同之上下卷拼湊而成，原缺六齣。唯是目前最全者。後來周妙中由北大圖書館善本室藏同治乙丑間杜雙壽抄本崑曲譜《戲曲四十六種》內，收得折子十三齣，參考《綴白裘》、《納書楹曲譜》《崑曲粹存》、《集成曲譜》、《與衆曲譜》、《怡志樓曲譜》、審訂校勘，訂爲卅五齣（其中二、三、四、十齣缺題），[13]而至今仍在舞臺上搬演者，尚有《奏朝》、《草詔》、《慘覩》、《搜山》、《打車》、《歸國》等。

四、《千忠戮》傳奇的弦外音

《千忠戮》中最感人的一段，莫過於《慘覩》，楊恩壽《詞餘叢話》云：

> 《千鍾祿》演漢建文帝出亡，雖據野史，究失不經，然詞筆甚佳也。《慘覩》一齣，發端無限淒涼。帝子飄零，迥異游僧；托鉢選詞，何親切乃爾！傾杯玉芙蓉：「收拾起大地山河一擔裝，四大皆空相，歷盡了渺渺程途，漠漠平林，壘壘高山，滾滾長江。但見那寒雲慘霧和愁織，受不盡苦雨淒風帶怨長。雄城壯。看江山無恙，誰識我一瓢一笠到襄陽。」余尤愛尾聲，旣云：「路迢迢，心怏怏。何處得隱宿碧梧枝上。」行將進場矣。忽飄來一杵鐘聲，遂歎道：「錯聽了野寺鐘鳴當景陽」！神情之合，排場之佳，令人歎絕！

故鄭振鐸云：「(《千忠祿》)律穩曲工，足爲崑劇最成功的作品。吳梅謂：『一、人、永、占，直可追步奉常。且眉山秀劇，雅麗工鍊，尤非明季諸子所可及。』其實像《麒麟閣》、《千忠會》等規模尤爲弘偉，聲律尤爲雄壯；其敍英雄窮途之哭，家國傾亡之慟，胥令人撼心動魄，永不可忘。」[14]

這種文字，不同於一般吟風詠月，蓋皆由至情至性中來，亦爲無經歷者不能寫之，信筆揮灑、氣勢澎湃，且又在悲痛沈鬱中傳達一種人生的通透。鄭氏又云：「以視崑劇始祖梁辰魚的《浣紗記》，則《浣紗》之敍吳、越興亡，誠未免鄰於兒戲。玄玉的《千忠會》，才是眞實的以萬斛亡國之淚寫之的，非身丁亡國之痛而才如玄玉者誰能作此！」這場戰爭，看在建文帝眼中萬分痛心，其實就是李玉內心的悲憤，百姓在戰禍橫行當中，「家家奔逃」、「十室九空」，如此慘況：

慘淒淒十族誅夷，血淋淋魚鱗蟹醬，殺盡了女女男男村落荒，雲陽市血湯湯，亂紛紛萬命遭殃，亂紛紛萬命遭殃，痛煞煞千忠身喪！（索命）

又如：

〔越恁好〕看血流衰草，看血流衰草，骸骨暴荒郊，忠肝義膽，鐵錚錚罵賊笑餐刀，羞殺我偷生殘喘逐浪飄，赧顏悲悼。拋伊去，痛煞煞心如搗；回頭望，淚滾滾腸如攪。（雙忠）

有清一代，文字資料控制嚴峻，確切史料不易求得，號稱盛世之康、雍、乾三朝，於一三〇年間，共一〇八起文字獄，被銷毀的有關史料無可計數，李玉寫入劇本者，以事屬前代，但非無當時事實根據，所以三兩句之勾畫，仍可由之窺見曲折與其所見死傷之慘烈，如梟首之多：（慘覩）

（外、末執槍刀）（雜推車，車上堆人頭插旗號）（淨扮將官上）（衆）〔刷子帶芙蓉〕頸血濺干將，屍骸零落，暴露堪傷。又首級紛紛，驅馳梟示他方。（末、外白）今早行了多少路，水也沒處吃一碗，弄些火兒吃烟。（作吃介）好烟，好烟。（淨）皇帝殺了多少大臣，就在京城號令罷了，又聽那都察院陳御史之言，說凡係那一處的人，把首級發在本處號令，把頭兒裝了數十車輛，差咱們各處分解……

〔錦芙蓉〕裂肝腸！痛誅夷盈朝喪亡。郊外血湯湯。好頭顱，如山車載奔忙。……

又如犯官家眷遭發配教坊：（慘覩）

京城中不知多少夫人小姐，砍的砍，絞的絞，還要發教坊司。也有賞邊軍的，賞象奴的，那希罕你每這幾個？

這戰爭帶來的人間地獄：「慘聽著哀號莽，慘覩著俘囚狀」，「眼見得普天受枉，眼見得忠良盡喪」，在異族蹂躪下，中國人對這一段覆亡夢魘揮之不去，而這些凶狠殘暴、駭人聽聞的殘暴掠奪，眞是「彌天怨氣沖千丈，張毒燄古來無兩」！當時仁人志士，心仍存反清復明之念，即如《打車》齣所云：

〔新水令〕挽天心一線繫斜陽，護潛龍萬千勞攘。俺不指望黃冠歸故里，只辦得赤膽報君王！

《打車》敍建文舊屬程濟，怒罵嚴震直搜捕建文，厚顏事敵，竟將嚴罵得羞愧自刎，於史無據。考《明史》，程、嚴二人均有傳，亦非上述情節。作者李玉顯然是藉古人發議。披檢此齣曲文，《打車》最能傾瀉遺民悲憤，以及對降清貳臣的不恥：

〔折桂令〕你也曾立朝端，首領鴛行。食祿千鍾，紫綬金章。頓忘了聖德汪洋，到如今反顏事敵，你就轉眼恩忘。生擦擦把龍孫囚檻，血淋淋將故主遭殃！

〔得勝令〕呀！痛殺你受萬苦千辛仍喪亡，恨殺那吠堯龍（白）！阿喲！我好恨吓！（末）恨甚麼來？（生指末介唱）我恨，恨不得生啖你這奸回肉。罷罷，管教你千秋醜惡彰。（跪車介）阿呀！聖上吓！俺程濟不能保全聖上龍體，萬死莫贖。我今日只是拚死前往，與你同死便了！（唱）蒼蒼，忍坐視含寃喪。雙雙，傍君魂入冥鄉，傍君魂入冥鄉。

〔僥僥令〕人心原不死，忠義豈容忘。……

這類文句，在《長生殿》、《桃花扇》之中皆有所見，《長生殿》中藉雷海青之口說出的「武將文官總舊僚，恨他反面事新朝。」、「那滿朝文武，平日裏高官厚祿，蔭子封妻，享榮華，受富貴，那一件不是朝廷恩典！如今卻一個個貪生怕死，背義忘恩，爭去投降不迭！」[15]《桃花扇》之中批評貳臣的「開國元勳留狗尾，換朝元老縮龜頭」，所指的就是這類投降分子。

與貳臣形成強烈對比的死難忠臣，李玉則特別凸顯方孝孺的形象。以方孝孺從容慷慨訴出「俺方孝孺今日得死所矣」一語來對照千秋正氣，縱被全家抄斬，誅夷十族，在遭酷刑蔵牙割舌之後，仍正氣凜然道出：「血噴腥紅難洗濯，受萬苦的孤臣粉身和碎腦，這的是領袖千忠一身兒千古少！」的無畏之語，由之呼籲知識分子全節忠義，方是眞正生命抉擇與歸向。

所以，李玉撰作《千忠戮》有其弦外之音，一方面暴露明清之交這頁永難磨滅的痛史，顯示無比悲涼的生民塗炭，不忘苦難，更寄託許多經過戰爭洗禮遺民「人心不死」的氣節，於是，整齣戲中，燕王被索命而死，建文回宮，這種大違史實的情節安排，不能不說具有其深層的隱喻意義，未可等閒視之。而作者李玉在戲之末齣「尾聲」如此註語，更足證撰作此劇的基本立場：

> 詞填往事神悲壯，描寫忠臣生氣莽。休錯認野老無稽稗史荒。

換句話說，李玉撰作此劇所安排的所有情節，以其立場言皆是合理的，《搜山》、《打車》上述程濟怒罵嚴震直之情節，尤爲李玉見出明亡與貳臣降清之因果關係，孫甄陶《清史述論》⑯分析當時貳臣的組成分子，頗有一段語重心長之敍述，值得注意：

> 這一羣「貳臣」，在未降清之前，曾為明朝實心效力的，怕沒有幾人；而於降清之後，甚至在降清之前，有意無意間在消極的削弱明朝之國力，積極的為滿清建立入主中華基礎者，却大不乏人。如馮銓就是設計殺害熊廷弼的人，李會生就是出主意掣肘

孫承宗用兵的人，鮑承先就是設計殺害袁崇煥的人，張若麒就是累死邱民偉、曹變蛟而且幾乎害死洪承疇的人，徐勇就是生擒何騰蛟的人。孔有德、尚可喜、耿仲明、沈志祥、左夢庚、劉良佐、許定國等就是率領大批軍隊投降替滿清大事補充實力的人。……

李玉崇禎間中舉，其友吳偉業亦是貳臣，偉業晚年以未能死難爲憾，所謂「忍死偷生廿載餘，而今罪孽怎消除！」（臨終詩），但終究爲清所用，或亦對李玉撰作有若干程度的影響⑰，而曲詞演之氍毹，便於歌呼笑罵之中，寓有幽微之旨了。

伍、歷久彌新之戲劇題材

李玉無疑對戲劇題材的掌握有獨到特點。明人呂天成《曲品》引孫月峰語云：「凡南劇，第一要事佳，第二要關目好，第三要搬出來好，第四要按宮調、協音……」所謂「事佳」即指題材而言。歷史題材尤具特色⑱，孔尚任《桃花扇小引》所云：

> 傳奇雖小道，……其旨趣實本於三百篇，而義則《春秋》，用筆行文，又《左》、《國》、《太史公》也。於以警世易俗，贊聖道而輔王化，最近且切。今之樂，猶古之樂，豈不信哉！

就是強調歷史劇的作用具《春秋》旨趣。李玉的另一部戲劇《清忠譜》，即被目之有如此價值⑲。歷史劇是否要忠於史實，學術史上本來就有兩派意見，以清代為例，李漁以為歷史題材必須據實，所以他說「欺之不得，罔之不能，所以必求可據，是謂實則實到底也」（《閑情偶寄・詞曲部・審虛實》）；另一派的洪九疇在《三社記題辭》之中則表達不同意見，以為寫歷史題材倒可容許虛構，故云：「若今時用當世手筆譜當前情事，正如布帛菽粟，隨人辨識。」⑳，《千忠戮》傳奇屬於後者，而與時事相結合其關目雖為虛構，卻不掩背後之永恆價值。

檢視《千忠戮》這部傳奇，有感慨、有寄託。感慨者，「看多少賽韓彭的兵將，嘆紛紛一戰成齏」（第二齣）、「帝城街衢走遍，嘆黎庶盡堂前棲燕」（第四齣）、「重沉沉亘千秋的災疚，顫巍巍潑天高的孱僽，痛煞煞喪邦家的禍侵，黑漫漫失魂魄的昏和晝，煞運週，那裏是君王德未修。」（第六齣）；寄託者，「數當陽九難回轉，但願得天心默眷。保護潛龍漫蜿蜒」（第四齣）、「舊江山指顧歸來，新社稷驅馳重掃」（第五齣）、「天心堪擬，人心未圮，那死絕處求生，怎輕生溝瀆裏」（第七齣）

然而，「看京畿淚垂，看京畿淚垂，百戰創洪基，一傳變虛器」（第七齣）「我那高皇、先考嚇！子孫不能保全你相傳的基業，萬死莫贖矣！」（第七齣）「血流道途，痛盈朝忠臣盡屠。刑遭戚疎，痛盈城哀聲慘呼。誅夷十族天心怒，毒流四海人心腐。堪嘆千忠盡歸黃土。」（第九齣）、「淒涼，嘆魂魄空飄天際，嘆骸骨誰埋土壤。」（第十一齣），才是這傳奇悲痛的本源，這部傳奇曾陪苦難的中國人走過艱辛的歲月，為這多難的民族詮釋烽火連天、顛沛流離，本是歷史的家常便飯，而「唐朝建成、元吉，死於玄武門，宋朝廷美、德昭俱不得其死，自古皆然，豈獨臣兒少不得受輪廻孽帳」（第廿二齣）就是中國的歷史哲學！

如果，我們認爲今天傳唱不止的《慘覩》、《搜山》、《打車》諸曲，是由於曲調動人致然，顯然，我們對歷史因果和《千忠戮》這部傳奇的創作動機與苦心，仍舊不夠瞭解。

附註

❶《黑白傳》、《五精八魂記》爲明代諷刺小說，乃當時百姓不滿松江府官僚董其昌魚肉鄉里而作，其詳可參胡士瑩《話本小說概論》第十一章『明代的說書和話本』，一九八〇，中華書局。

❷「祁彪佳《遠山堂曲品》，見《中國古典戲曲論著集成》第六册，一九五九，中國戲劇出版社。

❸見徐扶明《元明清戲曲探索》（一九八六，浙江古籍出版社）頁二三七「明末清初時期的時事劇」一文徵引。徐文尙引李玉《清忠譜‧譜概》：「一傳詞壇標赤幟，千秋大節歌白雪，更鋤奸律呂作陽秋，鋒如鐵。」之言，說明時事劇的創作動機是：「力求把自己創作的時事劇，作爲『鋤奸』的鋒利武器……共抒天下公憤。」因此正當閹黨魏忠賢氣燄囂張、黨羽橫行之時，有《百子圖》傳奇揭露；當閹黨勢敗之後，袁於令寫《瑞玉記》傳奇諷之，皆受優伶爭演。

❹參徐扶明《元明清戲曲探索》‧「明末清初時期的時事劇」一文。徐氏將這些戲曲區分七類：㈠抗倭戰爭㈡民族矛盾㈢反嚴嵩集團鬪爭㈣反閹黨鬪爭㈤市民運動㈥農民起義㈦反對封建制度和惡劣社會風氣。可另備一說。

❺此一觀點爲周貽白所提出。案上述吳梅村尙有《秣陵春傳奇》、《臨春閣》，嵇永仁尙有《揚州夢》及《雙報應》，周氏並舉嵇永仁「罵閻羅捲場詩」：「儼然地府號仙官，翻歎人間知遇難。不是一番開破口，英雄終作等閒看。」說明當時作者頗多憤語，兼記明代覆亡事。詳周氏「中國戲劇史」頁四八六。僶勉出版社翻印本。

❻《長生殿》故事在洪昇筆下的描寫，雖極忠實於史實記載，但也包含個人在國破家亡之後的種種感慨，故作者藉李龜年對天寶盛世的懷念以抒自己對故國的感懷，至於《桃花扇》則是孔尙任現身說法，將自己化身爲南京太常寺的老贊禮，三度上場貫串劇情，此一分析，請參拙著〈崑曲桃

花扇裏的老贅禮形象〉一文，中央日報〈長河〉版，一九九一年三月二十五日。

⑦「慘覩」又名「八陽」，蓋此齣曲詞八段，每句最末一字皆為「陽」，故名。內容敘述建文帝出亡在外，見往日臣民為燕王屠戮慘況，「陽」字為字句押韻所設，分別為：襄陽、朝陽、斜陽、雲陽、漁陽、睢陽、南陽、景陽。

⑧此處所存十八篇篇目，詳參蘇州大學王永健教授《明清傳奇》頁二〇〇之敘述，（一九八九，江蘇教育出版社。）至於李玉畢生所作傳奇之統計資料卅七種，詳見周妙中《清代戲曲史》頁五一七，查考頗便利，一九八七，中州古籍出版社。

⑨這四戲齣戲，《一捧雪》據明嘉靖權奸嚴世蕃為霸占宋代名畫「清明上河圖」，迫害收藏者家破人亡故事改編，敍莫懷古不願獻出祖傳玉杯「一捧雪」招致妻離子散；《人獸關》據《警世通言・桂員外途窮懺悔》改編；《永團圓》演書生蔡文英與江蘭芳婚事，或云京劇「三不願意」脫胎於此；《占花魁》即《醒世恆言》之中的「賣油郎獨占花魁」故事。

⑩有關李玉生卒年之考辨，南京大學吳新雷，陳美林二位教授均有專門研究，吳文「李玉生平、交游、作品考」（刊《江海學刊》一九六一年十二期），陳文「關於李玉的生年問題」（見《曲苑》第二輯，一九八六）

⑪有關此處清軍屠殺始末，可略參《中國歷史三百題》一書之簡述，上海古籍出版社。

⑫按北平故宜博物院「昇平署」檔案，《千忠戮》曾遭禁演，以其觸犯「古今來大不忍之事，言之尚不可，何可形諸戲場。」故「如有明知故違，仍敢演唱，定懲不貸。」

⑬各齣目為：開場、□□、□□、□□議和、燒宮、披剃、奏朝・草詔、警別、抄村、慘覩、劫裝、廟遇、雙忠、□□、里首、進香、虎救、搜山、打車、法場、宮會、索命、遇赦、歸宮、團圓。此校訂本由北京中華書局出版。至於身段譜部分，程氏玉霜簃藏有十四齣，其詳目備見徐扶明《元明清戲曲探索》頁一九〇。

⑭ 見鄭氏《中國文學史》第六十四章「阮大鋮與李玉」。香港・古文書局出版。

⑮ 《長生殿》第二十八齣「罵賊」。

⑯ 觀其第一篇「清史貳臣傳及清初政局」第五章，九思出版有限公司，一九七八。

⑰ 按吳偉業本欲身殉明朝，後因其母涕泣牽挽，乃移忠作孝，極表不欲仕清，唯後來仍做到秘書院侍講，國子祭酒。其詩「浮生所欠只一死」（過淮陰有感）以及死後囑言斂以僧裝，墓題「詩人吳梅村之墓」之事，其人格詩格，仍有頗具爭議性之糾葛。

⑱ 題材如元人雜劇十二科之分類：神仙道化、隱居樂道、抱袍秉笏、忠臣烈士、孝義廉節、叱奸罵讒、逐臣孤子、鏺刀趕棒、風花雨月、悲歡離合、烟花粉黛、神頭鬼面。其中歷史題材較之愛情、神鬼，具正面意義，也比較符合教化。

⑲ 按吳偉業《清忠譜序》云：「李子玄玉所作《清忠譜》……事俱按實，其言亦雅馴，雖云填詞，目之信史可也。」

⑳ 有關戲劇取材於歷史題材之比較，蔡鐘翔《中國古典劇論概要》有李漁、洪九疇理論之敍述，請參是書頁六一，中國人民大學出版社，一九八八。

漁陽鼙鼓動地來，驚破霓裳羽衣曲

——談安史之亂的影響

洪　讚

開元天寶史稱唐代的第二個盛世，可以媲美貞觀，但爲時頗爲短暫。自開元二十五年以後，政治已轉趨腐化，賢人退隱，小人當道，亂象已萌，危機已伏。這時的唐帝國除了外患之外，更嚴重的是那「漁陽鼙鼓動地來，驚破霓裳羽衣曲。」的安史之亂爆發了。

安史之亂是唐代社會動亂的大爆發，也是唐代由盛轉衰的重要關鍵。它的影響是極爲深遠的，就唐代來說：大亂使得政治急劇變化，社會強烈動蕩，經濟慘遭破壞，戰禍連綿不斷，人民死傷枕藉，到處一片蕭條的景象。就詩人來說：大亂使得中下層的文人學士被拋到動亂之中，上層知識分子也是榮事富貴頓時喪落，戰亂使他們程度不同的經受了苦難，而對現實生活有比較深切的體驗，激發了他們悲天憫人的胸懷，寫下了許多反映現實的詩篇。

一、對唐代的影響

擾攘了八年之久的安史之亂雖然平定，但是唐帝國仍然是風雨飄搖，幾無寧日。因爲外有回紇、南詔等異族伺機款塞，縱兵入寇，甚至攻略城池，燒殺擄掠，不一而足。而內有藩鎭繼起，橫行驕悍，力大勢盛，已成尾大不掉之勢，朝廷又無力加以控制，卒使唐帝國由衰弱而至於滅亡。請看安史之亂所造成的後遺症吧：

> 安史既平，武夫戰將，以功起行陣為侯王者，皆除節度使。大者連州十數，小者猶兼三四，所屬文武官悉自置署，未嘗請命於朝，力大勢盛，遂成尾大不掉之勢。❶

《新唐書‧方鎭表序》也說：

> 方鎮之患，始也各專其地以自世，既則迫於利害之謀，故其喜則連橫而叛上，怒則以力而相并，又其甚則起而弱王室。唐自中世以後，收功弭亂，雖常倚鎮兵，而其亡也亦終以此。❷

自置官署，不請朝命，怒則相并，起弱王室，其膽大妄爲，目中固已無朝廷了。這是安史的後遺症，而人民的創痛更無有已時。

> 自安史之亂，兵役不息，田土荒蕪，兼有攤戶之弊，……是以逃亡愈多，耕種愈少。代宗永泰元年（七六五），京師斗米一千四百，畿甸捼穗，以供宮厨。至麥熟後，市

有醉人，已詫為祥瑞。較貞觀開元時幾至數十百倍。讀史者於此可以觀世變矣。❸

《舊唐書・劉晏傳》也說：

> 時新承兵戈之後，中外艱食，京師米價斗至一千，宮厨無兼時之積，禁軍乏食，畿縣百姓乃挼穗以供之。❹

京師尚且如此，攻戰之地，那就更不必說了。請看：

> 至如攻戰之地，城圍糧絕，尤有不可以常理論者。魯炅守南陽，賊將武令珣、田承嗣等攻之累月，米斗至四五千，有價無米，一鼠值四百。安慶緒被圍於相州，斗米錢七萬。❺

民以食爲天，「有價無米」，「一鼠值四百」，人民的饑困也就可想而知了。加以徭役繁興，丁男垂盡，田園荒蕪，城郭爲墟，府庫益竭，《舊唐書・楊炎傳》有段話說：

> 迨至德之後，天下兵起，始以兵役，因之饑癘，徵求運輸，百役並作，人戶凋耗，版圖空虛。……權臣猾吏，因緣為姦，或公託進獻，私為贓盜者動萬萬計。……故科歛之名凡數百，廢者不削，重者不去，新舊仍積，不知其涯。百姓受命而供之，瀝膏

血，鬻親愛，旬輸月送無休息。吏因其苛，蠶食於人。凡富人多丁者，率為官為僧，以色役免；貧人無所入則丁存，故課免於上，而賦增於下。是以天下殘瘁，蕩為浮人，鄉居地著者百不四五，如是者殆三十年。❻

所以會「人戶凋耗，版圖空虛。」是因爲「始以兵役，因之饑癘，徵求運輸，百役並作。」的緣故。由此而民生凋零之景象，骨肉流離之痛苦；也就歷歷在目，讓人不忍卒睹。杜甫有〈憶昔〉詩描述開元盛世及安史亂後的對照，他寫開元盛時是：

憶昔開元全盛日，小邑猶藏萬家室。稻米流脂粟米白，公私倉廩俱豐實。九州道路無豺虎，遠行不勞吉日出。齊紈魯縞車班班，男耕女織不相失。宮中聖人奏雲門，天下朋友皆膠漆。百餘年間未災變，叔孫禮樂蕭何律。（其二）

當時國力充實，盜息民安，刑政平，風俗厚，制禮作樂，媲美貞觀之治❼。仇兆鰲也稱美說：

古今極盛之世，不能數見，自漢文景，唐貞觀後，惟開元盛時，稱民熙物阜。考柳存芳唐曆，開元二十八年，天下雄富，京師米價，斛不盈二百，絹亦如之。東由汴宋，西歷岐鳳，夾路列店，陳酒饌待客，行人萬里，不持寸刃，嗚呼！可謂盛矣。（《杜詩詳註》卷十四）

接著敘亂後的情形是：

> 豈聞一絹直萬錢，有田種穀今流血。洛陽宮殿燒焚盡，宗廟新除狐兎穴。傷心不忍問耆舊，復恐初從亂離說。小臣魯鈍無所能，朝廷記識蒙祿秩。周宣中興望我皇，灑淚江漢身衰疾。

今非昔比，一絹萬錢，田園不能種植，變成流血的戰場，京師宮室被焚，宗廟成爲狐兎穴，一幅殘破景象，撫今追昔，也就難怪衰疾的杜甫要灑淚江漢了。

經由這些史料的觀察，讓我們對安史之亂所造成的盛唐社會、政治、經濟等不同程度的破壞，有了進一步的認識。大亂所造成的慘狀，戰火的無情，士卒的死傷，弄得人民流離失所，妻離子散，城鎮十室九空，滿目瘡痍，斯情此景，盛唐詩人，目睹身經，感慨係之，寫下了苦難民衆內心深處的呻吟，讓人們更深入地看到戰爭蹂躪下人類靈魂的顫抖。大體說來，詩人是軟弱的，可也因其軟弱，才能感受那種靈魂顫抖的波動，提供一面清楚的鏡子[8]，使我們能窺知人類身罹戰禍，流離顚沛，家破人亡，所受的切膚之痛。

接著就讓我們從盛唐詩人的詩作中，來看看他們目睹安史之亂的破壞後，對大亂所造成的中原動蕩，豺虎當道的慘狀，所提出的控訴吧！

> 赤風蕩中原，烈火無遺巢。（王昌齡〈失題〉）
>
> 旌旗繽紛兩河道，戰鼓驚心欲傾倒。（李白〈猛虎行〉）

中原走豺虎，烈火焚宗廟。（李白〈經亂離後將避地剡中留贈崔宣城〉）

三川北虜亂如麻，四海南奔似永嘉。（李白〈永王東巡歌〉其二）

俯視洛陽川，茫茫走胡兵。流血塗野草，豺狼盡冠纓。（李白〈古風西上蓮花山〉其十九）

至今大河北，化作虎與豺。（杜甫〈夏日歎〉）

在豺虎肆虐下，無疑的社會遭到了嚴重的破壞，使原來繁華富庶的都城，變成了荒涼蕭條，邑屋崩摧，荊棘遍地，瓦礫成堆的殘破局面：

一夕瀍洛空，生靈悲曝鰓。……城池何蕭條，邑屋更崩摧。縱橫荊棘叢，但見瓦礫堆。行人無血色，戰骨多青苔。（高適〈酬裴員外以詩代書〉）

十室幾人在，千山空自多。路衢惟見哭，城市不聞歌。（杜甫〈征夫〉）

山東征戰苦，幾處有人煙。（劉長卿〈送元判官〉）

戎馬不如歸馬逸，千家今有百家存。哀哀寡婦誅求盡，慟哭秋原何處村？（杜甫〈白帝〉）

乾坤含瘡痍，憂虞何時畢。……所過多被傷，呻吟更流血。（杜甫〈北征〉）

「十室幾人在」？「千家今有百家存」，道盡了城池蕭條荒涼，而「路衢惟見哭」，「呻吟更流血」，更寫盡了戰禍的殘酷無情。

在此兵荒馬亂之際，百姓避亂流亡，其途次苦楚，恐怕是未曾身臨其境者所難以想像的，就拿杜甫來說吧，他在潼關破後，携眷向北流亡，身疲肚餓，誤陷蓬蒿，夜半行經彭衙時，月照荒山，饑女啼哭，經旬雷雨，泥濘難行，以野果充糧，在低枝夜宿，其痛苦萬狀，實在深痛於心。所以，一年之後，他寫了〈彭衙行〉這首詩追憶流亡的痛苦經過，有這樣的一段話：

> 憶昔避賊初，北走經艱險。夜深彭衙道，月照白水山。盡室久徒步，逢人多厚顏。……癡女饑咬我，啼畏虎狼聞。懷中掩其口，反側聲愈嗔。小兒強解事，故索苦李餐。一旬半雷雨，泥濘相攀牽。既無禦雨備，徑滑衣又寒。……野果充糇糧，卑枝成屋椽。

就這幾句，已讓我們感受到饑寒交迫的窘狀。然而，遭到戰禍的，已經不限於某部分人或某個階層的人，而是已經波及整個漢民族了。我們從杜甫的詩作中所反映出來的來看，普通農民遭到的是：「寂寞天寶後，園廬但蒿藜。我里百餘家，世亂各東西。……家鄉既蕩盡，遠近理亦齊。」（〈無家別〉）那樣的損害。做大官的人家也免不了「關中昔喪亂，兄弟遭殺戮。官高何足論，不得收骨肉。」（〈佳人〉）的戰禍。就是王孫、公主等逃不出淪陷區的都慘遭殺戮，其幸而逃脫的，也是「泣路隅」的「乞爲奴」，因爲他們「已經百日竄荊棘，身上無有完肌膚」了。〈哀王孫〉詩說：

> 金鞭折斷九馬死，骨肉不得同馳驅。腰下寶玦青珊瑚，可憐王孫泣路隅。問之不肯道姓名，但道困苦乞為奴。已經百日竄荊棘，身上無有完肌膚。

天潢子弟，身陷賊中，衣食困苦，乞爲奴隸，竄身荆棘，體無完膚，其流離奔走之堪憐，慘惻動人，所以杜甫目睹此景，雖則「不敢長語臨交衢」以招災禍，仍然「且爲王孫立斯須」的叮嚀「王孫善保千金軀」了。當然，受害最深的還是普通百姓。

其次，在「都人廻面向北啼，日夜更望官軍至。」（杜甫〈悲陳陶〉）殷切期盼下的「官軍」，倉卒的投入了戰鬪，但由於「殺氣毒劍戟，嚴風裂衣裳。」（李白〈北上行〉），貔虎兇狠，戰火無情，使得多少的「良家子」因而戰死沙場，曝屍荒野，杜甫爲他們留下了紀錄：「孟冬十月良家子，血作陳陶澤中水。野曠天清無戰聲，四萬義軍同日死。」（〈悲陳陶〉），「但添新戰骨，不返舊征魂。」（〈東樓〉）。「血埋諸將甲，骨斷使臣鞍。」（〈王命〉）。「丈夫死百役，暮返空村號。」（〈遣遇〉），「哀哉桃林戰，百萬化爲魚。」（〈潼關吏〉）李白也寫道：「天津流水波赤血，白骨相撐亂如麻。」（〈扶風豪士歌〉）由這些詩句可知戰爭的激烈，死亡的慘重。觸目所及，但見「寒月照白骨」（杜甫〈北征〉），「白骨空相弔」，「白骨成丘山」，「死人積如丘」（並見李白詩），這是何等可悲的戰禍。

死者已矣，生者何堪？戰爭所造成的死別，固是人間極無可如何的慘事，而妻離子散，空閨獨守，又何嘗不令人「相思皆如夢，珠淚濕羅衣。」？（李白〈學古思邊〉）接著讓我們來看看「生離」的悲哀吧！

> 別後羅帶長，愁寬去時衣。乘月託宵夢，因之寄金徽。（李白〈擬古十二首〉其一）
>
> 海燕還秦宮，雙飛入簾櫳。相思不相見，託夢遼東城。（李白〈寓言三首〉其三）

我們可以從女子的「託夢」所表達的閨怨，想到「遊子悲行役」那種「征客無歸日」的痛苦心情。就算是血性男子，在「洛城一別四千里，胡騎長驅五六年。」「干戈猶未定」，「海內風塵諸弟隔」的情況下，也不免要「思家步月淸宵立」的睡不着覺，而感嘆「天涯涕淚一聲遙」，甚至於「拭淚沾襟血」了。杜甫著名的〈春望〉詩，把感時、恨別的心情，深刻的流露了出來：

> 國破山河在，城春草木深。感時花濺淚，恨別鳥驚心。烽火連三月，家書抵萬金。白頭騷更短，渾欲不勝簪。

這首詩前半寫春望之景，景中有情，非僅恨別，更在感時。後半寫春望之情，由烽火不熄而盼望家書至，裏面所表達的感情，雖然是杜甫個人的親身感受，卻也是當時千百萬人的思想感情的概括表現。所以，司馬溫公曾評此詩說：「山河在，明無餘物矣。草木深，明無人跡矣。花鳥平時可娛之物，見之而泣，聞之而悲，則時可知矣。」[9]這是因爲「人旣感時，才見花開而濺淚。人因恨別，才聞啼鳥而驚心」[10]。這首詩眞不愧是杜甫五律的上乘之作。

接著讓我們來看看在大亂嚴重的破壞了生產力之後，人民是怎麼過生活的：

麻鞋見天子，衣袖露兩肘。（杜甫〈述懷〉）

妻子衣百結，……平生所嬌兒，顏色白勝雪。……海圖拆波濤，舊繡移曲折。天吳及紫鳳，顛倒在短褐。（杜甫〈北征〉）

喪亂聞吾弟，饑寒傍濟州。（杜甫〈憶弟二首〉）

兩京三十口，雖在命如絲。（杜甫〈得舍弟消息二首〉）

況聞處處鬻男女，割慈忍愛還租庸。（杜甫〈歲晏行〉）

尺布不掩體，皮膚劇枯桑。……草木不可餐，饑飲零露漿。（李白〈北上行〉）

眞可以說是饑寒交迫，無以爲生了。尤其是杜甫，他携婦將雛，避亂同谷，雖登山負薪，拾橡栗，掘黃獨以自給，而白頭胼胝，日暮山谷，寒冬雪盛，短衣露脛，手持長鑱，託以性命，而竟空手歸來，眼看著稚子饑餓而死[11]，其悽慘一至於此，其他人民也就可想而知了。

綜上所述，我們藉由盛唐詩人的詩作，探討了安史之亂時，叛軍勢大，豺虎當道，戰亂所帶來的慘禍，諸如城鎮蕭條，瓦礫成堆。逃難避亂，王孫不免。軍士戰死，白骨丘山。人民艱窘，饑寒交迫。種種人間極悲慘的現象，不一而足。但最能爲當時戰地生活，人民苦況，留下眞實而悲慘的紀錄，傳誦千古，歷久不衰的，當是杜甫於乾元二年（七五九）二月由東都再回華州，途經新安、石壕、潼關，目擊民間老弱被徵調之苦，社會荒涼之景，官吏驅民築城防胡之酷，深痛於心，因而寫成的〈三吏〉及〈三別〉這六首詩了。

當杜甫由東都回華州，行經新安縣，遇縣吏征兵，這時縣裏丁男已征完，只剩下尚未受過訓練的「中男」可行，於是強行徵調，杜甫在〈新安吏〉中寫道：

客行新安道，喧呼聞點兵。借問新安吏，縣小更無丁。府帖昨夜下，次選中男行。中男絕短小，何以守王城。肥男有母送，瘦男獨伶俜。白水暮東流，青山猶哭聲。莫自使眼枯，收汝淚縱橫。眼枯卽見骨，天地終無情。……

杜甫對於人民的痛苦，表示深切的同情。同時也顯示了他的矛盾心情，一方面他譴責了當政者的昏庸無能，造成相州潰敗，以至於弄到要徵調「中男」從軍。他用高度的藝術手法描會了中男們出發的悲慘景象：河水爲之嗚咽，青山爲之落淚，卽景言情。另一方面，這是抵抗反叛的戰爭，是義戰，不平定亂事，人民也就沒法活下去，所以，他又轉而安慰中男，並勸慰送行的親人，詩人也眞是設想周到。

杜甫再往西走，到了石壕村（今河南陝縣東南），所見又異於新安，它的愁慘哀切，尤其震憾人心，請看：

暮投石壕村，有吏夜捉人。老翁踰牆走，老婦出門看。吏呼一何怒，婦啼一何苦。聽婦前致辭，三男鄴城戍。一男附書至，二男新戰死。……室中更無人，惟有乳下孫。孫有母未去，出入無完裙。老嫗雖力衰，請從吏夜歸。急應河陽役，猶得備晨炊。夜久語聲絕，如聞泣幽咽。天明登前途，獨與老翁別。

這首詩的主題，可以說就是「吏捉人」。是當時兵役中最不合理、最殘酷的事實，也是最愁慘的一幕悲劇。這首詩全用素描，敍述詩人投宿客舍，適逢其會，目睹官吏「夜捉人」的慘劇。他用「吏呼一何怒，婦啼一何苦。」來表現那個緊張的場面，並借老婦的口來敍述這一家人的苦難。她願意應徵到河陽前線，老婦自我犧牲的精神，令人感動。「吏呼一何怒」，描盡了酷吏的嘴臉。「婦啼一何苦」，「室中更無人」，道出了黎庶的愁慘，戰爭的殘酷。

杜甫繼往西行，到了潼關，見士卒築城備胡，想到從前守關的哥舒翰因楊國忠的促戰而輕於出兵，以致慘敗，又寫了〈潼關吏〉告誡「防關將」：

> 士卒何草草，築城潼關道。大城鐵不如，小城萬丈餘。……連雲列戰格，飛鳥不能踰。胡來但自守，豈復憂西都。……哀哉桃林戰，百萬化為魚。請囑防關將，愼勿學哥舒。

祿山初反，哥舒翰守潼關，賊兵不敢窺關。向使國忠不命中使促戰，而「胡來但自守」，則潼關可保，「豈復憂西都」哉？更無需「修關還備胡」了，又何至於「百萬化爲魚」」，犧牲慘重？

以上〈三吏〉詩，流傳極廣，開後來元白寫實之境，千載下讀之，猶可想見當時社會愁慘之現象，以及人民生活的苦痛。

杜甫由東都至潼關的路上，除了沿途目睹縣吏徵調役民之苦，寫成了〈三吏〉之外，又親睹新婚男子出征，老翁從戎，與戰士返鄉後無家可歸又被召服役的慘象，生離死別，幾乎令人腸斷氣結，目睹此景，爲之惻然。於是又綜合此類淒楚之情，而寫成了同樣傳誦千古的

〈三別〉。

〈新婚別〉，用征婦的口吻敍述新婚夫婦的別離，深刻動人。

> 兎絲附蓬麻，引蔓故不長。嫁女與征夫，不如棄路旁。……暮婚晨告別，無乃太匆忙。……君今往死地，沉痛迫中腸。……羅襦不復施，對君洗紅粧。仰視百鳥飛，大小必雙翔。人事多錯迕，與君永相望。

這首詩敍室家離別之情，及夫婦始終之分，沉痛極了。詩裏的愛國思想，是飽和着血和肉的。是通過有血有肉的人物形象表達出來的，是新婦經過劇烈的內心掙扎而逐漸達到的。本來新婚燕爾，是人生至樂之事，春宵一刻千金，可是當此國家多難之秋，烽火連天之際，何以家爲？所以暮婚晨別，傷離情切，新婦猶以「勿爲新婚念，努力事戎行。」勉勵丈夫。這二句正是人民的呼聲，時代的呼聲，同時也是杜甫通過新婦發出的愛國號召。據史書記載，由於安史叛軍到處燒殺淫掠，不得人心，當時河南河北，人民紛起抗擊，並且有婦女自動參軍⑫。可見這二句也是當時社會現實的反映。

〈垂老別〉比起〈新婚別〉，尤其悲壯感人：

> 四郊未寧靜，垂老不得安。子孫陣亡盡，焉用身獨完。投杖出門去，同行為辛酸。幸有牙齒存，所悲骨髓乾。男兒卽介冑，長揖別上官。……

詩一開頭即寫出了他登上征途的心情和氣概。這個老人不像〈石壕吏〉裏的那個老翁要翻牆逃走，他沒有媳婦和孫子，家中除了老妻之外，沒有任何人了。「子孫陣亡盡，焉用身獨完。」其悲痛也有甚於〈石壕吏〉中「聽婦前致詞」老婦所說的一段話。「投杖出門去」六句，慨當以慷，老而彌堅，尤令人對當時的役政的腐敗感到憤恨。接著寫老妻著單衣，臥路啼，征夫爲老妻之衣單寒冷而悲傷；老妻雖知「此去必不歸」，猶勉勵他加餐保重身體，彼此安慰，情深款款，可是想到賊勢還很猖獗，老人的一顆愛國的心又躍然紙上：「萬國盡征戍，烽火被岡巒。積屍草木腥，流血川原丹。何鄉爲樂土，安敢尚盤桓？」雖然「摧肺肝」，老人仍然鼓起勇氣，「棄絕蓬室居」而去。這和石壕村的老婦「急應河陽役」同樣表現出人民對於反叛亂的正義戰爭積極支持的態度，這就是唐室能掃平叛亂的主要原因。

〈無家別〉是敍述相州潰敗之後，戰士回到家鄉，只見到一片荒涼景象，說明安史之亂農業生產與民生破壞之嚴重，詩人以悲痛的語言敍述道：

> 寂寞天寶後，園廬但蒿藜。我里百餘家，世亂各東西。存者無消息，死者委塵泥。賤子因陣敗，歸來尋舊蹊。久行見空巷，日瘦氣慘淒。但對狐與狸，豎毛怒我啼。四鄰何所有，一二老寡妻。

解甲歸來，便從事莊嫁的工作。「縣吏知我至，召令習鼓鞞。」雖然是在本州服役，但既已無家，也就「內顧無所攜」，田園蕩盡，遠近無依，也只有「終身兩酸嘶」罷了。

總之：安史亂作，民間苦役，吏不恤民，致新安無丁，石壕遺嫗，新婚有怨曠之夫婦，垂老痛陣亡之子孫，戰敗逃歸者，又復不免，河北生靈，幾於靡有孑遺矣⑬。戰爭災禍，人間慘事，歷歷如見於此六詩中了。

二、對詩人的影響

安史之亂，對天寶詩人的影響極大。幸運的人，因緣時勢，際會風雲，成就了功名事業，而不幸的人，卻是坎坷終生，流離道路，飽受苦難。高適、王維、岑參，是其中比較幸運的人，王昌齡、李白、儲光羲，可以說是比較不幸的人，而杜甫又是所有詩人中際遇最堪憐的一位。這些詩人雖然處在相同的時空下，但由於各人遭遇的不同，對生命的取向有別，所以表現在作品上的心態，也各有所偏。有的人無視於現實的問題，對於戰爭的殘酷，時代的苦難，生民的塗炭，竟似未曾關注。有的人則充滿對於世人無限的關愛與奉獻，而對苦難的時代，寄予深切的關懷，流露出赤子之心。相同的時空，同樣的戰爭，帶給詩人的卻是不同的感受，不同的遭遇，這是很耐人尋味的問題。

天寶十四載（七五五）冬十一月，安祿山反於范陽，翌年（七五六）當叛軍逼近長安的時候，天寶詩人的行踪，大概如下：

高　適　五十歲，從哥舒翰駐守潼關，任監察御史。

王　維　五十六歲，任給事中，奉職中樞。

岑　參　四十二歲，領安西北庭節度判官（即支度副使），駐輪臺，歲晚東歸，次晉陽、酒泉。

王昌齡　五十七歲，貶龍標尉。

李　白　五十六歲，由翰林外放，流浪南行，居無定所，至潯陽後，再下長江，折返宣城。

儲光羲　五十歲，任監察御史，奉職中樞。

杜　甫　四十五歲，任右衞率府胄曹參軍，乞假至奉先，率家人至白水，寄寓鄜州。

以上是受安史之亂的影響較多的幾位詩人，如前所言，他們有的因緣時勢，際會風雲，位至方面。有的遭忌被害，有的坐逆繫獄，流放他鄉，客死配所。至如杜甫，則避亂南奔，窮途末路，極人世之悲慘。大亂使詩人際遇不同，禍福有別，其幸與不幸，差別實在太大了。讓我們先看看比較幸運的人吧！

高適（七〇二——七六五）[14]字達夫，一字仲武，渤海蓨（今河北省景縣南）人。早年家貧，生性落拓，不拘小節。安史亂起，適佐哥舒翰守潼關，戍衞前線，開始了他那「有唐以來，詩人之達者，唯適而已」[15]的生活。翌年（七五六）六月，哥舒翰兵敗，潼關陷賊，適脫身西走，自駱谷越終南山，奔赴行在，至河池郡，謁見玄宗，陳潼關敗亡形勢疏，進言幸蜀之計，言甚剴切，遷侍御史，隨侍入蜀。當時玄宗以諸王分鎮，命永王經略江南，適切諫其不可，後來永王違命，果如適所憂。於是肅宗倚爲心腹，官職累升，由諫議大夫召授淮南節度使，領廣陵十二郡兼採訪使。短短的半年間，由封丘尉而佩青紫，位至方面，設無安史亂事，又豈能平步青雲？所以，就宦途而言，在盛唐詩人中，高適是最幸運的一位。可惜的是：適自脫身潼關，到兵敗永王，幾乎荒廢吟詠，這或許在兵馬倥傯之際，無暇及之。或許即有所作而遺佚未存，但比起杜甫名篇鉅製均成於顛沛流離之中，也就不可同日而語了。

王維（七〇一——七六一）字摩詰，太原祁（山西祁縣）人。他父親處廉遷家於蒲（山西永濟縣），遂爲河東人。維除一度奉使出塞外，大部分時間在朝任職，過著悠遊官場，娛悅山林，半官半隱的生活。

安史叛軍攻陷長安，玄宗倉皇幸蜀，維時任職給事中，扈從不及，遂爲叛軍俘虜。他雖曾服藥取痢，僞稱瘖病，但他並沒有堅決反抗，表現得比較軟弱，其氣節遠不如當時犧牲的樂工雷海青。他在當時詩壇又負有盛名，所以被叛軍送往洛陽，囚拘在城南菩提寺中。那時裴迪來見他，談到安祿山在凝碧池飲宴，大陳御庫珍寶，羅列前後，樂聲旣作，梨園舊人，不覺欷歔，相對泣下。維聽後，悲從中來，口吟〈私成口號，誦示裴迪〉詩一首：

萬戶傷心生野煙，百官何日更朝天，秋槐葉落空宮裏，凝碧池頭奏管弦。⑯

這首詩至少證明他並不是甘心從賊，而是在「白刃臨者四至，赤棒守者五人，刀環築口，戟枝叉頸」⑰。身不由己的情況下，被迫接受祿山詔任的給事中職，暫事僞朝。兩京收復後，帝還京，詔令陷賊官三等論罪，他曾事僞朝，照說罪刑難免，但因他的弟弟縉爲刑部侍郎，奏請削職以贖兄罪，又因他寫了前舉的凝碧池詩，厚蒙哀憐，得到赦罪，不僅免除牢獄之災，還責授太子中允。乾元中，遷太子中庶子，轉集賢學士，中書舍人，復拜給事中，遷尚書右丞。升遷不可謂不速，比起忠貞不渝，卻潦倒宦途的杜甫，其幸與不幸，實在不啻天壤了。

王維卒於肅宗上元二年（七六一），當時安史之亂仍未平定，到處是烽火，亂離慘劇無時不有，然而這些戰禍很少在王維的詩中出現。這是因爲後期的他是消極的，是妥協的。他不滿意於現實的政治，不滿意李林甫，但也不能不去歌功頌德。他不甘願叛國去作安祿山的官，但他也不敢明顯的表現出自己的反抗。他不願巧諂以自進，但又不能乾脆離去。他不甘同流合汚，但又極力避免政治上的實際衝突。所以，把自己裝點成不官不隱，亦官亦隱的「高人」。

綜觀王維的一生，他既沒有像杜甫那樣關心人民的災難和痛苦，也沒有像李白那樣表現出對汚濁的現實生活的不妥協的精神，更沒有像屈原那樣爲了堅持自己的政治理想「雖九死其猶未悔」的硬骨頭。不過，我們認爲他的隱居也包含著對現實生活的不滿的因素，他的後期生活，雖然與政治一直保持著不卽不離的關係，但卻不與官僚同流合汚，他也不爲虎作倀。陷賊後，他不堅決反抗，表現得比較軟弱，是政治上的失節，所以，亂後雖然官職累升，但他已無心仕途，長居輞川，專誠奉佛，過著「齋中無所有，唯茶鐺藥臼，經案繩床而已」的生活。

岑參（七一五——七七〇）新舊《唐書》俱無傳，據杜確〈岑嘉州集序〉，知爲河南人。天寶八載（七四九）在安西節度使高仙芝幕中掌書記，十三載隨封常清出塞，次年，安史亂發，封常淸被召還京，他卽領安西北庭支度副使（卽節度判官），歲晚東歸，途次晉昌、酒泉。至德二載（七五七）二月，肅宗幸鳳翔，不久岑參也到了鳳翔，但沿途詩作，「旣無憂時之表現，亦不見立功揚名之意象。……毋寧說由於身在邊遠，乏正確情報，對於叛亂之規模，內地之慘狀，冥然無知之故」[18]。同年六月，杜甫以左拾遺與另外四人連署，以參「識度淸遠，議論雅正，佳名早立，時輩所仰」[19]。可備諫職，薦參爲右補闕。十月，扈從肅宗還長安，其後以論斥權奸，轉起居舍人，不久出任虢州長史。代宗寶應元年（七六二）復入京爲太子中允，旋兼殿中侍御史，充關西節度判官，十月，雍王總戎陝服，委參以書奏之任，後入爲祠部員外郎。五十歲左右，出爲嘉州刺史，杜鴻漸鎭西川，表爲從事，以職方郎兼侍御領幕職，罷官後，因中原多故，流寓不還，終老於四川。

岑參因安史之亂而由塞垣入官郎署，外領州郡，比起高適或有不及，但較之並時詩人，已可算是幸運的人了。

在探討了安史之亂中，因禍得福的三位較幸運的詩人之後，讓我們再來看看另外的幾位詩人，他們的遭遇坎坷，令人一掬同情之淚。

王昌齡（六九八——七五七）字少伯，京兆長安人，一說江寧人。歷任汜水尉，校書郎，後被謫嶺南，北還後又被貶爲江寧丞，晚年以不護細行，再被貶爲龍標尉，世因稱王江寧或王龍標。

安史亂起，昌齡曾有詩紀其事：「姦雄乃得志，遂使羣心搖。赤風蕩中原，烈火無遺巢。一人計不用，萬里空蕭條。」他到了被貶的龍標後，因爲地方僻遠，安史的戰火，並未波及此地，本可不憂賊軍來犯，但是這時的唐室已是風雨飄搖，弛於統制，以致亂民蠭起，盜賊橫行，他在紛亂之際，避賊逃歸鄉里，欲圖功名以自見，不料因遭忌而被刺史閭丘曉所殺害，不死於戰場，卻死於此，令人悲嘆。

王昌齡在安史亂起後的第二年卽遭忌被殺，又未親罹戰火，照說並未直接受到安史的戰禍，但他的被殺，無疑的也是因安史亂起，導致地方亂民、盜賊橫行，他避賊逃歸鄉里的結果，所以，嚴格的說來，也是受到大亂的影響而死的。

儲光羲（七〇七——約七六〇）山東兗城人，開元十四年（七二六）進士，詔中書試文章，做過幾任小官，退隱終南。其後復出爲官，任監察御史。

安史亂起，他與王維同奉職朝廷，任監察御史，祿山攻陷長安，他也同王維一樣，被迫「受僞署」，亂平後自歸。有〈登秦嶺作〉五古一首，下注「時陷賊歸國」，此爲他的詩集中唯一亂中的作品，詩意很難捉摸。詩中有云：「朝出猛戰林，躨跜登高峰。……九逵合蒼蕪，五陵遙曈曚。鹿遊大明殿。霧濕華清宮。」詩中的感慨隱約可知。

光羲沒有像王維那樣幸運，他既沒有作凝碧池詩，也沒有任職刑部的弟弟，所以，終被以從逆罪流放嶺南，不久就客死在配所了。他與王維在安史亂前均奉職朝廷，賊陷長安，又同受僞署，但是亂平後，一個是流離南服，客死配所，而一個是宦途順利，官職累升，優遊山水。可見朝廷刑賞有失公平，而關係到詩人的命運，卻是如此的懸絕，這實在是無可如何的事。

光羲是田園山水派的詩人，他的田園詩寫得很好，只可惜他一如其他田園詩人一般，對安史之亂所造成的民生疾苦，在他「終年登險阻，不復憂安危。」的心態下給有意無意的忽略了。

大致說來，田園山水派的詩人，對現實的生活，時代的苦難，民生的疾苦，漠不關心，比起李、杜來，實有天壤之別。這是爲什麼呢？我想除了「由於他們都是中上層的知識分子，又把全都的精力集中於功名利祿的追求上，於是民衆的生活在他們的作品中，當然就得不到應有的地位」⑳之外，孟浩然死於開元全盛日，雖有外患，但對隱居鹿門山的他，是無關痛癢的。至於王維與儲光羲他們二人都親身經歷過安史之亂，對戰禍的悲慘，照理說不該視若無睹，毫無反應。但我們若能由另一個角度來看，或許就更能夠體諒他們了。我們知道他們二人在安史亂起後，都曾經陷賊，所謂一朝被蛇咬，終生怕草繩的心態是可以瞭解的。更何況直到他們死時，大亂仍未平定，雖然官軍由弱轉強，賊勢由強而弱，但勝負未定，在這種情況下，他們的「視若無睹」，也就情有可原了。

李白（七〇一——七六二）字太白，祖籍隴西成紀，他的先世於隋末因罪流徙中亞，隱姓埋名，他就誕生在碎葉城。

安史之亂發生時，李白五十五歲，正作客當塗，聞亂之後，偕宗夫人倉皇南奔，魯中子女，未遑顧及，最初寄寓在潯陽，往來於金陵、宣城等處。潼關失守，叛軍直逼長安，玄宗幸蜀。李白自宣城到溧陽，又到剡中，眼見中原動蕩，自己又不能「一箭落旄頭」，自嘆「吾非濟代人」所以「且隱屏風疊」的隱入廬山。偏偏造化弄人，永王璘恰在此時奉命東巡，重白之才名，聘使三至，辟爲府僚佐，李白爲了報國平亂「安黎元」，所以懷著滿腔熱情入了永王的軍幕[21]，他以謝東山自任，「但用東山謝安石，爲君談笑靜胡沙。」（〈永王東巡歌〉其二）他要「試借君王玉馬鞭，指揮戎虜坐瓊筵。南風一掃胡塵靜，西入長安到日邊。」（同上其十二）只可惜事與願違，至德二年（七五七）二月，永王兵敗，李白中道逃至彭澤，最後還是被以從逆罪，拘繫於潯陽獄。經宗夫人奔走營救，宣慰大使崔渙及御史中丞宋若思，替他推覆清雪，以爲罪薄。若思率兵赴河南，釋放了他，使參軍事，並薦白可用，可是朝廷不准。此時他臥病宿松山，在他五十八歲時由死罪改爲長流夜郎，遭此打擊，功名無望，生意蕭索，四處飄泊，他的痛苦實非局外人所能瞭解。

乾元元年（七五八），偉大的老詩人李白終於帶著不平，由潯陽出發，溯江而上，到江夏等地，又泛洞庭，江行上三峽，拋妻別子，踏上了流放的長途。他感到了生離死別的痛楚，「遠別淚空盡，長愁心已摧。」（〈贈別鄭判官〉）他的遭遇竟和屈原的被放逐有點相似了。次年，也就是乾元二年，他剛到巫山，還未到夜郎，遇赦得釋，高興極了，他說：「去國愁夜郎，投身竄荒谷。半道雪屯蒙，曠如鳥出籠。」㉒釋歸後，他經江夏、岳陽，到了潯陽，在這兒一段時間後，他又重遊金陵，往來於宣城歷陽等地。上元二年（七六一）太尉李光弼出鎮臨淮，抵抗史朝義的胡兵，李白曾高興的請纓參加，但半路因病而回。由於生活窮困，往依族叔當塗令李陽冰過日子，寶應元年（七六二）十二月，病逝當塗。

安史亂起後，李白雖即避亂南下，遠離烽煙，但是對於這樣大的動亂，他是不會視而不見的，他反映大亂的詩作極多，如在〈北上行〉這首詩裏，他寫出了在那「殺氣毒劍戟，嚴風裂衣裳。」的環境中北方人民「慘戚冰雪裏，悲號絕中腸。」的苦難，也寫出了他「停驂爲之傷」的感歎，和「王道平」的願望。

總之，李白入永王幕，是出於「爲君靜胡沙」的報國情懷，而王維「受僞署」雖說是被迫，但畢竟不能堅守氣節。結果，李白長流夜郎，而王維不僅無牢獄之災，甚至官職累升；其幸與不幸，相差不啻天壤。這是李白的不幸，設使安祿山不反，永王不經略江南，李白就不會捲入此一帝室政爭的濁流之中，又怎會有長流夜郎之行呢？

最後，讓我們來關懷一下在安史之亂中，受害最深，生活最苦，遭遇最差，而卻最能關心人民苦難的詩史杜甫吧！

杜甫（七一二——七七〇）字子美，號少陵，襄陽人，世居河南鞏縣㉓。三十五歲以前，是他讀書遊歷的時期，他南下吳越，放蕩齊趙，前後兩次漫遊，長達八九年，是他一生中最「快意」的時期。此後十年，旅居長安，這時正是唐室由盛轉衰的關鍵時刻，皇室貴族，日益腐朽，民衆日益痛苦，杜甫的生活也由「快意」轉趨困蹇。在京十年，他志在仕進，無如命運屯蹇，一再受挫，考試既不第，汲引更無由，所以生活失據，饑臥一旬，鶉衣百結，而「入門聞號咷，幼子餓已卒。」（〈自京赴奉先縣詠懷五百字〉）骨肉慘變，觸目心摧，更是人情所難堪。

安史亂起，杜甫仍留在奉先縣與家人團聚，直到翌年二月才回長安就率府之職，五月，自奉先攜眷往依白水舅氏崔頊，寄居在崔氏高齋。六月，安史叛軍攻陷潼關，白水相繼淪陷，局勢遽變，杜甫攜眷向北流亡，開始逃難的生活。他歷盡千辛萬苦，才到達鄜州附近的同家窪，接著舉家經華原縣、三川縣，而到鄜州。肅宗即位靈武[24]他聞後留妻子於三川，孑身從蘆子關奔行在所，不幸中途爲賊所俘，送到長安。但他白髮垂老，既無名望，又無官職，不爲胡人所重，因此未被押送到洛陽。也因而能目睹長安亂象，感受到亡國的痛苦。

至德二載（七五八）一月，安祿山被子慶緒所弒，二月，肅宗南遷鳳翔，戰事因祿山的被弒而暫告沉寂。四月，杜甫冒險逃出金光門，間道竄歸鳳翔。五月，召拜左拾遺，恰好房琯被貶，杜甫上疏救他，觸怒肅宗，幸張鎬等救他，才化險爲夷。閏八月，墨制放還鄜州省家，徒步出鳳翔，到邠州，才從李嗣業借得乘馬代步[25]，沿途但見雁落寒水，鴉集戍樓，鴟鳴桑樹，鼠竄草莽，月照白骨，一片荒涼景象，眞是慘不忍睹。回到羌村，家人隔絕年餘，忽得相見，感受自是不同：「妻孥怪我在，驚定還拭淚。」（〈羌村三首〉其一）九月兩京收復，杜甫攜眷回長安奉職，雖頗思爲朝廷效力，但位尊品卑，不得行其志，而有牢騷愁怨，無可如何的痛苦。

乾元元年（七五八）六月，杜甫被貶爲華州司功參軍，從此遠離長安，再也沒有機會回去了。這年冬天，杜甫由東都再回華州，遇上相州兵潰，目睹戰後慘象，寫了許多佳作，這一趟行程，影響他的詩歌創作至深且鉅。次年春，杜甫回河南陸渾山莊，又到東京，不久再回華州，當時九節度使兵敗鄴城，朝廷調兵益急，他途經新安、石壕、潼關，目擊民間老弱被徵調的痛苦，社會的殘破，寫成了有名的〈三吏、三別〉六首詩，爲戰地生活留下了眞實的紀錄。這年秋天，關輔饑饉，米珠薪桂，生活困苦，杜甫已絕意仕途，不再繫情簪組，於是毅然棄官，開始過著萍蹤無定的寄食生活。這時東都殘破，既不可留，長安繁侈，又難以自存，所以，在七月舉家度隴，作客秦州，居東柯谷。他有〈秦州雜詩〉二十首，將他悲世亂離，挈家遠遊的心情及觸目所及的慘狀，宛曲寫出，翔實而生動。其中名句如：「煙塵一長望，衰颯正摧顏。」「黃鵠翅垂雨，蒼鷹饑啄泥。」都可概見其彷徨艱難的處境。在秦州三個多月，生活極苦，於是又遷往同谷，過著更艱窘的生活。這時他雖然登山負薪，拾橡栗，掘黃獨以自給，但稚子仍因饑餓而夭折。這眞是一幅人生最悲慘的畫面，令人爲之心酸淚下。同谷既無以爲生，所以，十二月一日又前往成都[26]開始他飄泊西南的生活。此後他留居蜀地將近五年，雖因西川徐知道之亂，輾轉流離於蜀境梓州、鹽亭、漢州、閬州等處，但生活大致安定，詩酒常親，暫息形骸。永泰元年（七六五）五月，甫以友朋垂盡，失所憑依，遂攜家離草堂南下，歷經嘉州、戎州、渝州、忠州、雲安而後移居夔州。前後約三年之久，雖然種田植柑，生活尚稱安定，但年老思鄉，於是買舟東下荊楚，萍踪無定，大曆五年冬，客死於潭岳間湘江舟中，留下千古哀思。

杜甫身歷玄宗、肅宗、代宗三朝，値時會之衰替，胡羯之僭亂，兩京陷落，天子蒙塵，渝州開州迭𣾀刺史，東川西川屢聽哀鵑。當此之時，殘杯冷炙，到處生悲。他目之所見，無非烽火悽慘之狀，耳之所聞，盡是黎庶哀號之聲。回首承平，幾同隔世。他的後半生，幾乎全爲艱窘困頓的生活，所以，他能用大量的詩作，反映當時社會與人民的生活，揭露安史亂軍的暴虐，與大亂所引起人民生活的悲慘。

總之：杜甫生當唐室由盛到衰的關鍵時期，逃亂避禍，困頓顚沛，老死道途，極人世之悲慘，在盛唐詩人中，可以說是最愁慘哀戚的一位，這固然是他的不幸，但也因此而成就了他偉大的詩歌創作，千古一人，高據詩史的地位，這也可以說是他不幸中的大幸了。

三、結　語

安安之亂的影響是很大而且很深遠的，對唐代來說，它造成了社會蕭條，城鎭被毁，人民流離傷亡，生產力嚴重破壞，中原一片荒涼景象。對盛唐詩人來說，遭罹戰禍，幸與不幸，差別極大。

安史之亂是唐代國勢盛衰的分水嶺，是文學由浪漫返現實，由貴族到平民的重要契機，同時也是文化與經濟中心南移的主要導因。隨著文化與經濟中心的南移，使得江南文風大盛，人才輩出。而經亂後的中原地區，除了長安和洛陽等少數幾個大城市外，鄉村是一片荒涼，比起江南來更是相形見絀。江南的繁榮，中原的荒涼，形成一個強烈的對比。我們由唐朝在安史之亂前後進士的分佈情形，卽可看出亂後詩人南移的一般：

唐代前期（安史亂前）的進士，有籍貫可查者二百七十五人，其地理分佈偏集中原。後期七百一十三人，分佈東南的人數已超過中原。蘇州的進士，前期僅得三人，後期增至四十四人，超過了長安。㉗

詩人的大量南移，有二種意義：首先是它促成了江南文風鼎盛，人才輩出。其次，江南富山水之勝，詩人寓居於此，由於生活環境不同於北方，生活條件的各異，無形中影響了詩人創作的風格。另一方面，安史之亂所引發的藩鎮之亂，流寇之禍都是禍起蕭牆之內，是自己人殺自己人，爭權奪利的無意義的戰爭，對這種戰爭，詩人們是反對的，所以中唐以後，詩人詛咒戰爭，其因在此。

附註

❶ 見趙翼《二十二史劄記》〈唐節度使之禍〉。

❷ 見《新唐書》卷六十四。

❸ 見趙翼《二十二史劄記》〈唐前後米價貴賤之數〉。

❹ 見卷一百二十三列傳第七十三。

❺ 同❸。

❻ 見卷一百一十八。

❼ 《新唐書・食貨志》云：「玄宗時，海內富貴，米斗之價錢十三，青、齊間斗纔三錢，絹一匹錢二百，道路列肆，具酒食以待人，店有驛驢，行千里不持尺兵。」（卷五一）

❽ 見黃景進〈戰爭與詩歌〉，刊《人與社會》第五十二期。

❾ 見《古典文學研究資料彙編杜甫卷》頁七八引《司馬溫公詩話》。

❿ 見傅庚生〈杜詩的風格〉，收入河洛出版社《李白杜甫》杜甫部分頁五八。

⓫ 《舊唐書・文苑傳》云：「甫客居同谷，自負薪採梠，兒女餓殍者數人。」《新唐書》也說：「甫家寓鄜，彌年艱窶，孺弱至餓死。」

⓬ 《舊唐書・肅宗紀》乾元元年十月，衞州婦人侯四娘，滑州婦人唐四娘，某州婦人王二娘相與歃血，請赴行營討賊。

⓭ 參見《杜詩詳註》卷七〈無家別〉末引盧元昌語。

⓮ 高適卒於永泰元年（七六五），諸書並無異說。至其生年，則衆說紛紜，其中以余氏及王氏合編

之《唐詩選》定爲武后長安二年（七〇二）爲最早。劉開揚《高適年譜》定爲長安四年（七〇四），黃麟書《高適簡譜》定爲中宗神龍二年（七〇六），阮廷瑜《高適年譜》則據陶重華所考，定爲景龍元年（七〇七）。

⑮ 見《舊唐書》卷一一一。

⑯ 原詩注：「菩提寺禁，裴廸來相看，說逆賊等凝碧池上作音樂，供奉人等舉聲，便一時淚下，私成口號，誦示裴廸。」

⑰ 見《王右丞集》卷二十五〈大唐故臨汝郡太守贈秘書監京兆韋公神道碑銘〉。

⑱ 見前野直彬《唐代的詩人們》頁一三九。

⑲ 見《杜少陵集詳註》卷二十五〈爲補遺薦岑參狀〉。

⑳ 見《新編中國文學史》第二册頁一〇一。

㉑ 李白入永王幕，到底是自願抑或被迫，說法各異：《舊唐書‧文苑傳》認爲是出於自願的，傅庚生也作此主張。《新唐書‧文藝傳》則只說：「永王璘辟爲府僚佐」，未說明自願或被迫。而曾鞏〈李太白文集後序〉則說是「璘迫致之」。衆說紛紜，各是其是，個人較傾向《舊唐書》的說法。

㉒ 見〈流夜郎半道承恩放還兼欣克復之美書懷示息秀才〉詩。

㉓ 《舊唐書本傳》：杜甫，字子美，本襄陽人，後徙河南鞏縣。

㉔ 天寶十五載七月十三日，太子李亨即位於靈武，改元至德元載。

㉕ 〈徒步歸行詩〉云：「青袍朝士最困者，白頭拾遺徒步歸。……妻子山中哭向天，須公櫪上追風驃。」

㉖ 〈發同各縣〉詩原注：「乾元二月十二月一日，自隴赴成都紀行。」

㉗ 參見顏崑陽主編《唐詩的故鄉》頁一三九注❷，故鄉出版社，七十年版。

均輸、平準疑義試解

李偉泰

均輸是桑弘羊極富於創意的興利之法，它對支應武帝巡狩各地、對外用兵、賑濟災民等各項鉅額開支作出了重大的貢獻（詳下文第四條說明引《史記・平準書》和《鹽鐵論・力耕篇》）。由於有關此法的資料不多，而且其中還存有若干疑義，所以學者因理解不同，說法並不一致。本文擬就個人平日讀書所得，針對這些疑義試作解說。平準則是建基於均輸上面（此句是就漢代的平準法而言），一種調節供需，平抑物價的方法。二者關連密切，所以附帶加以討論。

均輸法創始於漢武帝元鼎二年（西元前一一五年）❶，當時還屬試辦性質。《史記三十・平準書》云：

桑弘羊為大農丞，筦諸會計事，稍稍置均輸以通貨物矣。

最後一句當中「通貨物」三字關係均輸的性質很大，應該特別注意。《史記集解》引孟康的解釋，卽扣緊了這三字：

> 謂諸當所輸於官者，皆令輸其土地所饒，平其所在時價，官更於他處賣之，輸者旣便而官有利。

元封元年（西元前一一〇年），桑弘羊爲治粟都尉，領大農，盡代孔僅管天下鹽鐵，於是將均輸法推廣，並且在京師設置平準。《史記・平準書》說明其中原因：

> 弘羊以諸官各自市，相與爭，物故騰躍，而天下賦輸或不償其僦費，乃請置大農部丞數十人，分部主郡國，各往往縣置均輸鹽鐵官，令遠方各以其物貴時商賈所轉販者為賦，而相灌輸。置平準于京師，都受天下委輸。召工官治車諸器，皆仰給大農。大農之諸官盡籠天下之貨物，貴卽賣之，賤則買之。如此，富商大賈無所牟大利，則反本，而萬物不得騰踊。故抑天下物，名曰「平準」。

《鹽鐵論・本議篇》大夫（桑弘羊）的說明，有可以補充《史記》的地方：

> 往者郡國諸侯各以其方物（方字原脫，據楊樹達引《後漢書劉盆子傳注》引補。）貢輸，往來煩雜，物多苦惡，或不償其費。故郡國（國字原脫，據楊樹達引《後漢書劉盆子傳注》引

補。）置輸官以相給運，而便遠方之貢，故曰均輸。開委府于京師（師字原無，王利器據《續漢書・百官志注》及《通典》十一引補。），以籠貨物。賤卽買，貴則賣。是以縣官不失實，商賈無所貿利，故曰平準。平準則民不失職，均輸則民齊勞逸。故平準、均輸所以平萬物而便百姓，非開利孔為民罪梯者也。

同篇文學則對這兩種辦法的弊端加以批評：

古者之賦稅於民也，因其所工，不求所拙。農人納其獲，女工效其功。今釋其所有，責其所無。百姓賤賣貨物以便上求。間者，郡國或令民作布絮，吏恣留難，與之為市。吏之所入，非獨齊、陶之縑，蜀、漢之布也，亦民間之所為耳。行姦賣平，農民重苦，女工再稅，未見輸之均也。縣官猥發，闔門擅市，則萬物並收。萬物並收，則物騰躍。騰躍，則商賈侔利。自市，則吏容姦豪，而富商積貨儲物以待其急，輕賈姦吏收賤以取貴，未見準之平也。蓋古之均輸，所以齊勞逸而便貢輸，非以為利而賈萬物也。

學者對以上幾則資料，彼此理解不盡相同，說法因而不一。以下本文即以事實的探討爲重點，而非以學者說法的評介爲主，對以上幾則資料當中的若干疑義略作疏釋，沒有疑義或個人沒有意見的部分，就不浪費筆墨了。

一、均輸官向郡國❷徵收的主要是物資抑或金錢？由《史記・平準書》所說「稍稍置均輸以通貨物」、「令遠方各以其物貴時商賈所轉販者爲賦」、及孟康所說「皆令輸其土地所饒」看來，均輸官所徵收的主要應該是物資，而不是如某些學者所理解，要求郡國把貢物折算爲金錢❸。均輸官所經營的貨物品種，馬元材（非百）《桑弘羊年譜訂補》❹，曾經依據《史記・平準書》和《鹽鐵論》加以統計歸納，玆將馬氏所得結論分條簡述如下。又馬氏所據資料部分可能有商榷餘地，所以列入附注，以供參考檢討之用。

1. 鹽鐵❺。
2. 隴、蜀之丹、漆、旄、羽；荊、揚之皮、革、骨、象；江南之柟、梓、竹、箭；燕、齊之魚、鹽、旃、裘；兗、豫之漆、絲、絺、紵❻。
3. 齊、陶之縑，蜀、漢之布❼。
4. 吳、越之竹，隋、唐之材；江湖之魚，萊、黃之鮐❽。
5. 金銀，珠璣；犀、象、翡翠❾。
6. 橘柚，朐鹵之鹽，旃罽，吳、唐之材❿。

以上係國內貿易之貨物，對外貿易之貨物至少如下：

7. 輸出品：汝、漢之金，纖微之貢（卽各地進貢的絲織品）⓫。
8. 輸入品：騾、驢、駱駝、驒騱、騵馬、鼲、貂、狐貉、采旃、文罽、璧玉、珊瑚、瑠璃⓫。

以上各種貨物，當來自徵收、採購及貿易所得。

二、均輸官所徵收的項目中是否包含金錢？答案是肯定的。原來各地的貢物必須由地方負責運送，均輸法實行後，地方官吏不必再負責運輸工作，改爲在當地將貢物及抵充運費的現金交給均輸官，均輸官即可將這些現金拿出一部分來購買當地特產。《後漢書四三・朱暉傳》載：

（章帝時）尚書張林上言：「……宜因交阯、益州上計吏往來，市珍寶，收采其利，武帝時所謂均輸者也。」於是詔諸尚書通議。暉奏據林言不可施行，事遂寢。後陳事者復重述林前議，以為於國誠便，帝然之，有詔施行。暉復獨奏曰：「王制，天子不言有無，諸侯不言多少，祿食之家不與百姓爭利。今均輸之法與賈販無異，……誠非明主所當宜行。」

李賢《注》云：

武帝作均輸法，謂州郡所出租賦，幷雇運之直，官總取之，市其土地所出之物，官自轉輸於京，謂之均輸。

「州郡所出租賦」，應如第一條所說，指均輸官所徵收的實物貢輸⑫；「雇運之直」，則指抵充運費的現金。抵充運費的現金可以用來購買土特產，實物轉賣所得到的現金，應該也可以用來搜購當地豐產價廉的物資，再將這些物資運到其他價格較高的地方出售，以賺取地區差價，如此循環運用，自能謀取鉅大利益。均輸官扮演這種角色，正如朱暉所批評，的確是「與賈販無異。」

三、《史記・平準書》「令遠方各以其物貴時商賈所轉販者爲賦，而相灌輸。」「貴時」二字，《漢書・食貨志》作「如異時」，《史》、《漢》此處異文每令學者困惑，例如馬廷鸞即以爲《史記》之說「疑未明」，《漢書》之說則「渙然矣」[13]。然則《史》、《漢》的異文是否意味二者含意不同？仔細看來，其實二者含意相似，《史記》這一句文意也不難明瞭，關鍵在於把握〈平準書〉稍前所說「通貨物」三字，以及《史》、《漢》所說「相灌輸」、《鹽鐵論》所說「相給運」（後二句均意指各地貨物有無相通）。《史》、《漢》所謂「其物」，就是孟康所說「其土地所饒」，也就是《鹽鐵論》所說「其方物」。「貴時商賈所轉販者」和「如異時商賈所轉販者」，則是對這種物資的性質加以規範，用現代的話來說，這些物資必須具有商品價值。《史記》指明這些物資必須是當（其他地方此物）價格高昂時，商人從此地運出去販賣的；《漢書》則泛指這些物資必須是以往商人所轉運販賣的。而這也正是均輸法的精髓，把甲地產量豐富價格相對低廉的貢品，運到缺乏這些物品，同時價格比較高昂的乙地去販賣，一方面可以調節物資的供需，二方面政府可以得到差價利益。商人在地區間轉運貨物販賣（即「相灌輸」、「相給運」），圖的無非是差價利益。差價愈高的物資，愈爲商人所樂意販賣。所以當某些地方某種物資價格昂貴時，商人必然設法從其他地方運送這些物資去販賣。《史記》所說：「令遠方各以其物貴時商賈所轉販者爲賦」，即點明均輸官要求郡國供應當地豐產的物資，而這些物資必須具有商品價值。均輸官如何獲悉這些商情，當然是從以往商品流通的現象得知，即《漢書》所說「如異時商賈所轉販者」；商品流通的法則，當然是由價廉之處流向價高之處，即《史記》所說「貴時商賈所轉販者」。所以《史》、《漢》雖有異文，所敍述的實際上是同一件事實。不同的是，《漢書》僅泛指這些物資須為以往商人所轉運販賣，《史記》則同時點明必須具有差價利益，所以王先謙《漢書補注》認為《史記·平準書》「如異時作貴時，文義較明。」也不無道理。

四、孟康所說「平其所在時價」一句，涉及均輸物品的定價問題，這一句究應如何解釋？陳直《鹽鐵論解要》把它解為「照所在地時價」⑭。照字面來看，這一句也可解釋為：依照所在地各時期的平均價格來定價。不過如果真的照這兩種解釋來做，朝廷的利益就只能靠節省運輸費用來取得（地方所繳抵充運費的現金，大概是以運到京師的費用計算，均輸官如果把物資運到鄰近地區販售，即節省了部分運費。），這就和《史記》、《鹽鐵論》所說均輸、平準為朝廷取得鉅大利益的事實不合（平準之法也可為朝廷謀取利益，詳見第九條說明。）。《史記·平準書》於敍述均輸、平準之法後說：

> 於是天子北至朔方，東到太山，巡海上，並北邊以歸。所過賞賜，用帛百餘萬匹，錢金以巨萬計，皆取足大農。

《鹽鐵論·力耕篇》大夫曰：

> 往者財用不足，戰士或不得祿，而山東被災，齊、趙大饑，賴均輸之畜（蓄），倉廩之積，戰士以奉，饑民以賑。故均輸之物，府庫之財，非所以賈萬民而專奉兵師之用，亦所以賑困乏而備水旱之災也。

同時也和張林所說：「市珍寶，收采其利。」朱暉所說：「今均輸之法與賈販無異。」（《後漢書四三・朱暉傳》）均輸之法著眼於商業利益的說法有所出入。吳慧把這一句理解爲「公平地定價」⑮，雖與字面的意義略有出入，但事實恐怕正是如此。因此所謂「平其所在時價」，不宜拘泥於字義來理解，均輸官轉運物資販賣時，不可能只照產地成本出售，必然加上營運費用，以及適當比率的利潤。但運到缺乏這些物資的地方時，相對於原來市面上的價格，售價應該還是比較低廉的。也因此，均輸具有調節各地物資供需，平衡物價的作用。《鹽鐵論・本議篇》大夫說：「鹽鐵、均輸，所以通委財而調緩急。」〈力耕篇〉大夫說：「今山澤之財，均輸之藏，所以御輕重而役諸侯也。」⑯凡此均指出均輸官所掌握的物資實際上起了平衡各地物價的作用。

五、《史記・平準書》說「弘羊以諸官各自市，相與爭，物故騰躍，……乃請……置平準于京師，都受天下委輸。」明白指出設立平準的原始動機，乃是爲了供應京師各官署的需要，以免各官署在相近時間競相向市場上購物，導致物價躍升。但在平準的貨源充裕後，供應的對象勢必擴大到非官署，也只有把供應對象擴大到官署以外京師地區的官眷與民衆時，平準之法才可能爲朝廷牟取盈利（說詳第九條）。所謂「大農之諸官盡籠天下之貨物，貴卽賣之，賤則買之。」關於物資的採購，各地的均輸官應該扮演了重要的角色，因爲均輸官在徵收貢物及轉販貨物的過程中，掌握了可觀的物資和資金，自然成爲平準貨物的重要來源。由「大農之諸官盡籠天下之貨物」一句，可知採購的種類和數量，必然都很龐大，而且是經過大農諸官（當指均輸令、丞和平準令、丞）的規畫。至於這些運到京師的物資如何處理，應該是由平準令、丞負責。

六、文學指陳均輸法的第一個弊端，乃是政府對老百姓徵收貢物時，「釋其所有，責其所無。」以致「百姓賤賣貨物以便上求」。好像在實行均輸法之前便沒有這種現象似的。實際情形恐怕不是如此，只要貢賦制度存在，各地方必須向朝廷繳納若干數量的土特產品，這些土特產品便很可能不是每戶農民所生產的[17]，沒有生產這些土特產的農民，當然只好賤價出售農產品，以便繳納代金或向市場上購買。既然問題早已存在，那麼文學何以又再提出這個問題？答案或許有二：其一，這問題是貢賦制度下的產物，文學雖不便建議廢除這種制度，但仍然要反映它的弊端。其二，在均輸制度下，由於均輸官重視貢物的商品價值（參看第三條），可能因而對貢物的種類有所限定。各地的土特產未必只有一種，郡國原來大概可以有某種程度的彈性繳納數種貢物。自均輸法實行後，均輸官可能對種類和數量都有所規定（參看前條，這些規定當是由大農諸官所規畫。），使得「百姓賤賣貨物以便上求」的情形更爲嚴重。這種作法對朝廷來說固然有利，對百姓來說卻加重了他們的負擔，所以說「農民重苦，女工再稅。」

七、吳慧以爲造成「農民重苦，女工再稅」的原因是：「均輸帛品質標準提高，收一匹等於織兩匹的工本。」[18]其實這應該列爲文學所指陳的第二個弊端：「間者郡國或令民作布絮，吏恣留難，與之爲市。」均輸官及地方官吏在徵收布帛時，把品質標準提高，從積極面來說，是爲了維持貨物品質所作的「品管」；從消極面來說，有可能是故意刁難，和老百姓交易，老百姓繳納貢物被指爲品質不合時，爲了避免重大的損失，可能主動提議多交一些，但求官吏不要刁難拒收就好。這多出來的物品，很可能就成了這些官員的外快。這種弊病，不必等到均輸法實行才出現，只要有繳納實物的制度，必然伴隨這些現象。

八、均輸法的第三個弊端，卽所謂「行姦賣平」。這句話究應作何種解釋？是一件值得探究的問題。以往各家多從王先謙《鹽鐵論校勘小識》的解說：

《周禮》：「小宰聽賣買以質劑。」先鄭云：「質劑謂市中平賈，今時月平是也。」《法言·學行篇》：「一閧之市，必立之平。」李《注》：「市無平，必失貴賤之正。」據此，若今市中經紀平定時價長落矣，故曰賣平。《潛夫論·巫列篇》：「此猶人之有姦言賣平以干求者也。」與此「行姦賣平」同義。亦曰賣評，見《後漢·蓋勳傳注》。

汪繼培《潛夫論箋》云：

賣平，卽所謂「高下在口吻」也。

馬非百《鹽鐵論簡注》云：

行姦賣平，用欺詐的手段，低價買進，高價賣出。

按，以上這些說法都有商榷餘地：一、如王說，平是平價，賣平就是爲平定市價而賣出貨物，則這種作法具有平衡物價的作用，原本應具正面的價值，它和「行姦」之間如何產生關係，需要加以說明。二、如汪說，任意開價（高下在口吻），用來指陳一般不法商人的毛病是不錯的，但不能用來指公營商業，公營商業的毛病反而是價格僵化。況且均輸官卽使有意舞弊，必然儘量設法使它在表面上合法，不必在衆目睽睽之下違法與顧客討價還價，朝廷也斷不會容許均輸官這樣做，因爲這樣一來，售貨款項多少便很難管理了。三、馬說有兩點難以說通之處：其一、均輸官是公開的低價買進貨物，然後轉運到市價較高的地區販賣，不是用什麼欺詐手段。其二、賣平一詞也不能解釋爲高價賣出。所以個人以爲賣平的平，應照字面解作平價，所謂「賣平」，就是便宜賣。「行姦賣平」，就是均輸官非法將貨物，以低價出售的意思。也就是說，均輸官與富商或高官勾結，在短時間內大量釋出某種低價品，一般人民沒有寬裕的金錢多買，而富商及高官的關係人則可趁機大量套購，囤積起來俟機出售，以賺取鉅額利潤。所以所謂「行姦賣平」，用現在的話來說，就是從事不法的利益輸送。均輸官從事地區間的轉販商業，影響原來私營商業的規模，朝廷減少了市租及算緡[19]的收入，這是朝廷爲實行均輸法所付出的代價；而人民也爲此法付出了「重苦」、「再稅」的犧牲，這些代價和犧牲原本曾爲朝廷換取鉅大的利益（見第四條），而今卻因爲官商勾結，從事不法的利益輸送，嚴重的腐蝕了均輸法的基礎。當均輸官及地方官吏的諸多不法行爲，腐蝕均輸法到近乎利不償失的地步，也就是此法應該壽終正寢的時候。

九、文學指陳平準的弊端[20]，用現代的話來說，就是政府扮演了囤積商的角色，卻未善盡平衡物價的責任，反而和奸商一樣從事低價買進，高價賣出的營利行爲。何以造成這種現象？茲分析如下：均輸官負責採購平準所需的物資，採購的種類和數量都很龐大（見第五條說明），這就必然造成產地物價的波動。如果官吏事先通報商人，讓商人先一步採購[21]，先行囤積，然後扮演起供應者的角色，就能因此牟取鉅額利潤。均輸官取得的物資價格因而提高，等於降低了平準物價的能力。雖然如此，平準官接受均輸官採購來的大量物資，仍然使他們具有很大的壟斷市場的能力。如果意在維持物價的平衡，應該還是能作出重大貢獻的。平情而論，在「賤即買」的時候，提升了產地的物價，對辛勞的生產者是有利的。在「貴則賣」的時候，多少應該具有平衡物價的作用，至少比往常奸商操縱物價的時候有所改善。但是由於武帝急需大量金錢以支應軍費等龐大支出，所以平準機構在從事「賤即買，貴則賣」，美其名為「平準」的時候，恐怕不會不考慮到謀求盈利。同樣是賤價買進，高價賣出，程度雖有不同，但是其間差別恐怕也只不過是五十步與百步罷了，平準官與奸商的差別遂顯得有些模糊，所以文學才說：「輕賈賤吏收賤以取貴，未見準之平也。」（《鹽鐵論・本議篇》）這等於是從根本上否定了設立平準的價值，雖然苛刻了些，卻也不是無的放矢。

附註

❶ 《越絕書二・吳地傳》云：「吳兩倉，春申君所造。西倉名曰均輸，東倉周一里八步，後燒。」沒有進一步的說明，難以推測均輸的意義。又同篇云：「句踐徙瑯邪，到建武二十八年，凡五百六十七年。」可見此書著者至早為東漢初年人，所以難據以認定此書所謂均輸即桑弘羊均輸法所本。

❷ 「郡國」一詞是從習慣用法，嚴格說來應稱「郡國屬縣」或「各縣」，前引《史記・平準書》明言「各往往縣置均輸鹽鐵官」，可見縣裏有均輸官，陳直《鹽鐵論解要》以為「均輸官之設置只限于郡國有之。」其說不確。陳書收入其所著《摹廬叢著七種》，由齊魯書社於一九八一年一月出版。引文見該書頁一二七。

③ 參看侯家駒著〈均輸平準小考〉，載《大陸雜誌》五十八卷四期。傅筑夫、王毓瑚編《中國經濟史資料・秦漢三國編》，頁三六一，中國社會科學出版社，一九八二年六月出版。王子英等編《中國歷代食貨志滙編簡注》，頁二一，中國財政經濟出版社，一九八五年一月出版。

④ 見此書頁九四至九八。此書係馬氏所著《桑弘羊年譜》（商務印書館出版）之修訂補充本，於一九八二年十二月由中州書畫社出版。

⑤ 《史記・平準書》：「大農以均輸調鹽鐵助賦。」

⑥ 《鹽鐵論・本議篇》大夫曰：「……隴、蜀之丹、漆、旄、羽；荊、揚之皮、革、骨、象；江南之柟、梓、竹、箭；燕、齊之魚、鹽、旃、裘；兗、豫之漆、絲、絺、紵，養生送終之具也，待商而通，待工而成。故聖人作爲舟楫之用，以通川谷，服牛駕馬，以達陵陸；致遠窮深，所以交庶物而便百姓。是以先帝建鐵官以贍農用，開均輸以足民財。鹽鐵、均輸，萬民所戴仰而取給者，罷之，不便也。」

⑦ 同上篇文學曰：「吏之所入，非獨齊、陶之縑，蜀、漢之布也，亦民間之所爲耳。」

⑧ 《鹽鐵論・通有篇》大夫曰：「今吳、越之竹，隋、唐之材，不可勝用，而曹、衞、梁、宋，采棺轉尸；江湖之魚，萊、黃之鮐，不可勝食，而鄒、魯、周、韓，藜藿蔬食。天地之利無不贍，而山海之貨無不富也，然百姓匱乏，財用不足，多寡不調，而天下財不散也。」

⑨ 同上篇文學曰：「今世俗壞而競於淫靡，女極纖微，工極技巧，雕素樸而尚珍怪，鑽山石而求金銀，沒深淵求珠璣，設機陷求犀象，張網羅求翡翠，求蠻貊之物以眩中國，徙邛、筰之貨致之東海，交萬里之財，曠日費功，無益於用。」

⑩ 同上篇大夫曰：「農商交易，以利本末。山居澤處，蓬蒿墝埆，財物流通，有以均之。是以多者不獨衍，少者不獨饉。若各居其處，食其食，則是橘柚不鬻，朐鹵之鹽不出，旃罽不市，而吳、唐之材不用也。」

⑪《鹽鐵論・力耕篇》大夫曰：「今山澤之財，均輸之藏，所以御輕重而役諸侯也。汝、漢之金，纖微之貢，所以誘外國而釣胡、羌之寶也。夫中國一端之縵，得匈奴累金之物，而損敵國之用。是以贏（騾）、驢、馲駞（駱駝），銜尾入塞，驒騱、騵馬，盡爲我畜，鼲、鼦、狐貉、采旃、文罽，充於內府，而璧玉、珊瑚、瑠璃，咸爲國之寶。是則外國之物內流，而利不外泄也。異物內流則國用饒，利不外泄則民用給矣。」

⑫李賢身居唐代，距離漢代均輸法實行的時代已遠，所以「州郡所出租賦」一句，有將貢獻土特產的實物貢輸與一般稅負混淆的嫌疑。「市其土地所出之物，官自轉輸於京。」二句，則未將均輸官從事地區貿易，賺取差價利益的事實凸顯出來，而這卻正是均輸法的精髓所在。

⑬《文獻通考二十・市糴一》，引馬廷鸞云：「今按桑大夫均輸之法，大概驅農民以效商賈之爲也。然農民耕鑿，則不過能輸其所有，必商賈懋遷，乃能致其所無。今驅農民以效商賈，則必釋其所有，責其所無，如賢良文學之說矣。太史公〈平準書〉云：『令遠方各以其物貴時商賈所轉販者爲賦，而相灌輸。』此說疑未明，班孟堅採其語曰：『令遠方各以其物如異時商賈所轉販者（爲賦），而相灌輸。』此說渙然矣，蓋作『如異時』三字，是謂驅農民以效商賈之爲也。東萊呂氏尊遷抑固，是以取〈書〉而不用〈志〉語，然義理所在，當惟其明白者取之，是以《通鑑》取〈志〉語云。」

⑭見《摹廬叢著七種》，頁一二六。

⑮見《桑弘羊研究》，頁一六五。此書於一九八一年十一月由齊魯書社出版。

⑯馬非百《鹽鐵論簡注》云：「委，積。委財，積壓的貨物。調緩急，各地某種貨物有餘，人民的需要就緩；某種貨物缺少，需要就急。把多餘的貨物運到缺少的地方去。也就是《史記・貨殖傳》所謂『以所多易所鮮』，王安石所謂『徙貴就賤，移近就遠。』」御輕重，馬氏解爲控制物價的漲跌。馬著於一九八四年十月由北京中華書局出版。

⑰ 絕大多數農戶都會生產糧食，用來繳納田賦自無問題。但他們卻未必生產當地的特產，而朝廷要求的貢品卻正是這些特產。《尚書・禹貢》叙述各地田賦等級與貢物時，分開陳述，顯見二者是有分別的。

⑱ 見《桑弘羊研究》頁二四六。

⑲ 《漢書二四下・食貨志》云：「公卿言：……商賈滋衆，貧者畜積無有，皆仰縣官。異時算軺車、賈人之緡錢皆有差，請算如故。諸賈人末作貰貸賣買，居邑貯積貨物，及商以取利者，雖無市籍，各以其物自占，率緡錢二千而。算一諸作有租及鑄（如淳曰：「以手力所作而賣之者。」），率緡錢四千算一。……」《史記・平準書》：「卜式相齊，而楊可告緡徧天下。」《集解》引臣瓚曰：「商賈居積，及伎巧之家，非桑農所生出，謂之緡。」馬元材（非百）《桑弘羊年譜訂補》云：「此卽徵收商業稅的具體辦法。大概關於商人方面，以營業資金爲納稅標準（各以其物自占），手工業方面，則以營業盈利爲納稅標準（諸作有租及鑄）。故兩者之稅率不同。」（頁五八）

⑳ 見前引《鹽鐵論・本議篇》文學語，自「縣官猥發」至「未見準之平也」。玆略依馬非百《鹽鐵論簡注》意譯如下：朝廷亂發號令，平準官壟斷市場，均輸官搜購物資以供應平準之需，什麼東西都要，這就造成了物價飛騰，爲商人製造牟利的機會。各機關各自採購所需的物資，不肖官吏和奸商互相勾結，而這些富商囤積貨物，以待其需求殷切時再出售。奸商和不肖官吏一樣都是低價買進，高價賣出，未見得平準具有平衡物價的作用。

㉑ 這種情形極有可能發生，《史記一百二十二・酷吏張湯傳》載：「上問湯曰：『吾所爲，賈人輒先知之，益居其物，是類有以吾謀告之者。』湯不謝，湯又詳驚曰：『固宜有。』」以武帝的嚴明，奸商尚且膽敢買通其左右以獲取商情，何況是區區均輸官，奸商自然更會大膽加以利誘勾結。

戰神

——從炎黃之爭談起

傅錫壬

一、前言

人類生性好戰，卻又爲引發戰爭編織了許多神聖的宣言。卽如淮南子兵略訓說：

「兵之所由來久矣。黃帝嘗與炎帝戰；顓頊嘗與共工爭矣。黃帝戰於涿鹿之野，堯戰於丹水之浦。舜伐有苗，啓攻有扈，自五帝而弗能偃也，又況衰世乎！夫兵者所以禁暴討亂也。炎帝為火災，故黃帝擒之，共工為水害，故顓頊誅之，教之以道，導之以德而不聽，則臨之以威武，臨之以威武而不從，則制之以兵革。故聖人之用兵也，若櫛髮耨苗，所去者少而所利者多，殺無罪之民，而養無義之君，害莫大焉，殫天下之財而贍一人之欲，禍莫深焉。」

這種以兵戎來禁暴討亂的行爲，無非是人類自我的莫大諷刺。如果戰爭必須界定在社會羣體有組織的行動上，則我中華民族史蹟斑然可攷的第一場「聖」戰，卽是炎帝與黃帝之爭，亦是一場兄弟鬩於牆的內戰，從此戰爭緜延不斷，戰神於焉誕生。

二、炎黃之爭

史記五帝本紀中記載炎帝與黃帝之爭的大略是：

「軒轅之時，神農氏世衰，諸侯相侵伐，暴虐百姓，而神農氏弗能征，於是軒轅乃習用干戈，以征不享。諸侯咸來賓從，而蚩尤最為暴，莫能伐。炎帝欲侵陵諸侯，諸侯咸歸軒轅，軒轅乃修德振兵，治五氣，蓺五種，撫萬民，度四方，教熊、羆、貔、貅、貙、虎❶以與炎帝戰于阪泉之野，三戰然後得其志。蚩尤作亂，不用帝命，於是黃帝乃徵師諸侯，與蚩尤戰於涿鹿之野，遂擒殺蚩尤，而諸侯咸尊軒轅為天子，代神農氏，是為黃帝。天下有不順者，黃帝從而征之，平者去之……。」

以上這段記述中，最令人費解的是，神農、炎帝、蚩尤三者究竟有什麼關聯？個人以爲應作如下之思攷。

㈠神農與炎帝是對同一部族質性不同的稱謂。

㈡蚩尤爲炎帝之後裔，故亦可稱炎帝。

現分別解決此二項問題如下：

㈠史記三皇本紀：「炎帝神農氏，姜姓。母曰女登。有媧氏之女，爲少典妃，感神龍而生，炎帝，人身牛首，長於姜水，因以爲姓。火德王，故曰炎帝。以火名官。斲木爲耜，揉木爲耒，耒耨之用，以教萬人，始教耕，故號神農氏。……神農納奔水之女曰聽詙爲妃，生帝魁，魁生帝承，承生帝明，明生帝直，直生帝氂，氂生帝哀，哀生帝克，克生帝榆罔，凡八代五百三十年，而軒轅氏興焉。」又繹史卷四引帝王世紀亦說：「炎帝神農氏，姜姓也。母曰任姒。有蟜氏之女，名女登，爲少典妃，遊於華陽，有神龍首，感女登于常羊，生炎帝，人身牛首，長於姜水，因以姓焉，有聖德。」所以二書均明言炎帝就是神農。而言神農者，係指「斲木爲耜，揉木爲耒，耒耨之用，以教萬人，始教耕」的農耕時代而言，是作爲史前人類社會演進的階段標誌，而稱炎帝者，則是指「人身牛首，長於姜水，因以爲姓」的人物而言。至於管子封禪篇有虙犧、神農、炎帝並封泰山禪云云。其中「炎帝」係指神農之後代，因襲沿用「炎帝」之名者。所以禮記王制正義引此書「炎帝」正作「少皞」，而史記封禪書索隱引鄧展說，亦以爲此「炎帝」係「神農之後子孫亦稱炎帝而登封者」。

㈡路史後紀四蚩尤傳曰：「阪泉氏蚩尤，姜姓，炎帝之裔也。」又說：「蚩尤逐帝（榆罔）而居於濁鹿，與封禪，號炎帝。」則正是蚩尤亦稱炎帝之明證。又周書嘗麥篇說：「赤帝（炎帝）分正二（上）卿，名（命）蚩尤于宇少昊，以臨四方……。蚩尤乃逐帝，爭於涿鹿之阿，九隅無遺。赤帝大懾，乃說于黃帝，執蚩尤，殺之於中冀，以甲兵釋怒，用大正，順天思序，紀於大帝，邦名之曰：絕亂之野。」則蚩尤又爲炎帝之屬臣，而且與炎帝當亦係同族。因爲據任昉述異記云：「俗云（蚩尤）人身牛蹄，四目六乎。」而繹史卷五引歸藏亦作「蚩尤八肱趾」，皆與炎帝的「人身牛首」相類。則屬臣沿用炎帝名號，亦無不可。所以古籍中多有稱「炎帝」而實指「蚩尤」者。如：淮南子兵略訓：「黃帝嘗與炎帝戰矣」。「炎帝爲火災，故黃帝擒之」。又新書益壤：「故黃帝者，炎帝之兄也。炎帝無道，黃帝伐之涿鹿之野，血流漂杵，誅炎帝而兼其地，天下乃治。」其中除「炎帝之兄」之「炎帝」確爲神農外，黃帝伐之涿鹿之野而殺之之「炎帝」實爲「蚩尤」（又繹史卷五引新書亦同）。

明瞭了以上二個觀念後，對史記五帝本記中記載炎黃之爭的若干敍事癥結所在就得以釐清。文中所謂「炎帝欲侵陵諸侯」之語，正承繼「蚩尤最爲暴，莫能伐」而來，則此「炎帝」當係「蚩尤」，而黃帝與之戰于阪泉之野的「炎帝」亦係「蚩尤」。稽之前引路史，蚩尤正作阪泉氏，而左傳僖公廿五年：「卜偃卜之曰：吉。遇黃帝戰於阪泉之兆。」杜預注即云：「黃帝與神農之後姜氏戰於阪泉之野，勝之。」所謂「神農之後姜氏」者正係蚩尤。所以孔穎達疏引大戴德曰：「黃帝與赤帝戰于阪泉之野。」之「赤帝」亦當係「蚩尤」。

綜上所述，史稱「炎黃之爭」當係泛稱，非專指炎帝神農與黃帝軒轅也。

三、黃帝與蚩尤之戰

就前文攷證得之，黃帝與蚩尤之交戰凡二：一戰於阪泉，黃帝三戰然後勝；二戰於涿鹿，黃帝遂擒殺蚩尤。

阪泉之戰，據史記所敍，係炎帝（卽蚩尤）欲侵陵諸侯，軒轅氏不得已，乃敎熊、羆、貔、貅、貙，虎與之戰於阪泉之野。三戰而蚩尤敗北。這雖然是中華民族上古傳說中的第一場戰爭，想必戰況十分慘烈，惜古籍中引述處不多，未能得審全貌。

而涿鹿之戰的肇因，據逸周書嘗麥解（見前文引）所云：係炎帝（赤帝）屬臣蚩尤不服帝命，乃逐帝，而爭於涿鹿之阿。炎帝大懾，乃說於黃帝，執蚩尤，殺之於中冀之野。又帝王世紀亦說：「神農氏衰，蚩尤叛不用帝命。」按此則史記五帝本紀中之「不用帝命」之帝，當亦同指炎帝。

所以擒蚩尤而殺之者，或作黃帝（見逸周書嘗麥篇），或屬炎帝（見藝文類聚卷六引帝王世紀），就是因爲炎帝曾求助於黃帝以殺蚩尤之緣故。

涿鹿之戰較之阪泉之戰尤爲慘烈。據新書、益壤篇說：「故黃帝者，炎帝之兄也。炎帝（當係蚩尤）無道，黃帝伐之涿鹿之野，血流漂杵，誅炎帝（蚩尤）而兼其地，天下乃治」

而稍具神話性的載籍中，對黃帝蚩尤之戰的描述，尤爲多采多姿。如太平御覽卷十五引黃帝元（玄）女戰法說：

「黃帝與蚩尤九戰九不勝，黃帝歸於太山，三日三夜霧冥。有一婦人人首鳥形，黃帝稽首再拜，伏不敢起，婦人曰：『吾元（玄）女也，子欲何爲？』黃帝曰：『小子欲萬戰萬勝。』遂得戰法焉。」

又太平御覽卷十五引志林說：

「黃帝與蚩尤戰於涿鹿之野，蚩尤作大霧彌三日，軍人皆惑，黃帝乃令風后法斗機作指南車以別四方，遂擒蚩尤。」

又杜佑通典說：

「蚩尤氏帥魑魅與黃帝戰于涿鹿，帝命吹角作龍吟以禦之。」

及路史後記四說：

「蚩尤乃驅罔兩，以肆志于諸侯。」

又山海經大荒北經說：

「有係昆之山，有共工之臺，有人衣青衣，名曰黃帝女魃。蚩尤作兵伐黃帝，黃帝乃令應龍攻之冀州之野。應龍畜水，蚩尤請風伯、雨師縱大風雨，黃帝乃下天女魃，雨止遂殺蚩尤。魃不得復上，所居不雨。叔均言之帝，後置之赤水之北，魃時亡之。所欲逐之者，令曰：『神北行』，先除水道，決通溝瀆。」

又山海經大荒東經說：

「東海中有流波山，其上有獸，狀如牛，蒼身而無角，一足，出入水則必風雨，其光如日月，其聲如雷，其名曰夔，黃帝得之，以其皮為鼓，橛之以雷獸之骨，聲聞五百里，以威天下。」

而繹史卷五引黃帝內傳說：

「黃帝伐蚩尤，玄女為帝製夔牛鼓八十面，一震五百里，連震三千八百里。」

又吳任臣山海經廣注引廣成子傳說：

「蚩尤銅頭啖石，飛空走險，以馗牛皮為鼓，九擊止之，尤不能飛走，遂殺之。」

所以黃帝與蚩尤的涿鹿之戰，雙方都請來了「天兵天將」，並利用地形、地物，或製大霧，或造指南車，或用心戰，無論戰術、戰技都已發揮得淋漓盡致。

其實深究炎黃子孫，所以會干戈相向，亦無非社會形態變遷中的一種必然衝突而已。即如國語晉語四所說：「昔少典娶有蟜氏，生黃帝、炎帝。黃帝以姬水成，炎帝以姜水成，成而異德，故黃帝為姬，炎帝為姜，二帝用師以相濟也，異德之故也。」所謂「異德」正是指氏族發展之特性不同。蓋黃帝所領導之部族，據史記五帝本紀所云，是一個「遷徙往來無常處，以師兵為營衞」而又「時播百穀草木，淳化鳥獸蟲蛾。」的部族，也卽是一個以遊牧兼營淺耕的遊牧民族。而號稱神農的炎帝，據史記三皇本紀，則是個「斲木為耜，揉木為耒，耒耜之用，以教萬人，始教耕」的部族❷，也卽是一個營深耕的農耕民族。所以黃帝與蚩尤的二次大規模戰爭，亦無非代表了中國上古史中，社會結構之轉型期中，從遊牧進而爲農耕時自然衝突的現象而已。

四、蚩尤死而為戰神

在涿鹿之戰中，蚩尤雖歷經九戰，卻終被黃帝與炎帝的聯軍所殺，雖至身首異處，然而其驍勇善戰是可以想見的。蚩尤之死葬，據繹史卷五引皇覽冢墓記曰：

「蚩尤冢在東平郡壽張縣闞鄉（今山東陽穀縣）城中，高七丈，民常以十月祀之，有赤氣出，如匹絳帛，民以為蚩尤旗。肩髀冢在山陽郡鉅野縣（今山東濟寧縣），重聚大小與闞冢等。傳言黃帝與蚩尤戰于涿鹿之野，黃帝殺之，身首異處，故別葬之。」

又路史後紀四云：

「傳戰執蚩尤於中冀而殊之，爰謂之解。」

則知蚩尤身殺之處卽在解，而宋代之解州卽今江西解縣❸。所以解州又有「蚩尤血」的傳說。據沈括夢溪筆談卷三云：「解州鹽澤，滷色正赤，俚俗謂之蚩尤血。」

又山海經大荒南經說：

「有宋山者，有木生山上，名曰楓木。楓木，蚩尤所棄其桎梏。」

郭璞注：「蚩尤爲黃帝所得，械而殺之，已摘其械，化而爲樹也。」

凡此種種傳說，似皆在暗示蚩尤是一位雖死而猶不屈的神。

再看祂在傳說中之形貌，也已逐漸具備戰神的特性。如繹史卷五引歸藏說：

「蚩尤出自羊水，八肱八趾、疏首、登九淖以伐空桑，黃帝殺之於青丘，作棡鼓之曲十章。一曰雷震驚、二曰猛虎駭、三曰鷙鳥擊、四曰龍媒蹀、五曰靈夔吼、六曰鵰鶚爭、七曰壯士奪志、八曰熊羆哮㖃、九曰石盪崖、十曰波盪壑。」

又任昉述異記說：

「（蚩尤）食鐵石。」

「俗云：（蚩尤）人身牛蹄、四目六手。秦漢間說：蚩尤耳髮如劍戟，頭有角。」

又繹史卷五引龍魚河圖（藝文類聚卷十一引同）亦說：

「黃帝時，有蚩尤兄弟八十一人，並獸身人語，銅頭鐵額食沙石子。造立兵杖、刀戟、大弩，威振天下，誅殺無道不仁慈，萬民欲令黃帝行天下事，黃帝仁義不能禁蚩尤，黃帝仰天而歎，天遣玄女下授黃帝兵信神符，制伏蚩尤，帝因使之主兵以制八方。蚩尤沒後，天下復擾亂，黃帝遂畫蚩尤形像以威天下，天下咸謂蚩尤不死，八方萬邦皆為弭服。」

又管子地數說：

「葛盧之山，發而出水，金從之，蚩尤受而制之，以為劍、鎧、矛、戟；雍狐之山，發而出水，金從之，蚩尤受而制之，以為雍狐之戟、芮矛。」

太平御覽卷三三九引兵書：「蚩尤之時爍金爲兵，割革爲甲，始製五兵。」又經史問答八：「司兵之星名蚩尤。」則蚩尤已儼然已成爲製造兵器以制八方之戰神。所以史記封禪書中郎云齊地之神有八，而「其三曰兵，祠蚩尤。」似亦已確認蚩尤爲戰神。又據任昉述異記所云：

「今冀州人掘地得髑髏，如銅鐵者，卽蚩尤之骨也。今有蚩尤齒，長二寸，堅不可碎。今冀州有樂名蚩尤戲，其民兩兩三三，頭戴牛角而相觝，漢造角觝戲，蓋其遺製。」

則漢代時蚩尤好戰之形像，已深植爲民間習俗。可見其影響深遠。又劉銘恕武梁祠後石室所見黃帝蚩尤戰圖（見中國文化研究彙刊第二卷），謂後石室第三石第三層，有一半人半獸之怪物，雖作人立，而豹首虎爪，計頭戴以弓，左右手一持戈，一躡矛，覩其形狀至爲獰猛。」則此又蚩尤爲戰神之實物之證。

史記五帝本紀說：「縉雲氏有不才子，貪於飲食，冒於貨賄，天下謂之饕餮。」集解引賈玄說：「縉雲氏姜姓也，炎帝之苗裔。黃帝時在縉雲之官也。」若參校路史後紀四蚩尤傳注：「三代彝器多著蚩尤之像爲貪虐者戒。其狀率爲獸形，傅以肉翅。」則戒人以貪虐之「饕餮」之形，亦取像於蚩尤。

五、炎帝族皆好戰

神農氏炎帝的世系，據史記三皇本紀說：「神農納奔水氏之女曰聽詙爲妃，生帝魁，魁生帝承，承生帝明，明生帝直，直生帝氂，氂生帝哀，哀生帝克，克生帝榆罔，凡八代五百三十年而軒轅氏興焉。」

然據山海經海內經所載之世系則爲：「炎帝之妻，赤水之子聽訞生炎居，炎居生節竝，節竝生戲器，戲器生祝融，祝融降處于江水，生共工，共工生術器，術器首方顛，是復土穰，以處江水。共工生后土，后土生噎鳴，噎鳴生歲十有二。」

山海經的內容近神話，當然不能與史記所設世系相類比以觀察，然就海內經中所敍之炎帝世系中之祝融與共工皆生性好戰。據史記司馬貞補三皇本紀云：「當其（女媧）末年時，諸侯有共工氏，任智以刑強，霸而不王，以水乘木，乃與祝融戰，不戰而怒，乃頭觸不周山崩，天柱折，地維絕。」這是「父子」相互征戰。不過共工怒觸不周山之事，淮南子天文訓則指所爭者為顓頊，而非祝融。文曰：「昔者共工與顓頊爭為帝，怒而觸不周之山，天柱折，地維絕。天傾西北，故日月星辰移焉；地不滿東南，故水潦塵歸焉。」王逸在天問「康回馮怒，墜何故以東南傾？」句即引淮南文以釋。若依山海經海內經：「黃帝生昌意，昌意生韓流，韓流生顓頊。」則顓頊為黃帝一系，而共工與顓頊之爭，似為炎黃之爭。不過大荒西經說：「顓頊生老童，老童生祝融。」則祝融也似屬黃帝系，而共工與祝融之爭，亦似為炎黃之爭。若依前文所論，古籍中所敍與黃帝相爭於阪泉之炎帝，當係蚩尤之例，則與共工爭立為帝之顓頊，亦當為祝融，史籍中顓頊與共工爭、祝融與共工爭，實為一事之分化。然祝融究應屬之黃帝系或炎帝系？則問題之解決較為複雜。或云黃帝與炎帝本屬同族之兄弟之邦，故祝融屬之黃帝可，屬之炎帝亦可❹。或如淮南子時則篇所云：「南方之極，自北戶孫之外，貫顓頊之國，南至委火炎風之野，赤帝（炎帝）祝融之所司者萬二千里。」祝融之所轄貫顓頊之國，則將祝融係之顓頊之苗裔，彼此或有血統關係，亦不無可能。

祝融之形貌，據山海經海外南經的描述是：「南方祝融，獸身人面，乘兩龍。」已是十分威武之狀。而海內經又說：「鯀竊帝之息壤以湮洪水，不待帝命，帝令祝融殺鯀於羽郊。」而墨子非攻下說：「（成湯伐夏）天命融（祝融）隆（降）火於夏之城間，西北之隅。」而尚書大傳及太公金匱等書中更有祝融等七神雪天遠來，助周滅殷之事。則祝融已儼然為一位以兵戎懲凶，戰無不克的戰神。

至於共工之形貌，如神異經西北荒經說：「西北荒有人焉，人面朱髮，蛇身人手足，而食五穀禽獸，貪惡愚頑，名曰共工。」路史後紀注引歸藏啓筮亦云：「共工人面、蛇身、朱髮。」其形狀已至爲猙獰。其好戰之事實，除前文所敍與祝融爭帝外。又如淮南子本經訓說：「舜之時，共工振滔洪水，以薄空桑。」又呂氏春秋蕩兵篇說：「兵所自來者久矣，黃帝故用水火矣，共工氏固次作難矣。」又淮南子兵略訓：「共工爲水害，故顓頊（祝融）誅之。」又管子揆度篇：「共工之王，水處什之七，陸處什之三，乘水勢以制險天下。」又戰國策秦策：「禹伐共工。」荀子成相：「禹有功，抑下鴻，辟除民害，逐共工。」山海經大荒西經：「西北海外，大荒之隅……有禹攻共工國山。」郭璞注：「言攻其國，殺其臣相柳於此山。」顯然共工是一位藉水勢以興亂的諸侯或惡神。而共工與祝融最大的不同是：共工是一位戰爭中的失敗者，所以祂的子子孫孫都成爲不受歡迎人物，而共工亦遂與蚩尤一樣成爲部族的通名。前引資料中，共工所以能跨越數代，其原因即在此。所以路史後紀二注引歲時記說：「共工有不才子，以冬至日死，爲厲，畏赤豆，故作赤豆術以禳之。」而山海經大荒北經說：「大荒之中，有山名曰不句，海水北入焉。有係昆之山者，有共工之臺，射者不敢北鄉。」郭璞注：「言畏之也。」參諸海外北經：「共工之臺，臺四方，隅有一蛇，虎色，首衝南方。」郭璞注「畏之」，即指此。所以共工在神話中，亦似是一位爲厲無比的戰神。

至於神話中的刑天，據路史後紀三云：「（神農）命刑天作扶犁之樂，制豐年之咏，以薦釐米，是日下謀。」則刑天當爲神農（炎帝）之屬臣。祂也是一位好勇鬪狠的戰神。在山海經海外西經云：「形（刑）天與帝至此爭神，帝斷其首，葬之常羊之山，乃以乳爲目，以臍爲口，操干戚以舞。」而且祂所葬的常羊之山，在春秋緯元命苞（玉函山房輯佚書）說：

「少典妃安登，遊於華陽，有神龍首，感之於常羊，生神農。」則又爲炎帝感生之處，所以刑天與炎帝關係應是至爲密切的。刑天斷首而不死，實在是一位典型的悲劇英雄。無怪乎陶潛在讀山海經詩中有「刑天舞干戚，猛志固常在」之浩歎。

又山海經大荒東經說：「應龍（黃帝神龍）殺蚩尤與夸父。」而且大荒北經亦說：「應龍已殺蚩尤，又殺夸父。」則在黃帝與蚩尤的涿鹿之戰中，夸父與蚩尤應是併肩作戰之盟友。據大荒北經說：「大荒之中有山，名曰成都載天，有人珥兩黃蛇，名曰夸父。后土生信，信生夸父。」而海內經（見前引）云：「共工生后土」。則夸父應亦爲炎帝之苗裔。

至於夸父是否死於應龍之手，另有異說。據海外北經說：「夸父與日逐走，入日，渴欲得飲，飲於河渭，河渭不足，北飲大澤，未至，道渴而死，棄其杖，化爲鄧林，」而列子湯問敍其事，則有「棄其杖，尸膏肉所浸，生鄧林，鄧林彌廣數千里焉。」之語。既云「應龍殺夸父」，又云：「夸父道渴而死。」雖或謂神話之分化作用，但若以「夸父」爲部族之名，則兩夸父未必同指一人也至爲明顯。夸父雖尚未構成戰神之條件，但祗能與日競走，向大自然挑戰，死而不屈的表現，正是炎帝族裔的偉大情操。

再如神話中常銜木石以塡東海之「精衞」，也是炎帝之後裔。據山海經北山經說：「又北二百里，曰發鳩之山，其上多柘木。有鳥焉，其狀如烏，文首，白喙，赤足，名曰精衞，其鳴自詨。是炎帝之少女，名曰女娃，女娃遊于東海，溺而不返，故爲精衞，常銜西山之木石，以堙於東海。」而述異記說：「昔炎帝女溺死東海中，化爲精衞。偶海燕而生子，生雌狀如精衞，生雄如海燕。今東海精衞誓水處，曾溺此川，誓不飲其水。一名誓鳥，一名寃禽，又名志鳥，俗呼帝女雀。」則精衞事又再衍生爲海燕。足見炎帝族之後裔，連女性也能表現得如此不屈不撓，誓與環境抗爭的性格。當然在緜延不絕的炎帝與黃帝戰爭中，炎帝子孫在拓展農耕生活中，對遊牧兼淺耕的黃帝部族的反抗浪潮必澎湃洶湧，而戰爭中犧牲之戰士，也必前仆後繼，血流成渠，於是悲劇性格的炎帝後裔，皆紛紛首身異處，而成爲無頭戰神。

六、乙首楚地的贊歌——國殤

殺戮戰場，千百年來不曾休止，直到戰國時楚辭的九歌中才出現了乙首對戰士爲國捐軀的贊歌，叫「國殤」。它的歌辭是：

操吴戈兮被犀甲，車錯轂兮短兵接。
旌蔽日兮敵若雲，矢交墜兮士爭先。
凌余陣兮躐余行，左驂殪兮右刃傷；
霾兩輪兮縶四馬，援玉枹兮擊鳴鼓。
天時墜兮威靈怒，嚴殺盡兮棄原野。
出不入兮往不反，平原忽兮路超遠。
帶長劍兮挾秦弓，首身離兮心不懲。
誠既勇兮又以武，終剛强兮不可凌。
身既死兮神以靈，子魂魄兮為鬼雄。

歌辭中對戰爭殺戮的慘烈、血腥、悲壯、冷酷、勇猛等無不刻劃得淋漓盡緻。但令詩的主題仍流露出對戰爭充滿濃厚的嚮往以及對陣亡將士的無比崇敬。而且出征的勇士們都成了「首身分離」的無頭戰神。當楚地百姓在祭祀中唱起「身既死兮神以靈，子魂魄兮爲鬼雄」的高吭詩句時，一幕幕塵封已久的上古戰爭場面，都撕碎了重重歷史的綑綁，而躍然於祭壇之上，彷彿再次目睹了蚩尤、祝融、共工、刑天、夸父在熊熊烈火下，執干戚狂舞。

楚辭九歌中的國殤，是一首多麼震撼人心的禮贊戰神之歌。

七、結語

從我國炎黃始祖的戰爭糾結中，不禁使我們扼腕浩歎，兄弟骨肉的相殘，在這一葉血污的秋海棠上，似已緜延了數千年，在沉思後，我們可以歸納出幾點結論。

㈠當神農炎帝世衰，而黃帝軒轅氏的繼起，其實是社會結構變遷，生活形態相異，所引起的必然衝突。炎帝是崛起於河南一帶以深耕爲主的部族；而黃帝是活動在泰山、曲阜一帶以淺耕兼遊牧的部族。故國語、晉語說：「昔少典氏娶於有蟜氏，生黃帝、炎帝。黃帝以姬水成，炎帝以姜水成，故成而異德，故黃帝爲姬，炎帝的姜。」

㈡氏族的名稱，在使用上，後裔可以襲用先祖名號。如蚩尤爲炎帝之屬裔，故仍可稱炎帝；祝融爲顓頊之苗裔，故仍可襲稱顓頊。明乎此，則與黃帝戰於阪泉及涿鹿者皆蚩尤，而與共工爭立爲帝者，無非祝融一人而已。

㈢同一氏族之人，可共稱氏族之名。如被應龍所殺之夸父非逐日而渴死之夸父。而蚩尤兄弟八十一，已儼然一氏族之共名。所以一人之跨越數代者多爲氏族之共名。

㈣當黃帝氏族欲取代炎帝氏族時，炎帝屬裔必羣起反抗，所以炎黃二帝之爭，史載不輟。先是蚩尤的阪泉、涿鹿之戰，繼而祝融共工的爭立爲帝，又有刑天的至死不屈，以及夸父的被應龍所殺。於是造成炎帝氏族的好戰形象，而且炎帝臣屬多不幸戰敗，於是身首異處，成了悲劇英雄性格的無頭戰神。

附　註

❶ 熊、羆、貔、貅、貙虎諸獸名，當皆圖騰標幟，是黃帝的作戰盟友。

❷ 又見太平御覽卷七二一引帝王世紀云：「炎帝神農氏長於姜水，始教天下耕種五穀而食之，以省殺生，嘗味草木，宣藥療疾，救死傷之命。」又見淮南子脩務訓說：「古者民茹草飲水，採樹木之實，食蠃蠬之肉，時多疾病毒傷之害。於是神農乃始教民播種五穀，相土地，宜燥濕肥墝高下，嘗百草之滋味，水泉之甘苦，令民知所避就，當此之時，一日而遇七十毒。」

❸ 路史爲宋人羅泌所撰，故此云宋代。

❹ 參袁珂山海經校注二〇六頁「南方祝融，獸身人面，乘兩龍」條下注。

參考書目

史記會注攷證　瀧川龜太郎　洪氏出版社
淮南子注　漢高誘　藝文印書館
楚辭補注　漢王逸注、宋興與祖補注　藝文印書館
山海經校注　晉郭璞注　袁珂校注　里仁書局
神異經　題漢東方朔　新興書局
述異記　題梁任昉　新興書局
太平御覽　宋李昉等　商務印書館
路史　宋羅泌　商務印書館
繹史　清馬驌　廣文書局

國立中央圖書館出版品預行編目資料

戰爭與中國社會之變動/淡江大學中文系主編.
--初版.--臺北市：臺灣學生，民80
面； 公分.
ISBN 957-15-0295-2（精裝）. --ISBN 957-15-0296-0（平裝）

1. 中國-歷史-論文，講詞等 2. 中國文學論文，講詞等

617 80003999

戰爭與中國社會之變動（全一冊）

主編者：淡江大學中文系
出版者：臺灣學生書局
發行人：丁文治
發行所：臺灣學生書局
台北市和平東路一段一九八號
郵政劃撥帳號○○○二四六六八號
電話：三六三四一五六
FAX：三六三六三三四
本書局登記證字號：行政院新聞局局版臺業字第一一○○號
印刷所：淵明印刷廠
地址：永和市成功路一段43巷五號
電話：九二八七一四五
香港總經銷：藝文圖書公司
地址：九龍偉業街九十九號連順大厦五字樓及七字樓
電話：七九五九五九五

定價 精裝新臺幣三五○元 平裝新臺幣二九○元

中華民國八十年十一月初版

03803

ISBN 957-15-0295-2（精裝）
ISBN 957-15-0296-0（平裝）